時局小叢書之四

香港陷落

●每冊定價壹角●

民國三十年十二月三十日出

●北京新聞協會出版●

北京府右街中南海運場

香港陷落（一九四一）

香港陷落

時局叢書之四

目錄

頁數

時局小叢書之一

太平洋大戰爆發

每册定價一角

目錄

時局小叢書之二

大東亞戰爭

每册定價一角

目錄

北京新聞協會出版

地址　府右街中南海運料門內

這個盜賊的厄運到了！

日軍此次毅然決然打倒英美，他們在精神獲得如此戰果，是値得我們十二萬分的敬佩，諸位要知道，此次「大東亞戰爭」，乃是爲東亞全體民族解放而戰，我們雖然站在後方，我們有我們應盡的責任，我們的責任是那些事情呢？第一要協助當局，強化治安，使一切重慶及共產黨殘餘份子，不能乘機擾害地方安寧。第二要切實節約，不可浪費分文，而積極協助當局，儲存物資，以備不時之需。第三要踴躍獻金，就個人財力可能，並勸告親友，一致協力，「大東亞戰爭獻金收集處」捐款，以慰勞前方將士。

以上所講的，是香港陷落後，對於戰爭前途之莫大便利，而同時希望國人聯合起來，作「大東亞戰爭」，有力的後盾，那末，英美侵略者屈服之日，便是我們完全勝利，及東亞全民族達到解放之時了。

香港陷落與老英帝國的命運

香港這塊地方，不但它的舊主人公——中國人赫赫知名、永遠不會忘情它，就是東西洋各國人士，無論眼見或耳聞，誰不曉得它是東方的海上樂府、神仙世界呢？其實，這不過是近百年來，因爲老奸巨滑的英資本主義者，利用它作侵略中國的前哨基地，所以才不惜鉅資，積極的從事開發建設，久而久之，遂使這塊不毛的荒島，一變而成爲無美不備的繁華港埠，這在表面上，固然是英人投資改造之功，但是在骨子裡，英人這種盡力的經營，其實是合得來的！

香港在一八四二年（光緒二十二年）以前，原名「紅香爐山」，不過是廣東東南方一個荒岩小島而已。可是它在地理上，因爲正扼着華南大動脈的珠江口外，而且臨着南海；若就海路交通着眼，它與印度支那半島，菲律賓羣島，荷印及日本各島，都有很密切的聯絡，所以在軍事上及交通貿易上，它都佔着極要的地位。雖然百年前的中國人並沒看重這塊地方，然而海盜性成的英帝國，却於繼接西班牙，荷蘭之後開始東進的時候，老早便注意到這裡了！所以在南京條約締結的當時，英人首先以勢要挾的，強迫清廷就是割讓香港；這不但是鴉片戰爭中悲劇裡的一幕最痛心的悲劇！而且還是中國對於列強割地賠款的破題兒第一遭，中國之所以貧弱衰微逐漸淪爲半殖民地地位者，也就是老英帝國首作其俑。爲厲之階！

香港自歸屬英國之後，好像是東亞病夫的一支抽血針，英人把握着它，變換着方法用經濟，政治，武力種種不同的侵略手段，狂吸我們的膏血！若不是在這面黃肌瘦瀕於彌留的當兒，遇着了同文同種大義接鄰的這位救星——日本，恐怕目下早已壽終正寢了！現在我先把英人利用香港使略中國的事實介紹給大家，然後再談香港陷落後老英帝國的命運吧。

香港爲英國侵華根據地

按英人殖民史考查之，原係利用「東印度公司」爲大本營，首先與粵人通商，以售賣鴉片爲大宗營業，迨鴉片戰爭中敗北後，遂締結南京條約，除賠償軍費一千五百萬元及烟價六百萬元外，並永遠割讓香港與英國，同時，因爲開放沿海五口通商，英人遂相繼結隊而來，展開了侵華的使命！

香港既被英人獲得，遂一面開發，一面積極建設，以繼東印度公司之後而爲侵略中國及擾亂東亞的策源地！英人的目的既已達到，於是華南的英人勢力乃逐漸擴大，從此更節節發展，次第及於華中，華北各地。

英人因習性關係，總不會忘掉她們的海盜行爲，雖然她們的侵略步驟已遍於全華，十分得意，但是，沒有強大的武力保護着，她們總是不大放心的！因爲這樣，才把香港改造成了一個英國的東方軍港，近幾年來，更全部的武裝起來，以爲她們萬世不拔的基業。

英人假借香港作爲侵華的基地，這是是世人都曉得的，而其中最顯明的——也可以說是犖犖大端，約有二項，茲分別略誌於次：

一，經濟的侵略

[illegible]們中[illegible]的經濟，以上[illegible]爲中心，上海[illegible]國，又以[illegible]銀行爲標準；匯[illegible]銀行的銀行，即[illegible]

於香港，英文名為（Hongkong and Shanghai Bank），按字面來譯成華文，便是「香港及上海銀行」，吾人顧名思義，可見英人久欲把握中國的經濟命脈，而以香港，上海為其經濟發展的中心；故港英帝國除於香港設立滙豐銀行總行外，並於全華各省市遍設分行，以期其在經濟勢力侵入內地，以抽血針插入人之纖脈，以便吸取血液，其用心之毒辣，可想而知了！

另一方面，她們又利用政治，文化，宗教，慈善種種手段，表示她的藹然可親，信用可靠，於是一般媚外性成的中國達官富賈，多把大批現款存儲於滙豐銀行，英人乃藉此吸收民間資金，網羅現款，為年既久，數字當然龐大驚人！這種經濟侵略，較比任何手段都來得烈害，不但可以使中國國弱民貧，進而言之，更足以制中國之死命！

二，政治的侵略

香港自歸屬英國之後，歷來即為中國政治的活動地，因為英人從中操縱，或傳軍火，或借外債，或保護失意的軍閥政客，或助長黨同伐異的自殘，舉凡足以擾亂中國她們可以坐收漁利的事情，那管破壞國際正義，違背人類道德，她們是悍然不顧，無所不為，隱然成為中國政局的支配者；這類事實，過去的已是指不勝屈，為數至夥了，即以這次的中國事變說，無疑的香港更成為一個重要的策源地了！

自七七事變爆發之後，最近數年間，蔣介石的靈魂與生命，可以說完全都在香港寄存着。我們看一看宋子文，宋美齡孔祥熙的子女尊親支嫡系的重要人物，都常年駐在香港，辦理對英借款和訂購軍需品等事；便可以瞭然香港的地位了。並且，英美援蔣的軍械，大都先運至香港，然後轉廣九路運往偽府，以便分發各匪區。最近港英帝國派來代表，與蔣方代表會於香港，名為「

香港會談」，以討論對蔣借款及法幣資金的維持。由此看來：香港這塊地方，[illegible]門[illegible]埠之外，更爲英美援蔣的交易所，同時，也正是蔣介石出賣中國的大市場！至於英資本主義者之所有阻碍東亞新秩序的建設，破壞共榮圈的完成，以及一切抑制東亞的陰謀計劃，都是以香港爲中心而發展施行之；所以香港不啻爲老英帝國東方的唯一生命線。

香港陷落後老英益瀕危殆

香港既是禍害東亞的一個大癥結，故以東亞共榮爲已任的友邦軍隊，必然剷除這個關樓，然後才能完成南進政策；同時，我們久爲英人桎梏下的中國，在此次香港陷落後，所有英人在華的一切權益，都可以在無條件之下完全收回；不但此也，而且英國是世界弱小民族的公共敵人，更是造成了中國半殖民地的一個惡魔，今日東亞解放聖戰成功，英人自東亞全部敗退，正是我們東亞各個民族起而與暴英清算一切的日子到了；我們把英人一切非法所得的權益及一切不平等的條約，都要清算結束，從此便把這個老奸巨滑的英帝國，擯絕到東亞以外，永不許她再侵入中國。

英國的末日臨到，要說也太可憐！德義爲歐洲新秩序，已把老英在歐洲大陸所有的勢力一掃無遺，而且不久的將來，即可飛越英法海峽，進攻英倫三島，她不能立足於歐洲；同時，亞洲的日滿華各友邦諸國，又把她的東方根據地香港突破，更得進而攻取新加坡馬來半島及緬甸，使她不能立足於亞洲，還有澳洲南北兩大陸，雖因血統關係可以留她寄足一隅，然而自太平洋戰爭爆發以來，日軍威武所驅，攻無不克，戰無不勝，美國已無還擊之力，幾乎有終難自保之勢！語云：「皮之不存，毛將焉附」？美國既成了風前之燭，老英還敢去自投死路麼？」就上述以觀：香港陷落後，英帝國之命運，歐洲既不能保，亞洲復不可留，美洲尤不必去，那麼，未來她的命運究竟如何呢？抑真將寄托生命於殘餘艦船之上，以復度其海盜生活乎？吾人惟拭目以俟之可耳。

香港陷落蔣政權即趨滅亡

香港的位置，地理上給形成重慶與英美連繫的紐帶。ABCD陣線結成後，更加重要，而成了美國對重慶的中樞點了。連絡最短的路線，是汎美航空公司的定期航路，自美國經夏威夷馬尼剌達香港，再與重慶的歐亞，中國兩航空公司航線連絡，直達重慶。並且英國也利用這條路線，和美國實行緊密的連絡。現在美國華盛頓活躍的胡適，宋子文和派來重慶的蔣介石政治顧問拉赤摩亞，經濟特使古列帝，軍事顧問馬哥達等，都是由這條路線往還。並且這些美國援蔣的使節團，都是先於香港會見重慶要人後，再赴重慶，歸國途中，也是下榻香港，撰製報告書之後，再行歸國。

大東亞戰爭未爆發前，重慶政權，看到香港的重要性，所以在重慶直達香港的航空路以外，更增加了香港桂林線及香港韶關線的航運次數計劃，增闢香港梅縣（廣東省）航線。英美兩國也增加了馬尼剌香港線的航運次數，並增闢了新加坡香港航空路線，這足可表現出香港的重要性。可是這些計劃，隨着香港的陷落，終成了泡影，蟄居於香港的重慶要人等，早已驚慌失措，走頭無路了，除偽立法院長孫科以外，一流政治家，文化人及財閥的王曉籟，虞洽卿等，或和重慶有緊密連繫的要人等運命，都被操於友邦之手了。重慶蔣政權，直不啻被截斷了大動脈，並且香港的百萬華僑，目覩日軍的威容，英美的末路，覺悟了抗戰的不足恃，而傾向於新政權了。

經濟方面，向來香港和上海乃是依賴英美實行抗戰的西人經濟中心地，自從上海陷落後，香港在經濟上的地位，是更加重要了。說到資本關係，自上海逃到香港的資本，自事變以來，已達四十億至六十億之巨，本年七月英美發動凍結資產令，結果雖然在重慶方面發現了物資缺乏，法幣暴跌的反效果，而香港仍是擁有供給內地物資和維持法幣的關鍵，在一個月前，英美將在香港舉行維持法幣的金融會議，決定法幣貿易辦法，這也可以想見他們的焦慮了。友邦雖然嚴密的封鎖了中國海岸各孔道，香港仍然是實行着對重慶補充物資的基地任務，而未受到影響。廣州陷落後，以香港為中心的援蔣輸送，是更加繁盛，廣東，廣西，福建，湖南，貴州等西南各省的經濟，完全依賴香港的供給。隨日軍封鎖的嚴緊，香港的英金磅亦隨之漲落不定，英金磅的漲落，直直接影響了華南的物價，所以廣州陷落後，香港已躍上支配全華南經濟的霸位，因之香港的陷落，不僅杜絕了對重慶的物資供給，華南經濟亦失去了標準，抗戰經濟不但崩潰，全東亞的英美經濟霸權，也要毀滅了。

其次對華僑的影響，也是很重大的。香港向來與新加坡同為對南洋各地貿易的自由港，這個貿易實際上是完全被操縱在華僑掌握中的。香港貿易亦可稱為香港華僑對南洋華僑的貿易，以香港為中心的援蔣物資，亦是完全由華僑來主持的，如果僅香港一地陷入友邦掌中，南洋各地，依然仍存於英美羽翼下，則香港華僑貿易，整個的死滅是無疑的，可是現在南洋各地亦在友邦海陸空軍制壓之下，香港華僑今後勢必完全要急速的轉向共榮圈貿易，六百萬的南洋華僑，於同幣集團內，向新建設之途邁進，以前重慶担當的購買國債，募集捐金的任務，亦全形拋棄了。

最後說到軍事的打擊。英國保有香港，於中國沿海及北太平洋上，亦可和日本作對峙的戰鬥，不料開戰伊始，香港即被陷落，英國於作戰上已受了一致命傷，予重慶的軍事打擊，也是很重大的。原來重慶夢想大東亞戰爭，英美打敗日本的海軍力量，縱日本陸軍於大陸孤立的危勢，直

[illegible]行[illegible]反攻，以期達到收復失地的宿願。不料香港陷落：日本確保了全中[illegible]海[illegible]的支[illegible]，[illegible]大部隊亦悠然強化了重慶的封鎖陣，海軍全部轉向新作戰了，因之抗戰無希望，已洞若觀火，並且英美已自顧不暇，那有餘力來援蔣，重慶政權勢必隨香港的陷落而即歸於滅亡了。

軍事透視鏡下判明了他是外強中乾

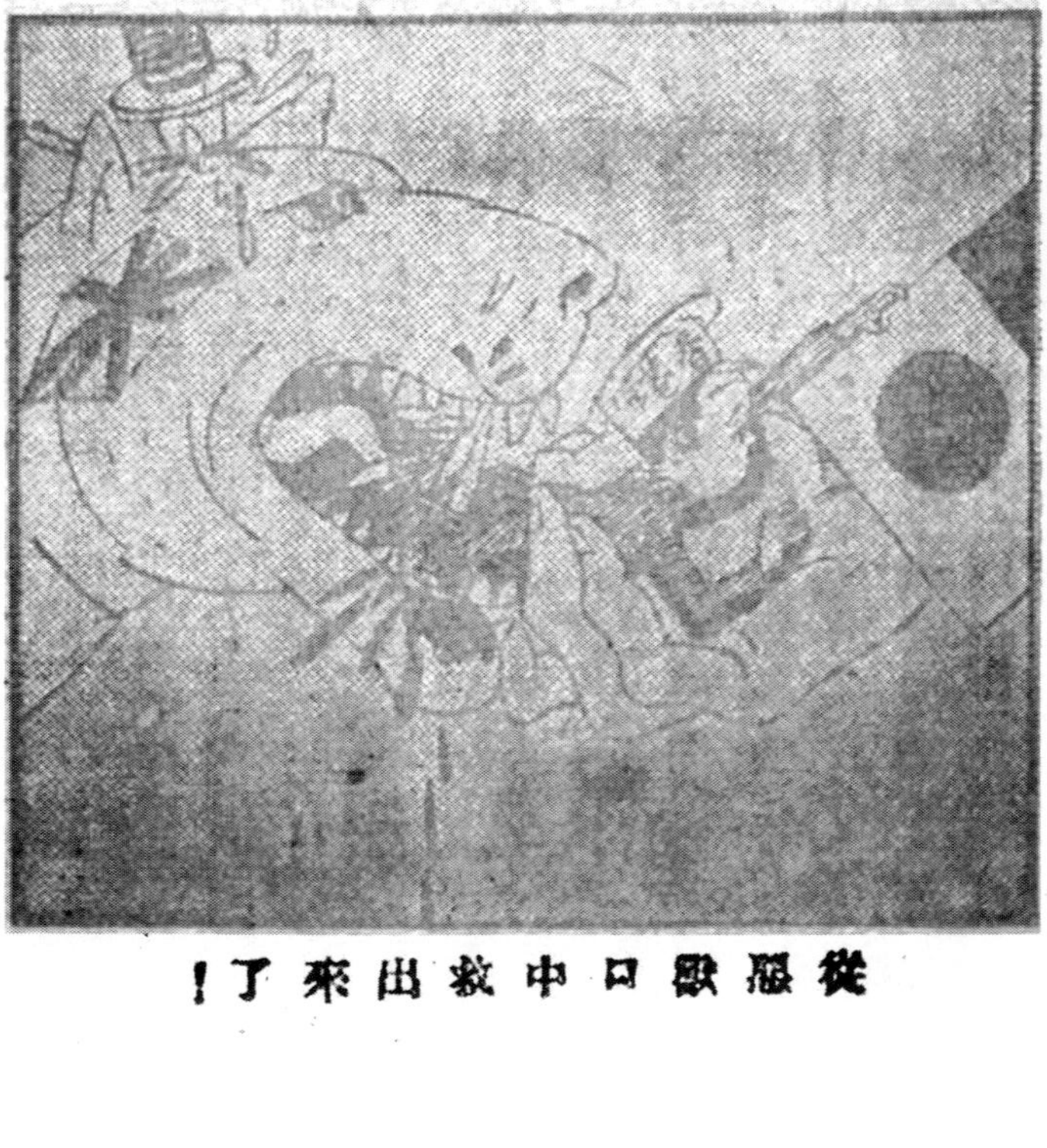

從惡獸口中救出來了！

香港陷落與東亞解放

英美在南洋勢力一掃而空

擊滅美英而解放東亞之大東亞戰爭，自八日挑釁在西太平洋發動以來，日軍以迅速剛果之戰術，首先擊破夏威夷美艦隊，復於十日在馬來海面擊沉英最新式戰艦太子號及主力艦卑巴爾斯號，復擊滅英東洋艦隊，收光輝戰果，同時菲律賓，關島日軍行亦登陸成功，太平洋上美國根據地頻遭摧毀，夢想對日之ABCD陣營，由美國在軍事上之失利，已陷於半身不遂之狀態，尤以日軍於十二日攻略九龍，英國勢力由大陸撤退，孤立中懸之香港無形已成日軍之囊中物，雖努力防守，卒不能阻止日軍猛攻，終於二十五日攻克，美英視為對日包圍陣之前哨已告崩潰，日軍在南洋上已獲得軍事之勝利，是故香港之陷落，實有重大之意義。

香港原為我國領土，位於廣東省粵江口外，為一峯嶙峭之一小山島，港灣深廣，形勢天成，世界有數之良港也，昔時僅為漁人棲息之所在，百餘年前英人強向廣州輸入鴉片，當時粵省督林則徐勒令禁止，英人不但漠視我國政令，且加之以武力，結果因我軍不敵，簽訂南京條約，遂以香港割界於英國，乃闢為自由口岸，銳意經營，並設總督以治之，直隸於內閣之殖民部，迨後租借九龍半島，與香港勢成犄角，並割九龍，幷，鐵築炮台，駐紮軍艦，以為後衛，竟於我肘腋間，國際政治經濟之侵略，而我國先是政治之腐敗，繼以軍閥割據之局，故迄無力除此癰疽，小國[illegible]軍事以至今日也。

清算香港

據十二月二十五日消息稱，香港苟延殘喘的英軍，已於二十五日午後五時五十分，向日方請求投降，於是這個久被英國佔據的東亞巢穴，遂完全收復了。

有人說，居住在香港的人，有如沙漠中的駝鳥，埋首沙邱中，自以為安全，今天卻到了清算香港的時候了。

由簽訂南京條約的時候算起，中國割讓香港，已過了百年光景，這一百年來，香港總算平安是福，承平了一個世紀，在這一世紀中，香港做就了不少昧然不知有國的奴才，它是洋奴買辦的發祥地，它是失意政客的逃逋藪，它是中國黑暗面的一個角落，它是英美惡勢力在中國秀動的一個根據，這一百年來中國變亂相尋，都是間接或直接出自香港的發縱指使。

香港是不能防守的，無論英國如何的苦心孤詣，不惜耗資來建築偉大的防禦工程，但下面是一件公開秘密的事實：香港曾經舉行多次的防禦演習，假設陸海空軍進攻香港，而設法加以拒禦堵禦，演習的結果仍舊為假想的敵人攻入，演習如此，戰爭當然如此，理想如此，事實更加如此。祇要到過香港的人都能相信，如果香港一旦有事，香港便快完結了，香港的命運已經注定如此，我們從今日的香港追想到民國十一年香港的大罷工。由五卅事件，直接事件而激起香港民衆的反英運動，由海員工會首先發動，擴展至海陸理貨員工會，日雜勞動總工會，集賢工會，煤炭苦力等一致罷工，不與香港政府合作，所有船隻不能停泊，不能駛出，貨物不能起卸，航運完全停止，香港變成了一個死埠，卒由香港政府讓步，派員到廣州磋商，香港罷工的風潮才告一段落。

自從香港罷工以後，香港政府學了乖，他改變了對付中國民衆的態度，他用種種懷柔政策使中國人忘却祖國，用文化侵略代替了武力壓迫，做成了崇拜英美的心理，幾個前清翰林進士而已成爲老朽的人，在香港被視作瑰寶，凡能俯首聽命絕無氣骨者都戴上「勳紳」「爵士」的銜頭，於是民族思想遂漸泯滅無遺。

中日事變發生，香港政府依舊循着過去的路走他庇護盲目抗戰的份子，他阻礙和平運動的展開，於是惟恐天下不亂的共產黨，不負責任大唱高調的無恥政客，囤積居奇套買外滙的投機人物，假公營私發國難財的非賣機關，都在英美惡勢力支配下大肆活動。有人說，香港是另一羣冒險家的樂園，這一羣冒險家們已經泯滅了民族的意識，國家的靈魂，現在香港的命運快要完結，他們的冒險生涯也快要告一段落了。

大東亞戰爭的烽火已經掀起，現在已到一切須待重新估定價値的時候。東亞民族過去爲英美惡勢力蹂躪壓迫經過不少年頭，我們要逐一提出清算，香港將是第一個被清算的地方。

清算香港，香港一世紀以來侵略主義壓迫我們的事實，我們都記想清清楚楚，現在他到了被清算的時候了。

香港脫離中國版圖的經過

大家都知道香港已經於十二月二十五日日軍把英國兵打敗，完全收復回來了，這在大東戰爭上是很光榮的一頁，這也是我們黃種人對白種人最揚眉吐氣的一樁。多們時人痛快，多們很值得慶祝的一件事啊！

英國是侵略我們東亞的罪魁，這是人人所公認的，他宰割中國的第一刀就是從我們國土上割去了香港，那是在一八四二年（道光二十二年），到今年整整一百年，中國之永不能抬頭，東亞之被英國控制，都是從英國佔領香港開始的。

都知道英國佔領香港是因爲鴉片戰爭發生的，這件事的來歷是這樣的，自乾隆五十八年，英國的東印度公司得了壟斷中國貿易的特權，而印度又是出產鴉片的地方，所以，當時印度鴉片烟的輸入中國就由這個公司所獨佔，鴉片輸入中國，在宋太祖開寶時就有鴉片烟，清雍正七年時會一度禁吸，至道光十七年由東印度公司銷至二萬五千餘箱，每年漏銀至三千萬兩，內地鬧荒日甚，朝臣交論其弊，道光十八年十一月宣宗命林則徐爲欽差大臣，駛赴廣州，查辦海口，兼節制廣東水師，實行禁烟政策，林氏至粵，令英商限三日內將所有鴉片盡行交出，英人不得已，交出鴉片二萬八百八十三箱，值金六百萬元，道光十九年四月，銷燬於虎門，林則徐又規定鴉片專條，以斷外方來源，布告各國，且逼英領義律離澳門，不料英國政府竟因此對華宣戰。

在道光二十年，英國海陸軍會大舉進攻中國沿海諸要隘，清廷懼，乃與英人開始談判，以直督琦善為欽差大臣赴粵，免林則徐職，可是英軍堅持割香港償烟價，為退兵條件，突陷虎門外礮台，清廷復主戰，道光二十一年，英軍攻掠閩浙沿海，既陷上海，攻溯江上游逼南京，於是清廷大震，遂議和，道光二十二年七月遂締結中英修好條約十三條，這就是有名的南京條約，這條約主要內容：（一）由清政府納賠款二千一百萬兩與英政府，先交六百萬元餘限四年內分期繳清，（二）永遠割讓香港與英國，（三）開放廣州，廈門，福州，寧波，上海爲通商港埠，並許英國人民帶眷屬寄居，設立領事館。

自南京條約締結以後，到咸豐十年英又聯法攻陷北京燒圓明園，割天津通商，賠款八百萬兩，割九龍給英國。

香港華人自五卅慘案，英人屠殺華人後，十分憤慨，於是工人學生一致罷工罷課，香港政府見此情勢，乃派大隊英印兵武器鎮壓，下戒嚴令，沙面華人一起反英，遊行排英，於是沙面沿岸英兵突發機關槍掃射，一時途人被擊斃者，計數十人，巡行隊死者亦十餘人，傷者不計其數，槍聲起後，途人爭相奔避，因踐踏致死，擠入水中者不計其數，這是英人把我們當禽人看的不是人的一種鐵的事實。

香港與英人侵略中國的淵源

我國的香港，在廣東省珠江口外，距廣州城七十五哩，周圍約三十哩，面積爲四十方哩，港闊水深，足容大小戰艦以及商船數千隻，實爲世界上的第一良港。

歐美資本主義國家，於前清高宗乾隆末葉，已開始對華施行侵略政策，英國的東印度公司，是英國獨佔海外市場的先鋒，侵略東亞的大本營。至乾隆五十八年，該東印度公司，即得到壟斷中國貿易的特權，遂將印度出產的鴉片烟輸入中國，初運輸時，每年不過二三百箱，迨後英人因爲有重利可圖，運輸數目，由是與年俱增，到宣宗十七年，竟增至二萬七千餘箱，每年漏出紋銀，達三千萬兩之多，內地銀荒日甚，京內閣部大臣，交論其害，鴻臚寺卿黃爵滋，御史朱成烈，方煥年，給事中王湘帆等，奏請嚴禁鴉片，以塞漏巵。朝廷採納黃等的議論，道光十八年十一月，宣宗特命閩候林文忠公則徐爲欽差大臣，馳赴廣州，查辦海口，並節制廣東水師。文忠到廣州後，即通令外商將所存的鴉片盡行繳出；旋因外商藐視法令，乃封鎖商棧，斷絕飲食的供給，并令所有傭於外商的中國工人悉行罷工，於是外商完全退至澳門，將鴉片二萬餘箱交中國官吏焚燬。文忠爲杜絕後患起見，乃宣言：自此以後，到廣州的商船，倘非船長誓言：「決不販運鴉片至中國海口」，則不得入港；如有背誓的，定籍沒其船隻，及其所載的一切貨品。

詎料英國因侵略目的，未克達到，乃遣海陸軍向東亞的中國進發，道光二十年，英艦除侵略中國沿海諸要隘，並封鎖廣州海口，竟對中國宣戰！

其時清廷爲酷愛和平起見，特派直隸總督琦善爲欽差大臣赴粵，與英人開始停戰談判，免林文忠公職。可是英軍堅持割香港，償烟價，爲退兵的條件，并突陷虎門外砲台以示威嚇，清廷以忍無可忍，復主張戰爭。二十一年，英軍攻掠福建浙江沿海，既陷上海，溯江西上，佔江陰，攻鎮江，進逼南京，於是清廷大震，詔耆英，伊里布往南京與英使璞鼎查議和，遂於二十二年八月二十九日與英國締結條約，就是奇恥大辱的南京條約，這個條約計十三條，主要內容：一，由清政府納賠款二千一萬百兩與英政府，先交六百萬兩爲賠償鴉片損失，其餘則爲賠償軍費，限四年內分期繳清。二，永遠割讓香港與英國。三，開放廣州，廈門，福州，寧波，上海，爲通商港埠，並許英國人帶眷寄居，設立領事館。

英國強佔香港後，第一次向中國侵略工作，算是達到圓滿目的，當設置總督治理一切事務，四周皆建築砲台，精資保衛，以爲自己萬世不動的基業；由是第二次強割九龍，以及第三次，第四次，甚至於十次，二十次，一再侵略，所有事實，早已昭彰在人耳目，故英國實爲歐美大資本主義侵略中國的罪魁禍首，那是一般人所公認的；但自大東亞戰爭開始以來，英美因惡貫滿盈，故遺留在東亞的殘餘勢力，已經先後掃除淨盡，現在香港爲中國所有，業歸原主，一洗百年來的恥辱，不僅是中國人的榮幸，實係全東亞黃種人共同的榮幸。

日軍攻克香港的經過

友邦的日本，為建設大東亞共榮圈、協助復興的新中國，剷除白種人在華勢力，故於民國三十年十二月八日，以東亞盟主之地位，首對英美宣戰，實在是解放東亞民族的曙光。

當戰爭的開始，除了進攻英美各殖民地的軍事設施外，連續的佔領了關島，呂宋北部，馬來要衝，婆羅洲，威克島等地，最近又克復九龍，次第使英國在華歷史的根據地—香港—也降服了，這值得欣幸的一件事。

提到香港這個地方，他是在鴉片戰爭的時候，割給英國的中國領土，我們站在大東亞戰爭的立場，當此攻克香港之際，實在是大東亞解放戰爭中最光榮的一頁，吾人為紀念友邦軍人的戰爭經過計，故將攻略過程，分誌於下。

海空軍初度攻香港

八日的早晨，日政府剛佈對英美正式宣戰，南太平洋一帶進入緊張狀態，華南日軍精銳部隊，以天氣晴朗，故初度空襲香港，對英軍軍事設施，連續襲擊數次，並於北方飛行場，加以低空掃射，使之起火，敵機十二架被毀。

同時帝國艦隊，迫近港口，擊沉敵哨戒艇環德摩那爾斯型一隻。

食糧困難暴動蜂起

十一日，由於日軍連續轟炸香港市街，已陷於大混亂，市民狂奔，尋求食糧，米之獲得尤難，因英商獨佔大米，對華人限制甚嚴，被迫於飢寒線之華人，各處蜂起暴動。

散放傳單促民覺醒

十二日，日軍空襲香港，予以損害甚大，於空襲之際，為闡明日本帝國之真意，由機上散下傳單頗多，以促香港全民衆的覺醒。

港督拒絕大義的勸告

十三日，佔領九龍之日軍攻城司令官，十三日已命中止轟炸，并遣軍使，向香港總督，傳遞手書，內容略謂：「我方攻城砲兵，已準備完了，指顧間即可覆滅香港，如思貴軍之命運，及百萬無辜百姓，時又不能任事態如是之推移，此點由貴國之騎士道言之，皆為不忍之事也？爾深為考慮云云」。而港督昧於大義，拒絕勸告，於是對香港當局之頑迷措置，決以實力促彼反省，故於十四日晨，一齊開砲，對華南最後之據點，開始總攻擊，砲聲震全島，

殘暴的英人強迫馬來人抗戰否則屠殺！

於其□□設□，授以巨□，已□受大□□□，
敵要塞摩星嶺，已被炸毀。
經連日之砲轟，空襲，各地重要軍事設施，均行起火，街市大半，皆爲烈燄所包，市內陷於大混亂的狀態。
十八日午後九時五十分，日軍有力部隊，於香港西部上陸，佔領加登監視山，至十九日午前九時，已壓制全島大半，敗散敵人，僅在各處小有抵抗，各高地已揭起日章旗。

光榮壯烈一頁戰史

在日攻城軍巨砲陣十二小時猛烈砲火掩護下，斷行香港決死的敵前上陸，十八日午後九時五十分，畢竟成功，現正爲完全佔領全島而行奮戰中。是夜上陸之日軍，先在九龍啓德飛行場附近地伏待機，而專注視上陸地點之日方砲擊狀況，待至九時四十五分，在雙方砲彈閃光飛動下，開始上陸行動，第一隊之□□部隊，乃乘所準備之舟艇於黑暗中，一方與鯉魚門，一方在太古船塢及布列馬角，與加登監視山下方之三上陸地點接近，巧妙進至海岸，密密連接之敵防禦陣隙間，搶奪舟艇，而一直上陸，當日軍舟艇迫近海岸時，得知之英軍，一方頓形狼狽，一方投用白色照明彈，自三方面以機槍亂射，而我方精銳亦一面以肉彈突擊，一面漸次制壓敵軍陣地，展開極壯烈之白刃戰而擴大戰果，至九時五十分，上陸成功信號之紅色照明彈，一齊爆發，於是第二隊乃渡過海峽，與先發部隊協力壓制敵軍，至是上陸作戰已獲劃時的成功，現上陸軍隊，正向南方山岳地帶追擊殘敵而制壓香港之全命脈，又最先名譽之入香港者，亦即最先突入九龍之野口部隊

香港命運已決定 殘餘英軍掃蕩中

據前綫來電稱：十九日由於日軍在香港島

上陸結果，英國在東亞有百年歷史之香港命運，已經決定，香港西部摩星嶺，及東部柴灣山間要塞高地一帶之敵砲火沉默，正在繼續掃蕩殘敵中，於日軍上陸時，逃入西部維多利亞峯及斯丹萊半島之敵軍，倚恃險峻之自然要塞，正繼續最後抗戰，維多利亞峯之堡壘，因全係要塞，尚時時發射砲火，日陣地對之，自二十日晨以來，正加以砲擊，維多利亞市起火淒愴已極。二十一日華南日陸軍航空部隊之精銳，晨間即出動香港上空，擴大戰果，據迄正午之偵察，日軍一部有力部隊，已進出於香港南部之□□半島，衝過北方深水灣敵砲艦之猛烈砲火，續行果敢攻擊，一方哈比巴雷競馬場附近，亦展開激戰。日海軍部隊，與日陸軍部隊，攻擊香港諸炮台，及敵艦艇，正在制壓周圍全海面中，廿二日，日軍香港上陸部隊，仍續行猛攻，由香港東部□□佈陣之日軍重砲隊，廿二日晨一齊開始放射，聲震太空，因敵有力部隊，逃入大潭灣，故此砲兵自其兩側半島，砲擊維多利亞及彼克背後之敵據點，其他日步兵部隊，自南部□□山嶺地帶、至東部□□附近一帶佈置陣地，因此項砲兵之協力，故其進攻，益形順利，維多利亞峰要塞砲台被日機轟炸粉碎，南方□□半島山地高射砲陣地亦被炸毀滅，日機廿一日對香港四周英海軍軍艦艇亦加轟炸。

香港防衛完全解消

二十三日對山嶽地帶之英軍，猛烈攻擊之日軍開始勇敢之夜襲戰後，已將敵相當堅固之金馬倫山（四三四米高）附近高地佔領。按該地可俯覽全香港，為敵最後據點之太平山奇力山之咽喉，甚為重要。

截至二十二日判明之日軍所鹵獲之戰利品，數目極夥，在□□及□□附近，實已堆積如山，其中最為注目者，為二十生的之榴彈砲及山嶽地□要塞砲與自動步槍，測遠□及通信□材等多數精巧兵器，至是其英國在百年中準備之香港防衛，已完全解消，故此次作戰，實可謂一大要塞攻略戰，其中主要之鹵獲品如次：

飛機五架，機關車，客車，貨車三○○餘輛，乘用車，戰重車二百輛，戰車六，砲（自二十生地，榴彈砲起，至機關砲，自動砲止）二八門，砲彈數百箱，重輕機槍二百餘，彈藥

邱吉爾的腦子裡裝的是這個！

約二十□發，□□七百（大半為□□□□）其他輕裝甲車，測遠機，通信機材多數。

香港英軍全面降服

二十五日於香港島一角，尚延殘喘之敵軍，因我方不分晝夜之猛攻，終於十二月二十五日十七時五十分，（午後五時五十分）請求降服，故我軍即於十九時三十分，（午後七時三十分）命令停戰。午後九時三十分，揚格香港總督，莫爾特西陸軍司令官，與日軍首腦部，已於九龍之貝寧西爾拉飯店開始會談。

綜觀上述之經過，今日之香港已步入明朗天地，我國百年來之英侮，至此一旦解除，此後為大東亞共榮圈下之人民，實抱有無限之幸福與快樂，而我百五十萬港民，脫離英夷之鐵蹄下，得重覩天日，其欣喜之狀，又豈僅開三百可限耳。

香港的中國人

由紳士到平民

香港是一塊被英人割掉的中國土地，宗主權雖然已經屬於英國，但島上的一切幾乎多半都是屬於中國人的，因爲一百多萬的市民，要有百分之八十到九十是中國人，這大部分的中國平民雖然都是僑民，但少數的支配階級的英國人便毫不客氣的，對待這些中國僑民，這些人便在那種不平等的法令下過活了一百來年。

華僑中一般所謂紳士階級，在事變前，差不多都是兩廣和福建人，還是少數的上海人，有的來自中國大陸，有的是來自南洋羣島，因爲香港的繁華，和經濟上的關聯，便都來到香港來，「享受」，「揮霍」。事變後，流亡到香港的有錢階級，越發的加多了！有的是廣州的富戶，有的上海方面的財閥，有的是軍政府的要人和他們的眷屬，一面可以避難，一面是到香港來享受，我們知道過去的中國電影皇后胡蝶同她的丈夫潘有聲，也住到香港，同時還拍了很多次戲，再有以男扮〃裝打動過美國人的好奇心的梅蘭芳博士，也作過島上的住戶。

中層階級的華人，要算一般商人了，銀行的行員，金店的店員，珠寶玉器古玩商的夥友，旅館，飯館，兌換所咖啡館，跳舞廳，電影院，大戲院，和一般雜貨店，海味店的舖長店夥，都是中國人在那裡活動。

往低處看，瞧着中國人更是滿坑滿谷，[illegible]上喊着擦皮鞋的小孩子們，飯館裏爲客人擺，上菜的女招待，旅館裡拖着長辮的五[illegible]

下的女傭，島上另一個角落裏，以皮肉生涯的妓女，在一般小商店的旁門或樓上的小賭局門前，拉賭客的小夥計，往來街頭巡察的巡捕，碼頭上的海關爪牙，星星點點的人力車夫，赤脚肩着竹槓來找生意的女搬運夫，流落異鄉的乞丐，那個不是中國人，那個不是被香港政廳命令壓迫的中國貧苦同胞。

理察飯店的大廳，常常坐着些自命紳士的顧客，從外面玻璃窗看去，卻是靜悄悄的，除去早午晚三餐之外，也會有人在那裡用些茶酒來消磨時光，裡面仍然英人佔一部分，其中的華人也佔相當的數目。

皇后大道上跑來跑去的汽車多半裡面坐的是中國紳士，筆直的西裝，手杖禮帽和一切，都充分表現出來，中國紳士們定全受到英人的毒化。五分鐘一次開往對岸九龍的輪渡，樓上坐的也是這般人，同時過有不少輛的汽車，也開上了輪渡，渡過海峽，開入對岸九龍。

爬山的汽車往返的開駛着，賺錢的收入多半是中國人荷包裏的錢。

商店裡的店員，除掉粵語之外，中國的國語是不懂的，到市場裡買東西的北方人（除廣東省籍者以外，都算北方人，當地也呼之爲「上海老」，因爲不會廣東話，只有用英語代替

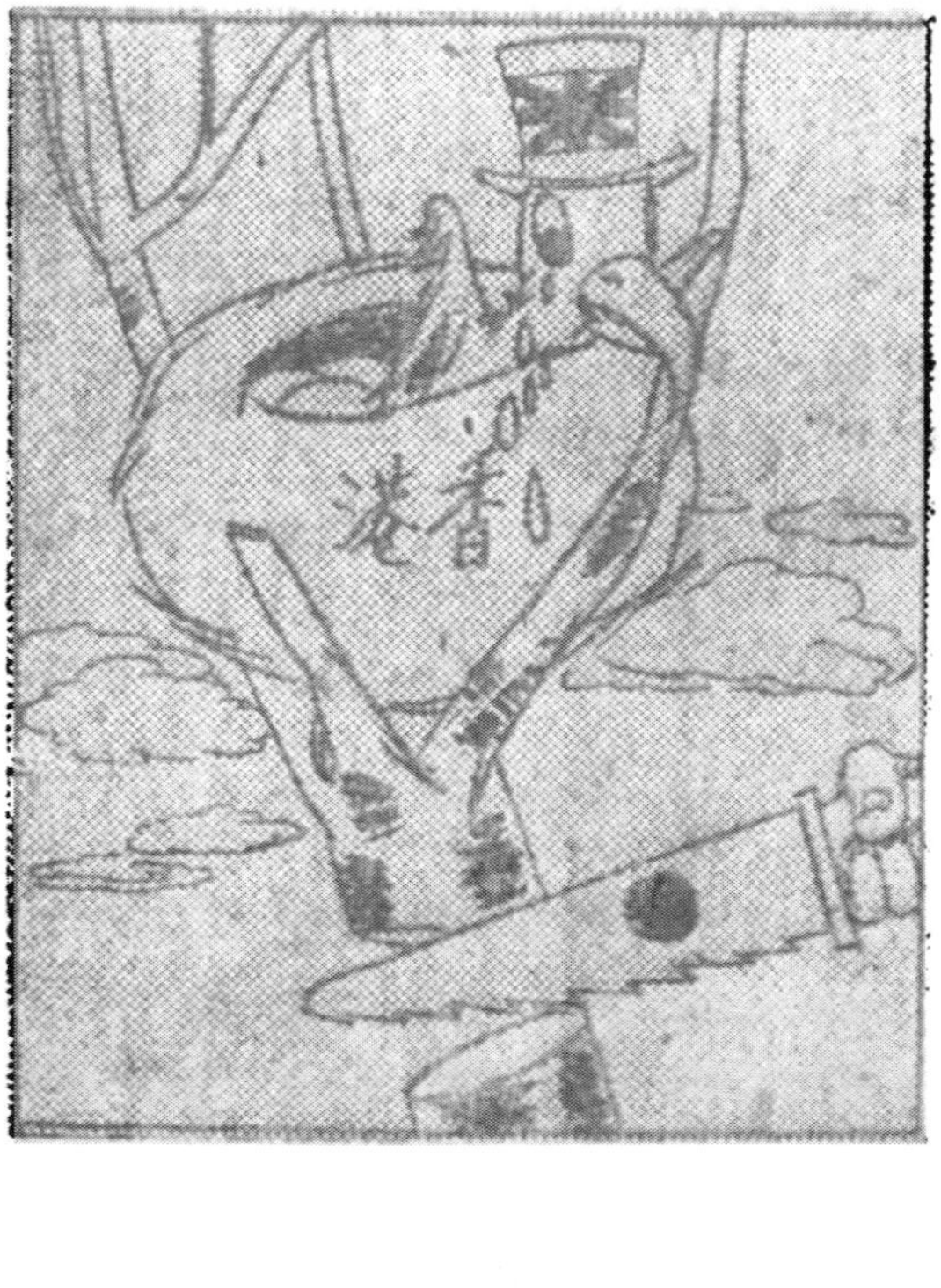

這隻老鷹要玩完了！

國語，這些店員是很歡迎的，因爲他們了解英語的程度，還要比國語高出幾倍呢！

街頭上時常逢到幾個衣冠整齊而行乞的人，口裡說着北方話，討要的時候，英國人是不去可憐他的，廣東人因言語隔閡，也不會理他的，只有尋找些服飾像北方人的旅客來行乞，來獲到一半頓飯吃。

樞軸必勝

道邊常常發現男女老幼露宿街頭的情形，這些人過去也是香港的中堅份子，因爲事業的失敗，或是經濟破產，所以弄得一貧如洗，沒有路費回到故鄉去，流浪在島上街頭，無論多寒的住在街頭，好在香港天氣熱，不然天天要發現倒臥呢！

妓女們的皮肉生涯更比內地的妓女苦，爲這部貧苦的女同胞，不獨向中國人賣笑，而大部的任務，要作洋兵們的洩慾器，代價有限，痛苦無窮。

總之，在香港的中國人，除掉少數喪心病狂甘作英國人的附屬的中國紳士以外，大部分都是被英人壓迫的貧苦同胞，現在香港降服了，英人的惡勢力從此一掃，一東塊亞人的產業，走到東亞人的手裏，值得我們慶幸，值得我們替被壓迫的同胞出一口氣，英人在遠東第一個根據地香港「降服了！共他的呢？想也要不」出幾天的事呢！

香港陷落前一瞥

中國人受不平等的壓榨
食住吃水無處不受限制

香港位於中國南部，是廣東省的一塊地，自從鴉片戰爭以後，英人強奪了去，就作牠的侵華根據地，為期已近百年餘，時至今日，友邦日軍揭竿而起，大興義師，討伐不仁，發動大東亞戰爭，膺懲狡英，為期不久，竟將英人之侵華根據地香港佔領，此固日軍威力表現，亦可以舒我華人胸中之氣，焉不令人雀躍三丈，額手相慶呢！現在筆者將香港未被友軍佔領前的種種寫在下面，以證實狡英之暴行，及我同胞被壓榨之苦況之一斑。

香港自被狡英據為已有後，該地即淪為殖民地了，狡英據此而作[illegible]華之大本營，不遺餘力的，政治，經濟，文化等侵略政策，在軍事上作種種防禦工事，文化上辦宗教學校，經濟上投資經營，設盡方法剝奪華人權益，設銀行及其他貿易公司等，在政治上更設在香港總督，總理一切，這無非是開發英人遠東權益，而竭力壓榨我國人之血汗。此外有數件不平等而最令人難忘恥辱的狡英暴行。

第一是住的問題：香港是山地，依形勢而形成上中下三區，最上是英人所居，中層是外籍人及中國有產階級者所據，最下層乃華人中之貧乏者，地分上中下，而待遇也就分上中下了，這種階級性，是不能打破的，無論華人如何高貴有錢，最上層住宅區，也不能住，那最下層華人，其慘狀，更難以筆墨來形容，就是受印度巡捕一項暴行虐待而論，就夠難忍的了！

第二是食的問題：吃的問題，香港以米為大宗，英人對於吃米不大注意，有面包足矣，但華商積謀利計，限制華人用米，以致華人在香港者以巨大代價始得購米吃，其生活之高，就米一項來說，也是夠瞧的了。

第三是水的問題：香港地方是沒有水吃的，全憑春天下雨來存水，倘遇春天雨多，還算萬幸，否則春天之雨，那末華人就算揭窰了，水只許英人享用。有餘散給外國人，中國人享無此福氣，所以一到旱年月，中國人沒水吃，沒辦法吃海水，或者以巨大代價向別的國僑民去買，這是最令人痛心的事。

以上是幾件普通時期的事，但自事變以來，軍隊奮鬥抗戰的結果，喪師失地以後，一般偽要人，藏匿等均逃往該地，銀行方面偽府之中國，中央交通等銀行都移該香港，由英人輔助來營業，攪亂金融，偽府要人如孔祥熙，宋子文等財閥之私蓄財產都存在英人之麥加利及美國之花旗等銀行，所以皇后道一帶之銀行區，都是利市十倍，因為要人們的家屬都以香港為安樂鄉，奔到該地，在揮霍無度的情形下，那條德輔道的商業區，更繁華起來，眼看着利權外溢，真使人痛心。

我們都知道上海是銷金窟，香港更比上海腐化，什麼大賭場，娼寮。紙醉金迷的場所，比上海更盛而更活躍，不過是物極必反，上海已於十二月八日[illegible]向各租界，香港今又被佔領，從此英人從前的據點破碎無餘，我們中國人也可吐一口氣！太平洋戰爭的最初目的已經過達成，也是一件可慶幸的事。

香港臨戰前的趣聞

英丈夫團及太太團對立
一方要返港一方却反對

香港在目前，是現着異常紊亂狀態，這是因爲日寇的攻擊所致，在前月由港總督府，所出疏散令，命在港之英人之妻子都分散到澳洲去，這叫做什麽臨戰體制，但一般被疏散的太太團，對這種拆散家庭的命令，都羣起反對，於是就有共同請願的太太團出現，現在把她們的請港督楊慕琦撤銷疎散法令的信及在港的英丈夫團反對已被遣往澳洲的太太團再回到香港呈文，一併寫在下面，請諸位看英國人的矛盾思想及厭注重性愛不關心國事的心理：

英太太團請撤銷疏散會原函：

該函內稱：「余等對於強迫疏散及執行法令之情形，均極反對，現居住於英國之婦女，雖身處於戰時態度中，尤日夜與男子並肩工作，爲國效力。余等現被迫疏散來澳，遠東之繼緊張情勢，雖可爲余等疏散之藉詞，但時至今日，已歷十六個月，而遠東情勢，並未見鬆弛，由是足証此項緊張局勢在大戰未結束前實難完結，究竟余等是否須完全離開丈夫虛度余等一生之最寶貴時光云。最後太太團並謂，渠等深信香港陸軍及警察實力，異常堅強，可保衛彼等返港後在戰時之安全，

英丈夫團呈港督

停止太太團返港

本港英人丈夫團，於日前具呈總督要求取消發給西人婦孺回境証。該呈文內並述某夫人之返港爲不公平。呈文云：「本團代表其妻子被疏散離港之丈夫等，呈請總督注意下述之事項，並請予以考慮。有某夫人於本年十月二十六日攜其兩歲之男兒，乘且輪由馬尼拉返港，其所攜之回境證，乃係由本年十月八日起，有效期爲五個星期，係助理副輔政司所簽發者。

夫人懷孕　並須陳明於總督者，則該某夫人已懷孕，健康不佳也。鑒於該最近之事件，本團欲一併陳明總督，則本團於本年九月進謁前任總督羅富國爵士，當時關於回境証之問題，亦曾提出討論。前任總督認爲此乃不公正之辦法，應予取銷，而且當時輔政司亦在場，曾謂「該項回境証應予停發」，前任總督曾作肯定之表示，而其下屬竟然發給回境証與某夫人，此實爲本團所不解。本團具呈陳明此事，深以爲政府此舉，顯有失信之處，本團欲再陳總督，本年十月二十八日士蔑西報亦曾著論批評此事，本團所代表之各該人等，深以爲政府應考慮下列各點：

請予考慮　（甲）香港政府對疏散問題，所生之若干宗不公正之事件：（乙）在戰時政府高級官員，對於渠等自己之妻子方面，未能遵守強迫疏散法令，不服從及不忠實之行爲，政府方面則已獲得人民之盡忠及合作，但可惜者則其本身在國家非常時期之際，未能忠誠，鑒於某夫人之事件，本團請求總督從速停止發給離港之婦人之回境証，因此舉繼續施行，則對於一般遵守政府命令經已疏散往澳洲之婦人，認爲苦惱，而對於丈夫方面，則認爲無限之憤恨云云。又該團於上週接疏散往澳洲之太團來電，謂該等曾召集擴大會議，對於港小龍有子女者返回香港，而不准伊等離去，亦深表憤慨云。該電文，亦經由該國遞與總督察核云。

許相思曲　疏散赴澳洲之英人太太團，前晚又向留港丈夫廣播，本港于下午八時零四分由ＺＢＷ電台接駁，既播以奏「甜蜜的家」歌曲開始，惟內收音異常惡劣，使集合ＺＢＷ電台內之丈夫，大失所望，所接得廣播詞，大都聽不清楚，至於太太團所言者，大概謂彼等極希望能與丈夫講話，亦望在港親友安好，並盼把晤非遙。該晚約共有三十名婦孺廣播，各次一分鐘，於八時二十九分全部完畢，亦以「甜蜜的家」一曲為結束。

應祝皇軍榮佔香港五十六韻

香海現出明朗天　皇軍佔領衆騰歡
此島久歸蔡英霸　從頭正好溯淵源
鴉片戰爭未肉在　遠因卻復在其先
憶惜蔡英圖蔡利　壟斷通商毒手寬
公司首立東印度　出面交涉由大班
（清乾隆四十六年，東印度公司，向蔡英政府取得中國貿易特權。印度孟加拉又盛產鴉片。乃稟輸入中國，又凡與華商交涉，均由公司人員出面。此滿我香港之遠因也）
嗣後此權告終止　當宗中葉觸社延
（道光十四年。）
蔡英再派拿皮爾　執掌貿易監督權
彼時拿氏倨傲甚　華官乃與之為難
非內私入廣東界　我付人張撻伐有一番
拿氏死後繼任者　共無進展亦如前
隔年再聘監督制　改派領事申必丹

（道光十八年，以甲必丹義律爲領事。）
甲氏唔係其國主　請以兵力解商艱
此時道光敗守已經十八載恰値鴉片事生端
林公則徐奉朝旨　往對暴英誠侃侃
尋以兩廣總督介　焚毀鴉片檢商船
此令別國多承認　獨有暴英逞刁頑
隨且水陸幷進來逼我　澳門一到開釁端
我旣海防多懈弛　祗有林公治下警備嚴
暴英乘勢竄向裏　廈門定海及烽烟
直抵直隸白河境　非禮要求動內旋
（京師驚恐）
當年疆吏多畏禍　罪名歸使林公担
因此清廷計中變　罷戰賠銀棄外藩
革去林公簡琦善　一力求和百粵間
事先幷遣伊里布　訂約忽忽兩游德
琦善一到撤守備　首許賠償烟價六兆圓
至此暴英猶未滿厭意　必覬香港戰方完
[illegible]開之不戰[illegible]作　暴英一[illegible]又攻[illegible]一

雙角砲台被攻陷（次年十二月攻下沙角下
角。）　琦善一懶承認圖苟安
清廷聞報大震怒，　斥退琦善改簡降裕楊
方面以全權付奕山
誰知奕山尙未至　虎門要塞暴英又攻穿
奕山旣到粵東在　暴英更擬砲轟廣州灣
奕山無奈重訂約　軍需銀萬首償還
（于烟價六百萬外；尙賠軍費如烟價數）
至於割讓香港事　允以隨後再商談
暴英經此兵隨退　奕山上奏對此偏隱瞞
暴英迫以正式簽約兵始罷
奕山知又拒絕未敢專
暴英一看又無望　三次進兵增戰圍
廈門再犯舟山陷　轉掠長江掛孝帆
東吳遭受滔天禍　金陵危急迫城垣（道
光二十二年四月，暴英陷乍浦，五月陷寶山上
海六月陷鎮江，七月進偪南京。）
[illegible]惟[illegible]替大[illegible]恐　乃飾耆英爭[illegible]下

相陪仍有伊里布　由此南京和約宣
第一賠款二千一百萬　第二五口通商定
立堅　七月初秋簽訂四大款　香港之割居
第三　嗚呼香港一失百年之久不復返　九
龍一租又逾九十有九年　暴英暴英得寸還進
尺　無窮慾壑終難塡　香港既歸暴英闢
遂故白魔接踵侵我黃人川　陰霾今已過百稔
萬惡西方鼠輩恣凌濺　比歲香港衍爲萬
惡藪
更至藏汚納垢縱容鉅惡施其奸　暴英之
毒已敷遍　何況妖米（美國也・）推波
而助瀾　遥援將逆間接援共匪　漫我
大東亞之錦繡好山川　幸我皇軍有聖戰
惟揚我武亂方戡　即今忍已無可忍
大日本義旗指處太平洋上氣象容萬千
喑嗚叱咤大似從天降　果也堂堂一陣驅
將暴英妖米殲　白魔惡勢驅逐盡　旬
日之間奪還香港功合勒燕然　從此曉天
舜日輝萬邦　八紘一宇永綿綿
皇恩敬祝遥遥奉凱旋

太平洋上的偉績

海賊王之末路

英海運界危機四伏

東西海戰遭重大損失

戰爭時期爲海運界最困難之際，不特交戰國船舶有時時遭遇損害擊沉之危險，卽中立國船，亦難免感受損害與打擊，然而交戰國家爲維持其海上連絡及物資源接濟起見，自不能不積極設法維護其生命線，而亟謀其海運勢力之強化，同時戰局擴大，航運區日見縮爲狹小，因之海運界遂蒙重大影響，亦爲勢所必然者，英國原爲海上國家，依其屬領控制上之需要，故其航運勢夙有强大之稱，然而自歐洲二次大戰以後，英國遭遇德國海上之襲擊，損失數字殊爲驚人，即德國攻擊英本土關係，關於物資之補充，軍需資源之補給，更爲需要，而英國海運界至是更得拚命活動，以維其生命，因之海上損失隨之激長增高，最近因大東亞戰爭之勃發，英國航運界更遭遇重大打擊，同時太平洋上英船之殲滅，亦有多數。英國船舶自遭戰事之損失後，力謀加倍補救，並特設海運部，專司海運事宜，去年三月至本年一月，全部運費提高，結果比戰前水脚上升百分之八十三，徵用船由政府担任．戰時保障費年利百分之八，船費軍爲百分之二十八厘，至於中立國船舶貨物水脚經海運公會調查去年比前增加一倍又百分十三。

歐戰開始以來，[illegible]，船舶損失計每年被擊沉者約九百萬噸，斯實國家前途，亦英國航運界之一大轉機問題，現時英國對擊沉船舶，雖保守秘密，但其不安與恐慌已日益深刻化，英國船舶噸數歐戰前約為二千一百萬（），其後因德軍勝利，及被德軍佔領國家如丹麥挪威法蘭西等國手中船舶改歸英國者，約七百萬噸，又由英國購入船舶約八十萬噸，此外開戰以及英國積極造船，計約有百五十萬（）至二百萬（）之多數，總計英國船舶共三千三十萬噸乃至三千八百萬噸，而自歐戰開戰以後英國船舶損失，依英政府發表或德方發表相差約達半數，假定依照英國發表，則今日沒失之噸數，亦有七百六十萬噸；除了上述外，英政府支配下船舶，總計約二千三百萬噸，以之應付本國及遠洋航海，實大感不足，加以近東戰線勃發，因之英國積極徵發軍用船，而充當海外輸送之船舶尤其數不過千二三百萬噸，如此在歐洲戰中一年間已有約九百萬噸之損失，若再加日本海空精銳襲擊之損失，當更增大一倍不止，其如是英國之船舶在本年即感重大威脅而漸銷滅之命運矣。

歐戰起後，地中海大西洋等地英船即不斷受德意襲擊損毀，最近大東亞戰爭勃發，日本海上與空軍精銳在短期中已在新加坡香港附近擊破英船多隻，而英國之海運界頓感重大威脅與不安，軍需資源物資之接濟，運輸上自亦隨之受重大影響，今後英國海運界之不安與危機，既日益增大，其船舶損失自必日見增多，而殘破不安之英船舶遂遭重大打擊，不特運輸削減，牽製軍事，而英國船舶活動已是一大困難，結果英海運界將因大東亞戰爭而趨崩潰，而軍事上之失敗，自亦連帶招來矣。

香港被日軍占領後

切斷英在太平洋的三角形根據地

圖爲香港陷落後一瞥

據二十九日電報傳，英國百年侵華的據點，孤島香港，已陷落於日軍手中了，這是無疑是給英國作戰來的又一個打擊，同時也破壞了英國在太平洋上的三角形根據地：——新加坡，香港及達爾文港。

這是誰都知道的事，英國在東亞大戰中，最有力的據點便是新加坡，它和香港及達爾文港形成一個三角形，都有要塞化的建築，可以封鎖南中國海的通路，新加坡和日本橫濱，相距五千公里，而香港恰在這條路線上的中途。

無疑的香港是英國遠東軍根據地的前哨，以前英國在華盛頓海軍條約之下，對於香港的設防，已經放棄，但在該條約失效後，香港的防禦工事，都積極强化，如建築堡壘，飛行場，軍用道路等，又在岩山中築飛機庫，及高射砲台，防空壕等掩蔽處，又建地下倉庫，以儲藏火藥汽油等軍需品。

至於達爾文港，位在澳大利的西北端，是保衛新加坡的一個前哨，成爲遠東海軍的另一面之掩護地，英國對於達爾文港軍事工程之完成，頗爲關心，現自治領自身艦隊，正在强化中，以保衛綿亘二方公里之海岸綫，其中北部及東部海岸之武裝，業已完成，而空軍中隊的增加，亦不在少，達爾文港爲澳大利防衛體系中的重要基地，這裡也就是英澳戰略體系中一致的地方，現在正從事於新鐵道新公路之建設，以增强防務。

其他白人，移入內地開拓，是希望達爾文港之戰略地位之增高，現在新幾內亞東南海岸摩勒斯巴港新軍事基地之建設，在求能扼[illegible]斯海峽之重要地位。

現在香港已被日軍佔領了，自然香港與新加坡間的聯絡已被切斷，英國之該項戰略三角形，顯然已不可能，形見英海軍在太平洋的海軍戰鬥力已陷於無可挽回的失敗地步了。

英美艦隊的末路

大東亞戰爭日誌

馬來方面

二十一日，日軍佔領檳榔嶼，斷絕新加坡緬甸間之連絡。

二十二日，日軍佔領馬來北部吉打州地方，同日日機大舉進襲馬來中部要衝。

香港方面

二十一日，日海陸軍，制壓香港全海面，哈比巴雷競馬場展開激戰。

二十二日，香港日軍繼續猛攻，炮擊英方各據點，同日佔領港方重要高地，鹵獲物品甚衆，俘虜英軍七百餘名。

二十四日，日軍已控制全島大半部。

二十五日，香港不堪日軍攻擊，於今日已正式請求降服，雙方並在九龍開停戰會議。

菲島方面

二十二日，日軍繼續在呂宋上陸，正向馬尼剌進擊中。

二十三日，日軍佔領民答那峨島首府。

二十四日，日陸海空軍猛攻下之菲島，勢益危殆，美將謂馬尼剌為非武裝區。

二十五日，日佔領菲島之仁牙因灣，馬尼剌情勢甚危。

太平洋方面

二十四日，日軍佔領維克島，斷絕美南太平洋航空線的聯絡。

佔領地

菲律賓，魯遜島北部上陸，佔領威幹島，阿波里南部，該島南部敵行敵前上陸，并佔領列阿斯比西方一帶，在該島新方面上陸，同時在緻達那島敵前上陸成功。

佔領達維亞各方面。

香港，九龍完全佔領，香港敵前上陸，香港島佔領後刻在掃蕩中。

馬來，該島某某地點占領，并攻略英斯中州地域，旋占領馬來半島西岸，繼又攻略比南島，刻正在比南島對岸南方進擊中。（再者，泰國盤谷及馬來國境已和平進駐矣。）

緬甸。維庫特利亞佔領。

英領婆羅洲，敵前上陸成功。

南洋方面，已佔領爪哇島及威克島。

飛行機

大本營發表

擊落敵機及燬毀敵機總數達一千二百九十九機以上。

軍艦

美—被擊沉者戰艦五隻。加里符尼亞型一隻

，馬利蘭得型一隻，亞利桑那型一隻，宥達型一隻・不明者一隻。

巡洋艦二隻，其他五隻，船兩隻。

破損者戰艦四隻，巡洋艦六隻，其他五隻，船一隻。

拿捕者砲艦一隻，船舶多隻。

英：擊沉者戰艦二隻，（威爾斯太子號，雷巴爾號）巡洋艦及其他共十六隻。

大破者砲艦及其他共六隻，船舶二十二隻

拿破者船舶五隻。

此外擊沉者潛水艦三隻，船舶四隻。

共計捕獲美船艇四百十九隻。

爆擊地

菲律賓方面。依巴，庫拉庫魯得，佛魯西特巾，巴庫，達歐那，馬尼拉，克牙比得，尼可魯斯，馬金來，巴達克斯，巴庫達納斯，比魯加魯爾，加巴南，巴克歐，依魯依魯，得魯們得，塞布島。

香港方面、香港及九龍島。

馬來方面，新加坡，電剛，塞來巴，克達，古巴魯，坎坦，比南，巴達佛魯得，亞來達，古馬蘭布魯，亞力巴島，得魯瓜遜。

緬甸方面。威古魯達，米魯基，蘭貢。

南洋方面。威克島，米得威島，爪哇島，那威魯島。

夏威夷方面。歐亞佛島，（火奴魯魯美海軍根基地眞珠灣）

蘭印方面。塞拉木島，紐基尼亞，波卡那里。

砲擊地

香港方面，香港全島。

南洋方面。加斯頓島，米得威島，

夏威夷方面，馬威島。

香港形勢圖

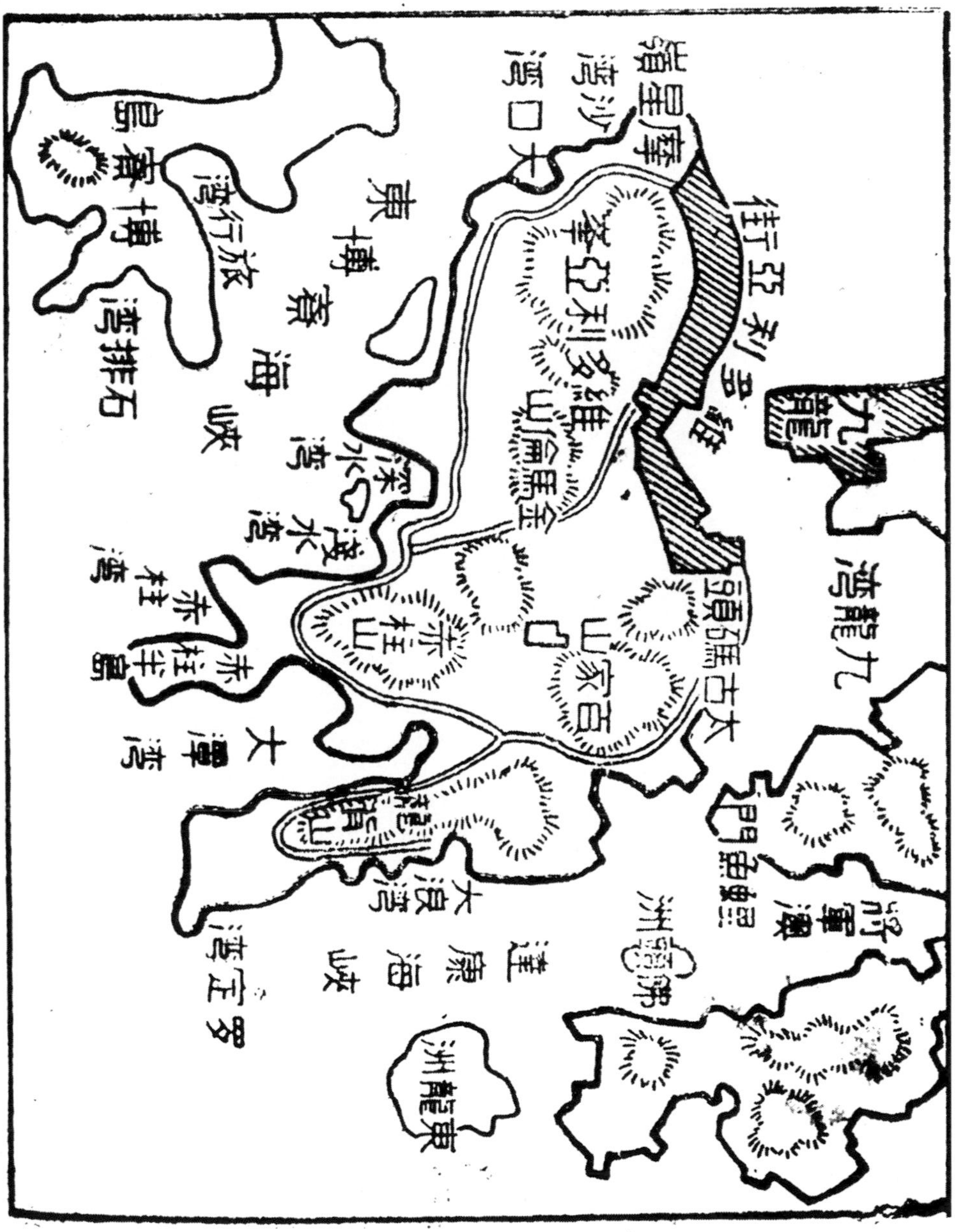
摩星嶺
沙灣
大口灣
南丫島
東博寮海峽
石排灣
維多利亞街
維多利亞峯
金馬倫山
深水灣
淺水灣
赤柱灣
赤柱山
赤柱半島
百家山
大潭灣
大浪灣
九龍
九龍灣
鯉魚門
將軍澳
東龍洲

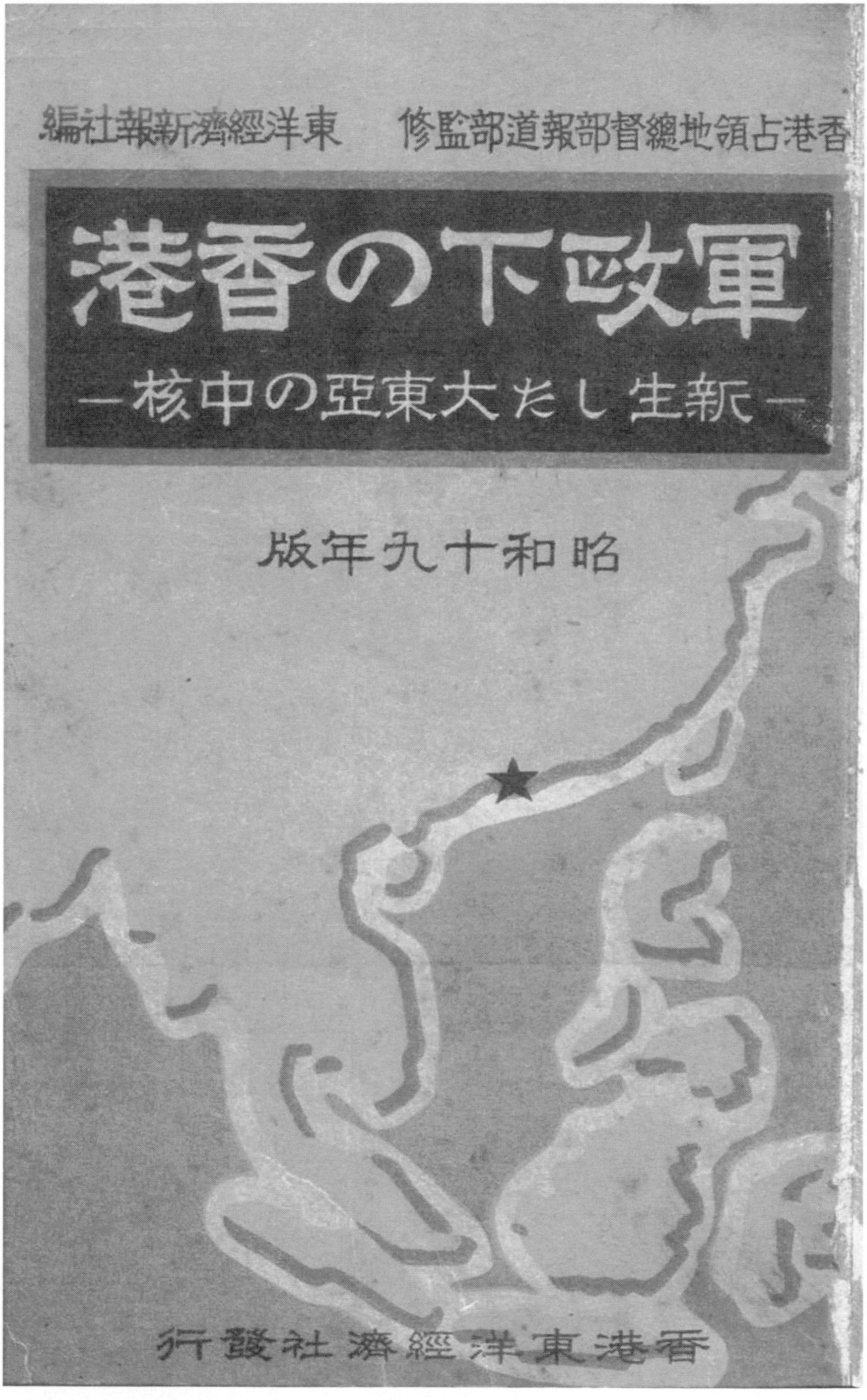

軍政下の香港（一九四四）（日文）

本　店　台北市榮町
東京本部　東京都麴町區丸之內
香港支店　香港中明治通二一號

臺灣銀行

電話

支配人　二一八二四
支配人席　二一四〇六
送金　二〇二三七
預金　二八四一四
輸出入　二〇三二六
出納　二三五二七
電信爲替　二八三七八

資本金　壹億圓・積立金　壹億五千五十萬圓

總督部資金取扱銀行　日本銀行代理店　總督部指定儲備券交換所

横濱正金銀行香港支店

香港中區東昭和通六號
（代表電話番號　二三八一八）

同九龍分店

九龍湊區疎利士巴利道（東亞ホテル）
（代表電話番號　五六五八七）

本支店出張所々在地

（本邦）横濱、東京、同丸ノ内、神戸、大阪、門司、長崎、名古屋、小樽、福岡

（滿洲國・蒙疆・中華民國）營口、大連、奉天、同小、西關、新京、哈爾濱、張家口廣東、海口、上海、杭州、寧波、紹興、金華、南京、蚌埠、漢口、石灰窰、沙市、青島、濟南、天津、同旭街、芝罘、北京、同東城

（佛印）西貢、河内、海防

（泰國）盤谷

（ビルマ）蘭貢、バセイン、モールメン、マンダレー、タボイ、ミンヂヤン、ラシオ、タウンヂ

（馬來）昭南、ジヨホールバル、マラツカ、スレンバン、コーランポー、コーラリピス、イポー、タイピン、ピナン、アロスター、コタバル、コーラトレンガヌ、クリンタン

（スマトラ）コタラジヤ、メダン、パダン、ジヤンビー、パレンバン、テルツクベトン、パカンバル、パンカルピナン、シボルガ、ベンクーレン、ブキチンギ

（爪哇）ジヤカルタ、スマラン、セラン、バンドン、チレボン、プルオケルト、マゲラン、ジヨクジヤカルタ、スラカルタ、マデウン、ケデリー、マラン、スウラバヤ、ジエンベル、ドウエーク

（北ボルネオ）クチン、ジブ、ミリ、ビセルトン、サンダカン、タリオ、ブルネイ、アピ

（比律賓）馬尼拉

（歐洲）ベルリン、ハンブルク、パリー

太陽美術社
圖案·廣告·裝飾·看板業
香港東洋經濟社廣告取次店
香港中區東昭和通二十三號三階
電話二一七八番、二八二〇〇番

香港占領地總督部報道部監修
東洋經濟新報社編

軍政下の香港

—新生した大東亞の中核—

香港東洋經濟社發行

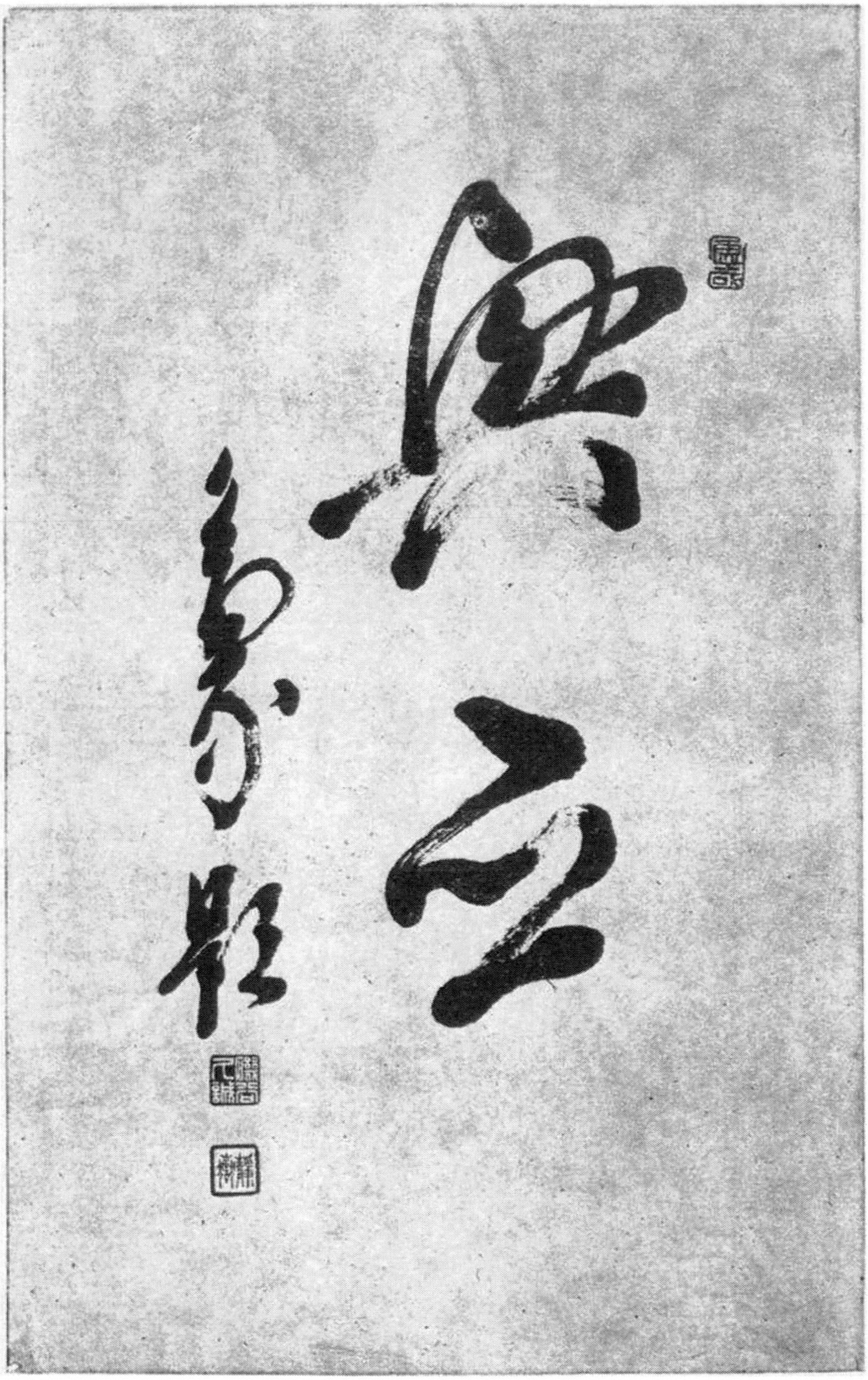

告諭

英國カ積年ニ亘ル東洋搾取ノ據點タリ又物質文明ノ東亞侵潤ノ中樞タリシ香港ハ一朝ニシテ忠勇義烈ナル我軍ノ武力ニヨリテ攻陷セラレ今ヤ悉ク皇土ニ歸セリ卽チ人類ノ公敵タル英國ノ飽ナキ野望ト不逞ナル企圖トヲ挫折セシメ其策謀禍亂ノ本源ヲ完全ニ掃滅シ得タルハ東亞萬民ノ爲眞ニ慶祝ニ堪ヘサル所ナリ抑モ東亞ノ安定ヲ確保シ進ミテ世界ノ平和ニ寄與シ以テ萬邦共榮ノ樂ヲ偕ニスヘキハ大東亞戰爭終局ノ大目的タリ故ニ軍政下ニ於ケル香港今後ノ統治建設ハ先ツ大東亞戰爭ノ完遂ニ萬全ノ協力ヲ致スト共ニ其ノ舊態ヲ拂拭一洗シテ東洋本然ノ精神文化ヲ興揚シ萬民ヲシテ速ニ聖澤ニ浴セシメ皇道ニ則ル東亞永遠ノ福祉ヲ全ウスルノ基礎ヲ確立スルニ在リ本職曩ニ香港占領地總督タルノ大任ヲ拜シ

今日親シク此地ニ臨ム固ヨリ心血ヲ傾盡シテ苟モ　聖旨ニ悖ルナカランコトヲ期ス顧フニ萬民永遠ノ幸寧福祉ハ必ス大東亞戰爭完勝ノ後ニ來ル可キヲ以テ此地住民タル者自重耐忍克ク聖戰ノ目的ヲ理解了得シ淫逸ヲ戒メ放恣ヲ愼ミ皇道治下ニ感奮シテ時局ニ貢獻センコトヲ期スヘシ若シ夫レ過去ノ舊態陋習ヨリ覺醒脫却シテ挺身奮勵以テ東亞興隆ノ偉業完成ニ努力セントスル者ノ如キハ本職ノ之ニ對スル亦齊シク知己ノ親ヲ以テセム然レ共我眞義ヲ解セス道義ニ反シ德操ヲ破リテ徒ラニ妄動スル者ノ如キハ之レ亦萬民東亞ノ公敵ニシテ固ヨリ皇土ノ住民ニ非サルナリ之ニ對シテハ其國籍ヲ論セス人種ヲ問ハス本職亦直チニ軍律ヲ以テ之ヲ處斷シ敢テ假籍スル所ナカル可シ着任ニ當リ右告諭ス

香港占領地總督　磯谷廉介

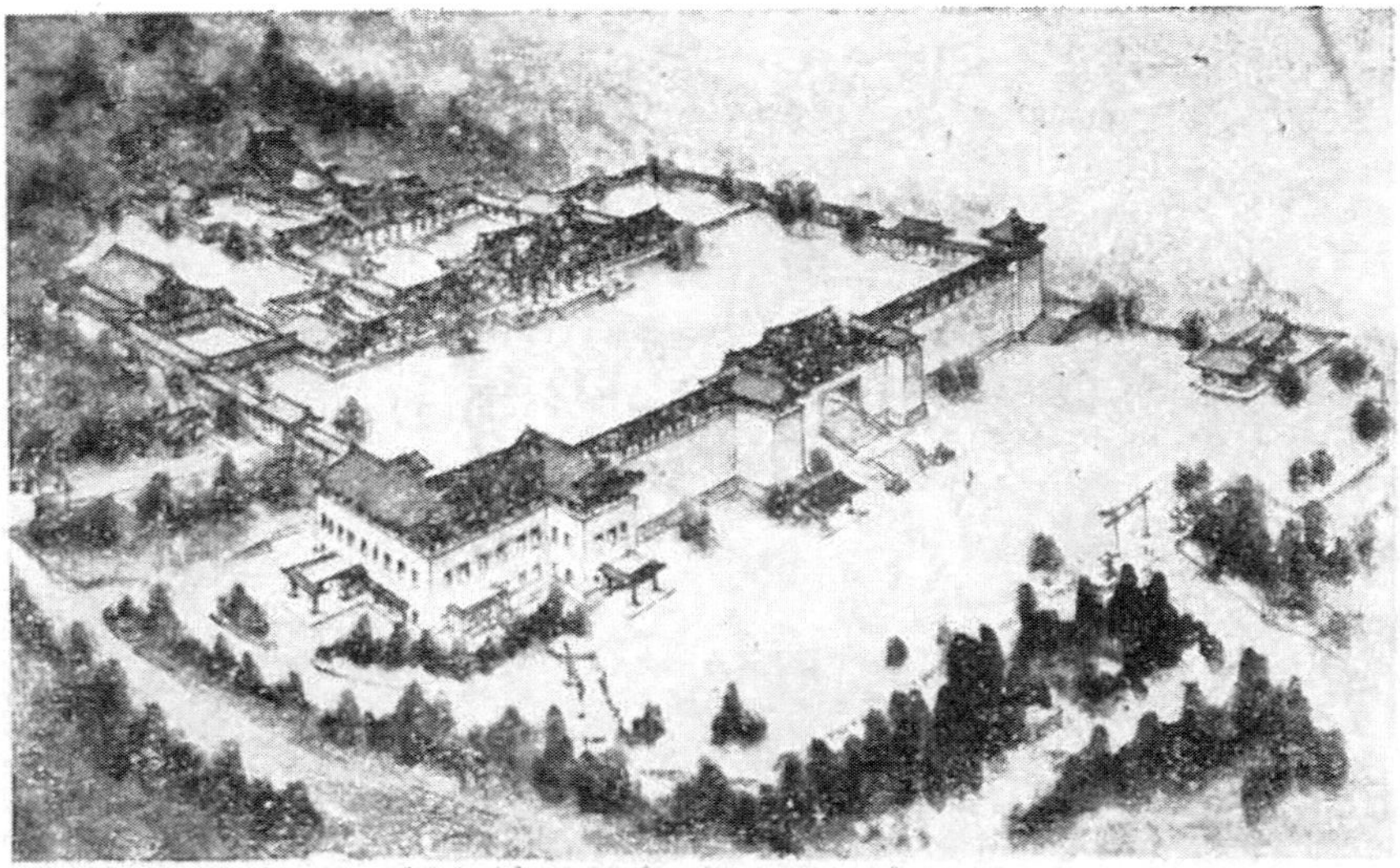

香港神社社殿鳥瞰圖

香港忠靈塔透視圖

（香港憲兵隊本部檢閲濟）

東海林部隊勇奮の地　戰跡(一)

增島將校斥候行動の跡　戰跡(二)

（香港憲兵隊本部檢閱濟）

二

（上）磯谷占領地總督
（下）告諭塔

（香港憲兵隊本部檢閲濟）

三

香港占領地總督部廳舍

香港占領地總督部正門

（香港憲兵隊本部檢閱濟）

四

繁華な街頭

山腹を縫ふ登山電車

廣九鐵道九龍停車場

（香港憲兵隊本部檢閲濟）

埠頭の朝

郊外の午下り

旺んな夕方の買出し

（香港憲兵隊本部檢閲濟）

生産力の一断面（香港セメント工場）

地底深く（香港鑛山）

今日も大漁（香港冷凍工場）

（香港憲兵隊本部檢閲濟）

香り高い葉煙草（香港煙草廠）

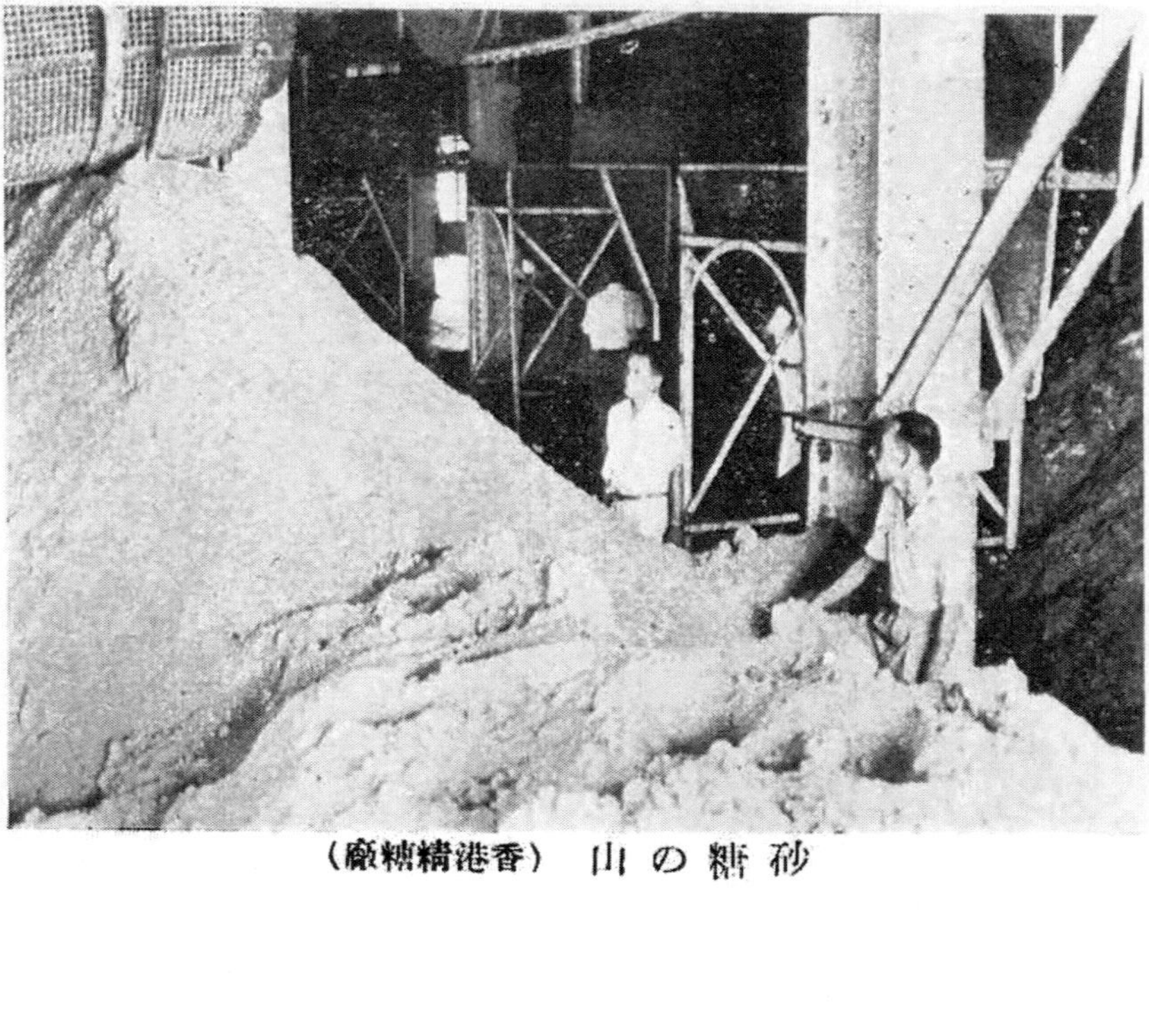

砂糖の山（香港精糖廠）

（香港憲兵隊本部檢閲濟）

香港國民學校

日語學校の一つ

香港東亞學院

（香港憲兵隊本部検閲濟）

大和乙女の練成（日本俱樂部）

休日の山頂（思雲亭）

日華少女のラヂオ体操

（香港憲兵隊本部檢閲濟）

序

香港が皇土に歸してより夙くも二年有余、新香港の建設は着々進捗しつゝありと雖も、未だ此の實狀を全般的且つ詳細に解明せる著作あるを見ず。曩に「新香港の建設」上梓されたるもほんの一端の紹介を試みたるのみにて、其の後の建設と復興の狀況は、斯る小册子を以てしては意を盡すを得ず、新たなる一書の刊行を期待しゐたるところ偶々東洋經濟新報社に「軍政下の香港」編纂の意圖あるを知れり。其の内容を檢するに、概ね軍政下香港の全貌を把握し、大東亞戰下に於ける香港建設の意義をも明確ならしむるに足るものあり。固より大東亞戰爭遂行中の事とて、取材その他に於て滿足とは言難き点ありと雖も、先づ以て軍政下香港の概觀を知り得るものと信ず。敢て一讀を薦むる次第なり。

昭和十九年二月

香港占領地總督部報道部長

陸軍中佐　升　久　春　樹

はしがき

大東亞戰の勃發――香港の占領が、東亞・香港の地域から英米的勢力を驅逐した事實は今更繰返す必要もない。然し、この結果を以て直ちに、香港の占める東亞の中核的地位も亦同時に失はれたと速斷してはならない。まさに戰前の香港は、英國の政治・經濟力を背景とした東亞に於けるその最大且つ中心的據點であつた。大東亞戰によつて英國的色彩と英國的機能とは一掃されたとは言へ、香港の東亞に於ける地位は依然として保たれてゐる。

たゞ現下の香港が戰前の華かさを示してゐないことは確かである。大東亞戰の遂行途上に在つて、自由經濟時代の如き繁榮を期待出來ないことは當然である。戰爭遂行に必要なる凡てを擧げて活用しつゝある現實を考へれば、思ひ半ばに過ぐるものがあらう。從つて香港の持つ全機能が十分發揮されるのは、今後にありと言はなければならぬ。

新香港建設の使命が、大東亞戰完遂への協力と、共榮圈建設に對する推進であることは、贅言を要せざるところであらう。

軍政施行茲に二年、新生香港の體制は漸く整備の域に達した。政治、經濟、文化の各分野に於て緊急なる部面は殆ど全く新しい發足の準備を終り、來るべき第三年に新生の眞骨頂を發揮するの態勢をまさに完了したかに見える。本書は、この新生香港の逞しき姿を些か描き得たものと信じてゐるが、この一片の著作が香港今後の重要性を認識する參考資料とならば望外の幸である。

本書の成るに當つては、原稿の執筆或は資料の提供につき、香港占領地總督部各部課を始め、諸方面の多大なる御援助と御協力を忝けなくした。各章別の執筆者乃至資料提供者は左の如くである。こゝに記して厚く謝意を表する。

總編輯　當社常務理事　桝井義雄

第一　總說篇

第一章　當社香港支社執筆

第二章、第三章、第四章　東亞研究所香港事務所執筆

第五章　總督部民治部及司法部

第四　文化篇
第一章、第二章　總督部民治部
第三章、第四章　總督部報道部
第五章　總督部民治部

各方面より提供せられたる原稿及び資料に對しては、編纂者の立場から、これが取捨選擇乃至加筆添削を行つた。從つて、本書の内容に對する責めは專ら編纂者が負ふべきものである。こゝに附記して執筆者及び資料提供者各位の御寛恕を請ふと共に、江湖の御叱正を仰ぐ次第である。

昭和十八年二月二十日

―香港占領地總督部開設二周年を迎へて―

東洋經濟新報社

軍政下の香港

——新生した大東亞の中核——

目次

第二　施設篇

第三　經濟篇

第四篇　文化篇

第五　附錄篇

第一　總說篇

第一章　大東亞戰と香港の新生

第一節　英國を離れた香港の位地

昭和十六年十二月二十五日、香港は全く新しい首途に立つた。その輝しき歷史的瞬間に於て、我が皇軍の香港占領が、この地に滿ちた汎ゆる英國的なものを悉く一擲し盡し、總べてを擧げて大東亞的なものに切換へたからである。英國的なものから大東亞的なものへの變貌、この現實とそは、正に香港新生の眞の意味を語り且つそれを貫く本質の方向を示すものに外ならない。

明けて十七年二月二十日、香港占領地總督部の開設は、右の如き香港新生の眞義を中外に闡明し、その從ふべき理念を確立した歷史的事實といはねばならぬ。蓋しこれに依つて、新生香港の行手も亦、嚴として規整されたと見得るからである。

何故に、香港にのみ占領地總督が置かれたか。大東亞聖戰の進展と共に、無敵皇軍の戡定せる占領地は廣大なる地域に亘るにも拘はらず、獨り香港にのみ占領地總督部が開設せられたに就ては、そこに何等か特別の理由が存在せねばならぬ。

云ふまでもなく、占領地總督部は、內閣に直屬する總督府とは全く本質を異にし、これは軍令に基く軍政施行機關であり、從つて其の行ふ軍政の大綱は軍令に依つて明白に規定されてをる。然し乍ら、此の規定された目的に具體的な內容を與ふる要素は、占領地が具有する特殊性そのものに外ならない。而して多くの場合、此の特殊性は、一方に於ては當該占領地軍政の特色を成す結果となるが、他方、もう一歩深く考察すれば、この特殊性の存在するが故に、その基礎の上に、具體的な軍政が計畫され實施されることにもなる、と云ふてよい。

香港の場合、かゝる特殊性とは何を指すか。これが、次に究明を要する命題であり、この命題の把握なくしては、香港の眞の重要性は認識不可能に終るであらう。

香港の特殊性・重要性を論ずる者に、全然相反する二つの傾向が認められる。一は、香港の重要性と繁榮は英國の政治經濟力の背景の下にのみ維持、招來されたものであり、從つて英國の沒落せる今日、香港の價值は半減せりといふのである。成る程、歷史的に香港の發展過程を辿るならば、その隆盛は悉く、過去百年の長きに亘る英國の努力に依つて建設され、膨脹せしめられて來た。英國が此處を以て東亞侵略の牙城となし、汎ゆる手段をめぐらして香港殖民地及び新界租借地を獲得すると共に、營々として諸施設を築き上げ、東亞に於ける英國經濟機能の中心地たらしめたことは、今更説明の要はあるまい。然しかゝる英國の業績に瞠目する餘り、その反面支那に於て醸成された重大變革を見落してはならない。南支を門戶として大陸全土に鬱然と浸みわたつた近代化の息吹き、それと共にやがて勃然と興つた國民革命運動の發展がこれである。謂はば、香港に本據を据えた英國は老衰せる獅子の惰眠に乘じ、思ふがまゝに貪欲を滿たすことには一應成功したが、それと同時に、南支の一角から何時の間にか獅子を呼び醒まし若返らしめ、やがては猛然と牙を剝いて立上がらしめたわけだ。かくて、英國側からみた香港建設百年史の豪華なる後半は、支那側に於ては打續く反英運動と革命鬪爭の血の記錄に外ならなかつた。右の如き最近五十年史の二面の中、英國側の一面が大東亞戰の勃發に依つて完全に其の命脈を斷たれた結果を以て、直ちに香港の持つ政治的經濟的重要性が全部跡方なく抹殺されたと見るのは必ずしも當を得てゐない。殊に香港に於ける戰前の自由經濟的繁榮と現下の經濟狀態とを比較論評して

二一

香港の價値を云々するが如きは、東亞に行はれつゝある戰爭の實體を知らざる議論と云ふべきである。香港經濟の現狀は英國的機能から大東亞的なそれへの切換への過渡的段階に在るのみならず、しかも有史以來の苛烈なる戰局下に於て此の種の切換へが然く容易には達成し得ざるの事情に想到すれば、思ひ半ばに過ぐるものがあらう。

以上の見解に對して、その論據を歷史的に蓄積された香港の東亞的價値に求め、他面この認識から發して大東亞建設の爲めには香港の活用を心要なりと強く主唱する說が存在する。

而して筆者は、後者の見解に於てのみ、大東亞開戰後に於ける香港の性格が正しく把握され、從つて又これに依つて能く占領地總督部設置の目的が具體的に理解され、香港占領の眞の意義に徹することが出來ると思ふ。依つて以下節を改め、その論旨をいま少しく詳細に述べてみよう。

第二節　深化する其の政治的重要性

香港活用論が香港の價値頗る大なりと斷ずる理由は、要するに、大東亞戰に依つて英國の勢力が一掃されたにも拘はらず、香港の政治的位地は益々その重要性を增し、經濟的位地も依然樞要性を保持してゐる、と見るところに求められる。

先づ、香港の政治的重要性が大東亞開戰に依つて如何に變化したかの點を吟味してみれば、この問題は、一つは謂ゆる對支問題の解決——南京國民政府の育成・重慶政權の打倒——といふ面から、また一つは大東亞各地に散在する所謂南方華僑との關聯に於て、これを見ねばならない。

そこで第一に、對支問題の解決といふ側面からする香港の政治的重要性の檢討については、中國國民革命運動の歴史的必然性を認識する必要がある。過去半世紀に於る國民革命運動は、內に於ては、前半期その鉾先を清朝末期の失政に擬すると共に、後半期は國民政府樹立の陣痛に惱んだが、その間、外に向つては、英國を中心とする外國勢力の排擊といふ絕えざる鬪爭の貌を採つた。云ふまでもなく、清朝末期の老衰した支那に近代化を促した素因は、外國との接觸であり、その侵略であり、これに對する反抗である。清朝の老衰暴露・近代化の氣運勃興・革命運動の進展、これ等一聯の舊體制より新體制への國內改革過程は、總べてが對外交涉と對外反抗に彩られてゐる。而してこの支那近代百年史に於て、最も大きな役割を持つたものが英國に外ならない。

清朝末、閉されし支那の門戶廣東を最も早く叩いたのが英國である。阿片戰爭といふ理不盡を以支那を中心として、支那てこの門戸を打壊り、略奪を恣にしたのが英國である。而して同時に、南支を中心として、支那から最も手痛き反撃を受けたのも英國といへよう。然し、結局英國は、第一次歐洲大戰後漸く顯現した自國の衰運と共に、廣州から立上つた國民政府の强化に氣壓されて、その對支方針に重大な轉換を與へるに至つた。從來の對支强硬政策から媚態外交へと變貌し、反面これに伴つて、自國に集中された支那排外運動の目標を他國に轉移するの方策を採用したのである。而も、その目標を日本に向けしめた結果、こゝに端しなくも日支事變の勃發となり、延いては大東亞戰への擴大が招來された事實は、今更繰返すまでもないところであらう。

吾々は敍上の經過の裡に、二つの重大な要素を看過してはならない。一つは、支那の近代化・國民革命運動は南支那から發祥し、その指導層が南支人を以て形成されてゐる點であり、他の一つは此の運動に最も重大な關係を持つた英國の根據地が香港であつたことだ。而して吾々は更に、右の歷史的要因が現在の段階において如何なる展開を遂げてゐるかの點まで、考察を及ぼさねばならぬ。即ちそこに見出されるのは、依然として南支人の指導下に發展しつゝある國民革命運動の連續とも稱すべき國內相剋であり、他方に於ては其の英國的性格を止揚して東亞的なそれへと新生した香港の姿である。かゝる歴史的發展過程と其の現段階的展開とを比較檢討するとき、吾々は果して何をそこに感得するであらうか。

一體、我が國の支那研究は、歴史的理由によるとはいへ、兎角その重點が北方に置かれて來たことは否み難い事實である。南支の研究は、北支のそれに較べて、遺憾ながら極めて貧弱である。支那研究といへば、殆ど北支那研究と同意語の感があつた。國民革命以前の支那を見るとき、或はそれを以て充分と認め得たかもしれぬが、南支那の地から南支那の人に依つて捲き起された國民革命の洗禮を受けし近代支那を理解するには、北支那だけの研究では、もはや、不十分といふより寧ろ不可能に近いといふべきであらう。極言すれば、南支那を識らずして近代支那は把握出來ぬ、とさへ稱してよい。而して筆者は、この立言こそは、そのまゝ我が對支政策の上に當嵌まると、深く信ずるのである。現國民政府は云ふまでもなく、その指導層の多くは南支の出身だが、他方、支那事變を此處まで發展せしめた重慶政權の指導者等も亦殆ど皆南支を故鄕とする。支那問題の解決は、繋つて南支の認識・把握にあることは明白である。經濟的觀點は暫く措き、政治的重要性からする限り、我が對支問題解決策の上に占める南支の地位の極めて高いことを確認せねばならぬ。かく考へ來るとき、南支の重要據點たる香港の政治的位地は、自ら鮮明になるであらう。

次に、香港の政治的重要性を示す第二の點は、南方華僑との結付きである。俗に南方華僑八百萬と呼ばれるが、これに其の土地の事情に依つて在住地の國籍に編入された數百萬を加へるならば、南方各地に活躍しつゝある支那民族と其の子孫は驚くべき多數に上るわけだ。しかも泰・比律賓・緬甸・佛印・馬來・スマトラ・ジャヴア・ボルネオ・サラワク・ブルネイ等を含む南方全地域に股在する此等の海外在住支那民族は、大東亞開戰前、殆ど各地の經濟的覇權を壟斷し、剰へ或る地方の如きに於ては政治的實權をすら獲得する程の發展を遂げてゐた。彼等が母國の近代化に就て、經濟的に政治的に頗る重要な貢献をなしてゐた事實は、盍し想像以上のものがあつたであらう。謂ふ所の華僑送金その他經濟的部面に關しては、次節に於て香港の經濟的重要性を見る際にその檢討を讓るが、政治的貢献の部面に就ては、それが國民革命運動の溫床を成し、排外運動の尖兵を勤めた事績を擧ぐれば充分であらう。全く、中國國民革命の運動資金は大部分華僑の據出に俟つたものであり、革命の先驅者達に臥薪嘗膽の時を假したのも彼等の懐ろであつた。

華僑なかりせば、國民革命は今日の發展を遂げ得なかつたといふも、敢へて過言ではあるまい。同時に、革命政府が漸次育成されるに伴れ、その排外運動の指令を遵奉し、就中反英、後には反日攻勢の第一線に立つたのが、南方各地の華僑である。而して、かゝる重要な役割を何故に彼等が擔當したかと云へば、革命運動者と華僑とは、共に脈々たる血を以て結ばれ懐しき故郷を同じくする南支人だつたからに外ならない。もとく華僑は、清朝末期の弊政に耐え兼ね、荒廢の餘り守り得ぬ家郷に萬斛の想ひを殘しつゝ、樂天地を南に求め去つた人々だ。革命指導者の鼓吹に應じて決然と奮ひ立ち、熾烈なる革命精神を澎湃と漲ぎらし昂めたことは、彼等にとつて、餘りにも當然過ぎる歸趨といふてよからう。

然し乍ら、右の如き華僑と母國の關係は、支那事變の進展を契機とする國民革命運動の再展開、即ち南京に於ける現國民政府の確立と重慶政權の沒落といふ事實の前に、重大な動搖を來した。我が方から見れば、華僑陣營が友軍側に立つ者と敵側に味方する者との二派に分裂した貌である。更に大東亞戰の開始されるに及び、この敵性華僑は全面的に現國民政府支持に轉向を余儀なくされ現在に至つてをる。蓋し、今日に於ても尙ほ、政治的に見た南方華僑の比重は大きいと申さねばならぬ所以である。

ところで、この華僑に一つの夢がある。國を出るとき固く胸に疊んだ希望でもあり、南から遙るかに故鄕を偲ぶとき燃える理想でもあるが、成功したら壯大な邸宅と墳墓を已が村に、豪奢な別莊を香港に建て度い、といふのである。そして現に、幾多の成功者がこれを實現してゐるのである。支那民族が、血と家と、從つてその基盤たる故鄕の地を愛惜する點に於て、世界何れの民族にも劣らぬ特質が玆に現はれてゐるわけだ。かゝる特質の持主であり、且つ前記の如く政治的には國民革命、排外運動と密接不可離の關係を持ち、經濟的にも後述の如く重要な位地に在る華僑が、或は彼等の巨頭を通し、或はその遺家族に依つて、香港と緊密な紐帶を保つてゐることは、華僑對策といふ面に於て、香港が並々ならぬ重要性を持つ現實を充分に語つて餘りあるものといふべきであらう。

第三に香港の政治的重要性を認めさせる要件は、その人口構成の上に現はれた中國人戶口の壓倒的大多數といふ現象である。全香港八十萬人口の中九割以上が華人に依つて占められてゐるがその內容は決して簡單でない。無論、大部分は南支內地から渡つて來た出稼人であり、その子孫の土着した者ではあるが、彼等は依然として故郷に根强い繋がりを持つてをる。同樣な立場に在る上海人、北京人も若干はゐる。南方華僑の家族、或は華僑自體の成功者も含まれる。この複雜な內容を持つ、然し乍ら華人といふ一民族の名を以て呼ばれるものが、香港民治の殆ど全部的な對象を成してゐるのである。吾々は玆に、香港內政の一擧手一投足が、そのまゝ南北を通ずる支那大陸全土に、更に南方諸地域の隅々に、支那大衆を通して響き渡る其の關連性を見逃してはならない・盍し、香港軍政に於て、華民統治即ち民政の部面が極めて重要な意味を持つ所以はこの點に於て把握さるべきであらう。

これを要するに、大東亞聖戰の第一目的が東亞の安定確保に在る以上、米英的惑亂勢力の驅逐と同時に、對支問題の解決が實現せられねばならぬことは云ふまでもない。この線に副ふて占領地香港の位地を眺めるとき、政治的側面からだけでも、敍上の如く、地の利を通し人の利を通し無限の重要性がそこに認められる。と同時に、香港の英國的な姿から東亞的性格への止揚は、右の點にその契機を求めて初めて完全な意義が與へられ、而もこの新生の段階が過去のそれに比して遙かに重要性を增した所以も亦、理解されるであらう。

第三節　經濟的重要性も依然高い

新生香港の東亞的性格化はまた、その經濟的重要性に於ても、決して位地の低下を來してゐない。むしろ却つて、その重要性は開戰後愈々度を加へたと見るべき筋合にある。この點を解明する爲めに、經濟香港の靜的な特質と、動的な特殊性と、二つの面を捉へてみよう。

靜的特質とは、畢竟、香港が持つ經濟地理的條件、經濟施設並に機構・資本・勞働源・資源及び在貨乃至は潜在生產力等の綜合的な價値商量から導き出されるものだが、この觀點からする限り、香港の經濟的重要性には大した本質的變化は惹起されてをらない。珠江の河口を扼して南支一帶の要めを成し、且つ大東亞南北廣域の中心に立つ其の要衝的位置に何の變りもないことは言ふまでもない。その世界的好環境を誇り得る港灣は依然健在である。立ち列ぶ巨大倉庫群、大小幾多の埠頭・碼頭と揚陸設備等、港灣活用に必要な諸施設も亦その全き態勢を保持してゐる。更に、香港を特徴附けて南東亞第一と謳はしめる最大要素即ち大中の近代的船渠・造船所は、戰前の設備の上に着々と增設が進行中だ。と同時に、これに附隨する造機其他の諸工場も或は擴張或は合理化的統合整備の途上に在る。その他の諸工場にあつても七、八百を以て數へられる華人經營の小規模工場は勿論、曾つて敵性人經營に屬した近代的大工場の全部も、殆ど戰禍を蒙つてゐないと云へる。また地下資源の開發、耕地の擴張に至つては、想像以上の伸度を以て促進されつつある。道路、上下の兩水道も何の變りはない。陸上交通設備に於ても、鐵道、登山・市街の兩電車、自動車等共に占領直後から復舊せられ、鐵道の如きは最近廣東まで全通し、戰前の機能を恢復するに至つた。海上交通は、占領地域內は無論、廣東、澳門その他の周邊地區間への連絡も、遠く外洋を隔つる各地への定期航路も確立を見た。航空輸送の設備擴張工事も、漸く完成の域に達せんとしてをる。他方、商業機構の狀況を眺めても、百貨店・小賣店の最終的配給機構は縱前の體制に少しも衰へを見せぬし、輸出入機構たる貿易商社に於ても、增加した邦人貿易業者の結成に依る貿易組合を中心に、整備せられた。通貨金融機構を見ても、敵性銀行の淸算は暫く別として、日系・華系の諸銀行は開店し、香港弗を驅逐せる軍票が堅實な歩調で流通してゐる。更にまた、その豐富低廉を稱される勞働人口も、疏散工作の影響は殆ど受けてゐない。要するに、靜的に觀察すれば、在來資本が香港弗の切下げと逃避に依つて相當程度縮減を見た點と、過去二年の長きに亘る消費の結果在貨量の若干減少した跡は否定出來ぬとしても、戰前、大東亞の中繼港として重要な位地を占め得た其の基礎條件は、そのまゝ保持され或は增進されてゐる事實を吾々は認めてよい。

然し乍ら問題は、東亞全域に網を張つてゐた英國的經濟機構が一掃された今日、この香港の持つ靜的經濟特質が、果して既往の如き有用性を發揮し得るか否かに在る。如何に優れた施設と雖も、それが活用するだけの價値を持たぬとすれば、單なる畫餠に過ぎぬからである。これ次に、右の諸條件を動的に檢討し、その機能的重要性を把握せんとする所以に外ならない。

三二

香港の經濟的重要性を動的に吟味する場合、吾々はそこに、香港自體の享受し得る繁榮の問題と、大東亞共榮圈經濟の運營に寄與し得る香港の能力の問題との、二側面を區別する必要がある。勿論この二つの問題は、相表裏する不可分關係に立つものであり、或る意味に於ては相互に因果關係を有するものだが、若しも、香港內に於ける經濟的繁榮の程度を以て、香港が持つ大東亞經濟への寄與能力を推し測る者があるとすれば、危險この上ないと考へるからである。

けれども實を言へば、香港自らの繁榮といふ側面は、香港經濟の重要性を測定する目的からみればは第二義的な要素に過ぎない。蓋し極端な表現が許されるなら、香港の灯が消えようが街が死のうが、大東亞戰の完遂と其の建設に對する寄與の可能性にして微動だもせぬ限り、香港の經濟的重要性は充分認めてよいわけであらう。從つて、戰前の英國的な街の殷賑さと現狀とを比較して、その衰微を云々し、延いて香港の前途をとやかく言ふが如きは、凡そ本末顚倒の甚だしきものと云はねばならぬ。往年の自由な生活内容と潤澤な生活資料の故を以て英國的香港の繁榮を特質づけ、これを標準として、東亞的性格に新生した今日を批判するに至つては、有史以來の苛烈なる戰時經濟の現段階を認識せぬ妄論と斷ずるほかはない。

そこで、玆に香港の經濟的重要性とは、主として其の大東亞經濟の運營に對する貢獻能力の側面から觀察するが、玆にまた兎角誤解を惹き起し易いのは香港が擁する在貨に就てである。といふのは、香港の經濟的價値を論ずる者に、その根據は僅かに其の豐富なる在貨に在りとなし、延いて消費二年後の昨今、或は在貨の貧困を想像して香港の價値旣に盡きたりとさへ唱ふる向きが尠くない。云ふまでもなく、香港の持つ在貨は、開戰數年前から窃かに蓄積された英國の軍需資材を根幹として、その量は相當の多數に上つてゐたと見られる。從つて、これが占領後大東亞戰遂行の上に可成りの貢献をなしつゝありしことも想像に難くない。さりとて現在、それが既に皆無に近い狀態に減つたとは到底考へられない。無論、消費一方で補給されてをらぬと考へれば、一應在貨の窮乏も想像されるが、然し一方に於て、多少乍ら香港自體の生産物資が大東亞戰遂行の爲めに送り出されると共に、他方在貨全部が直接的軍需資材とも云へぬであらう事情を考慮して推測すれば、香港の在貨はまだ〳〵相當なものだと見てよからう。さり乍ら、在貨は飽くまで在貨に止まり、一旦これを消費すれば、それで終りである。勿論、所謂生産的消費の場合は、更にこれに依つて新たなる物資の再生産を齎し得るが、それにしても此の關係が永久に續くものではない。要するに在貨は當面——その時期の多少はあるが——の需要を充足し得るだけの力しか持つてをらぬと云はねばならぬ。從つて、この點だけに拘泥して香港の經濟力を測定するならば座して空しく生きる徒食者の台所を覗くにも似て、遠からず衰亡を來すと結論するは極めて容易であり、且つまた何人が考へても蓋し當然の歸結であらう。が、此の結論は、香港が持つ他の經濟的諸要因の存在を無視し、其の活用能力を見落した點に於て、重大な誤謬に陷つてゐるのではあるまいか。

然らば、香港經濟の機能的能力は如何に見るべきか。その答は、詳しい具體的な說明を要しない。唯だ敍上の靜的特質が現に大東亞戰の遂行と大東亞の建設に、果して何處まで有效に活用されつゝあるか、從つて其の有用の程度如何を想像するだけで自ら首肯出來るであらう。同時にまた其處から、將來に於ける經濟香港の機能的重要性も、共榮圈建設の進行と完成を前提として充分に豫測し得ると云ふてよからう。或は假りに、香港の經濟力が全然活用出來ぬ事態に在りと想像してみよ、而して其の際大東亞の戰爭經濟竝に建設經濟の運營が、如何なる狀態に立到るかを推測してみよ。消極的にではあるが、一應、香港經濟の有用さは窺はれる筈である。況して、常時多數の大小船舶が出入し、船渠は皆全能力を擧げ、大中の諸工場も運轉され、鑛山すら盛んに稼行中の現狀を想ひ合すれば、更に積極的に、經濟香港が如何に有用に役立つてゐるかの姿は明白に認識されねばならない。而もこれ等の活用が、全部、大東亞戰完遂と大東亞建設の爲めに行はれてゐる事實は、敢へて由々しい敍述を要しまい。蓋し香港經濟を動的に觀察した場合の重要性は、これを以て略ぼ納得が行くであらう。

尙ほ、將來に於ける其の機能的重要性を想定するとき、當然先づ採上げらるべきは、云ふまでもなく、近代的優秀設備を誇る港灣能力の活用問題だが、その有用性は茲に今更繰返す必要を見ない。更に看過出來ぬのは、香港が有する輕工業工場の存在及び南方華僑との連關である。現在香港には、原料或は需給の關係から休眠せる中小規模の輕工業工場が尠くない。此の種の設備なくして、而も多大の需要を擁する香港以南を見渡し、南支内地を考ふるとき、これ等が大いなる有用性を發揮するは期して俟つべきものがあらう。

また華僑が、前節に於て縷述したやうな諸事情に基き、經濟的にも重大な關係を支那に對して持つことは、中國國際收支の上に無視出來ぬ位地を保つた所謂華僑送金の例にも充分表はれてゐるが、それは同時に、南方と支那との貿易關係に於ても頗る重要な位地を占めてをる。南方各地の諸産業を制し金融を抑へる彼等は同時に貿易の支配權をも收め、その連絡先を南支、香港に多數置いてゐるのである。香港に於ける彼の南北行、九八行、客頭などは其の最も顯著な好例だが、また香港が華僑送金の最大中心地であつた事實も忘れてはならない。此等の送金が再び香港を通し、その貿易の香港に集中する必然性にまで想到すれば、香港將來の重要性は、これに依つて一段と期待を重加すべき譯合に在らう。

第四節　活用の現段階と其の將來

以上に依つて、大體香港の政治的・經濟的重要性を說明したが、次に起るべき問題は、現在果してこれを充分有意義且つ有能に活用してゐるか否かの批判である。

勿論、現在これが理想的といふ域まで活用されてをらぬのは、戰局下の制約と諸困難に鑑みても當然の結果だが、これを以て香港の有用性を限定乃至否定する根據とすることは許されない。

蓋し、一應その價値は認めても、この程度ならば現在の段階に於てはこれ以上の活用手段がないのではあるまいかと、その有用性を限定し否定し得る場合もないではないが、他面、眞の價値を認識すれば、其の活用手段の充實に今一層の努力を拂はざるを得ぬ場合も起るわけである。即ち、香港が理想的に活用されてゐないといふ反面は、或は香港に對する內外の認識が充分徹底してゐない證左だ、と云つて云へぬことはない。本書が以下編を分つて、香港の現狀を更に詳細に紹介する趣旨は、玆にその一端を持つと云ふてよい。

更に、右の現實に卽して將來の活用に考へ及ぶとき、香港の有する「大東亞の中核」たる位地は、如何に無視せんとしても能はざるところであらう。香港が持つ政治的重要性の前途を檢討し、經濟的有用性の將來を吟味すれば、それは當然大東亞の中核として大東亞全體の爲めに發展すべき筋合に在る。またこれを達成せしむる努力こそ、大東亞聖戰の目的に副ひ、香港占領の眞義に徹する所以に外ならない。

香港が、大東亞戰完遂に對して最高度に寄與貢獻しつゝも、極めて微々たる餘力を積み重さね、汎ゆる困難なる條件下に於て營々と築き上げてゐる香港神社・忠靈塔・佛舍利塔の三大建設は、單なる香港の裝飾では斷じてない。また苛烈なる戰局に相應しからぬ閑事業でも決してない。右の如く、政治的にも經濟的にも大東亞の中核として香港の向ふべき理念を、精神的に顯揚したものがこの神社であり、靈塔であり、佛塔である。かくて、香港の仰ぎ見る三個の精神的基柱は、未來永劫、占領地住民に其の行くべき途を拓き導くと共に、遙るか外洋よりこれを望む全東亞の諸民族をしては、此處に無限雄大なる興亞の大光明を感得せしめずには措かぬであらう。

第二章　歷史

第一節　英領以前

一、「香港」の地名に就て

香港とは中國標準語で Hsiang Kang 廣東語で Heung Kong 客家語で Hiong Kong と發音する。英語では Hong Kong、日本語亦之に倣ひ香港と書いてホンコンと讀む。北京《ぺきん》・西藏《ちべつと》等と共に英漢混淆の一例である。香港は歷史の新しい地名であるが、その名の由來については各說あつて一致しない。廣東通志及び新安縣志には香港島と云ふ名は見られないが、これは中國では一般に島嶼全體に對し呼稱を與へることが少いことからして當然である。(康熙)新安縣志(一六八八年編修)卷二官富司所屬の「香港村」が記錄に存する香港なる名の最古のものであらう。これは現在の「元香港」（香港仔 Aberdeen）の東方にして深水灣の上方なる客家族の部落・香港圍《わい》（英名 Little Hong Kong ）とせられる。因に圍（略字は囲）とは廣東省特有のもので城市の一形式であり、政府の建てたものを城と云ふに對し、人民の建てたものを圍と言ふのである。更に圍牆の無いものを壆と云ひ、北方の莊よりも一層堅固にして且つ同姓村落の形をとつてゐることが多い。

また香港仔と摩星嶺（マウント・デーヴイス）間に島内第一の瀑布があり、流れて海に入つてゐるが、この水は嘗て香氣あるものとされ、これを使用する船員によつて水を香江、河口を香港と呼ばれたと爲す向もあるが不確實である。現在この水は香港牧場（デーリー・フアーム）内にあり汚濁して見る影もないが、瀑布灣（英名 Waterfall Bay）の名は依然存する。この瀑布を新安縣志所載の新安八景中の「鰲洋甘瀑」と比定すれば、香港島一部の舊名を獨鰲山となす說に近づく。更に今日でも香港は一名裙帶路と云はれるが、これは元來本島北岸に併行せる山道及びその東端近くの漁村（後者は一八四一年國勢調査に見ゆ）の稱で、轉じて本島北部又は全部を指すに至つたものである。この名は香港の客家族の間に行はれ、Kiuntailou と云ふ。さて葡國人の香港水域に關する記述は十六世紀初頭、英人のそれは十七世紀末葉にまで遡り得るが、香港島なる地名の現はれたのは一八〇六——一九年中國沿岸の測量を行へる東印度會社水測師 Captain J. Horsburgh によつてであり、一八一六年アマースト卿の對華派遣途上における瀑布灣及び香港灣（香港島と博寮（ランマ）島との間を云ふ）寄港と共に香港の名は世界史上に上る事となつた。

二、英領以前の香港

晉代に寶安縣が設けられて以後、明代に至るまで當地方は東莞・增城・東莞諸縣・東莞守禦千戸所＝南頭城・新安縣の管下にあり、清代では東莞縣次いで新安縣（民國以後寶安縣）の隷下にあつた。明初に官富場（後の九龍城）が置かれ、一八一〇年九龍寨（所謂九龍城、最近までの城壁は一八五六年のもの）が築かれたに止まる。先史時代の考古學的出土品も少しは知られてゐるが、それらは一應漢民族とは別個の南海系統のものとされてゐる。新界の屯門（後の青山、カースル・ピーク）の名は廣東・アラビヤ間の要地として既に新唐書地理志に見え、韓退之の詩にも知られると云ふ。南宋末、蒙古に逐はれた端宗（帝昰）及び次帝帝昺の行在所と云はれる九龍の宋皇台は當地方唯一の古蹟であるが、昭和十八年になつて飛行場擴張工事の爲移轉中である。宋室の南渡と共に當方面が中國史上に現はれ、文天祥の零丁洋の詩の如き餘りにも有名である。元から明にかけては海賊・倭寇の盛な地方であつたが、明代に入り東莞縣より九龍半島及び香港島に良民の移住するものあり、彼らは本地（プンチ）族として諸部落を作つて行つた。その內最も強大なのが香港の所有者とも看做されてゐた鄧氏（註）である。稍々遲れて廣東省東北部よりの移住者が來り、客家（ハツカ）族として別個に發展した。更に第三の移住者が潮汕地方より來た福佬（ホクロ）（鶴佬・學佬とも書く）族である。各々言語習俗を異にする。また水上生活者蛋民があり、近代の所產であるが、一應別個の種族として取扱はれてゐる。

葡國人 Jorge Alvares によつて一五一四年建置された中國內最初の葡國根據地タマン Tamão とは明に屯門の訛音であるが、その位置は最近の研究によれば伶仃島とされる。これは澳門の建設に先立つ四十年であるが、一五二一年に至り葡國人は海道汪鋐のため九逕山で擊滅された。和蘭人は十七世紀初頭大澳島にて葡國艦隊に破られ、佛堂門にて中國人に破られ、意を逞うし得なかつた。清初以來當地方は再び海賊・密輸の盛な地方であつた。

（註）現在香港自動車運送會社の重役、鄧肇堅氏がこの氏族の巨頭である。先代鄧志昂は香港大學中文

學院の寄贈者として著名である。

（附記）香港の鄉土史としては許地山「香港與九龍租借地史地探略」（廣東文物、及び百年商業、所載、民國三十年）。S. F. Balfour; Hong Kong before the British. (T'ien Hsia Monthly, Vol. XI 及び單行本、一九四一年）がある。タマンの歷史は澳門史の一部とも見られよう。

第二節　英領香港史

「英國カ積年ニ亘ル東洋搾取ノ據點タリ又物質文明ノ東亞侵潤ノ中樞タリシ香港」とは現在總督部前廣場に掲げられある總督告諭の冒頭の句であるが、正に英領香港の歷史は東洋搾取の歷史に外ならない。以下簡單に英國百年の香港を據點とする東洋搾取史を述べよう。

一、英國の香港領有

珠江デルタの要衝廣東は古く三國以來嶺南の中心、南海貿易の據點であり、又同じく澳門は十六世紀以來ポルトガル人の占據する所となり、遲れて支那海域に出現した英國としては新なる據點として厦門・臺灣・舟山・廣東等に貿易場を開拓せねばならなかつた。英國が廣東に一應根據を有するに至つたのは一七一〇年代であり、以後阿片戰爭に至る約百三十年間が英淸廣東貿易の時代である。即ち英國側では東印度會社・淸朝側では廣東公行 Co-hong がその各々の獨占組織であり、前者は英國資本主義勢力の前衛たる前期的商業資本の强力な擔ひ手として、後者は一面外國資本主義勢力東漸への防壁の役目をも課されつつ、淸朝腐敗官僚への榮養供給機關・外商よりの榮養汲上げ機關として、機能したものである。而して兩者は或は相拮抗しつつ或は相宥和しつつ、廣東十三行なる猫額の地に東西二大國間の火花を點ぜしめたのである。

かゝる狀態は當然發展途上の英國資本主義の滿足する所ではなかつた。況して十八世紀中葉英國に發生した產業革命は、驚天動地の勢を以て歐洲全土に波及し、就中先づ英本國に政治經濟社會各般の分野の革新をもたらした。更に十八世紀末米國の獨立あり、その商人は英國東印度會社の束縛を絕ち切つた全くの自由商人として廣東貿易場裡に登場し、英國に次ぐ第二の勢力を形成した。今や英國は內には大產業の勃興による產業階級の擡頭あり、外には米國との競爭あり、從來の一會社による貿易獨占を以てしては新狀勢に應ずる能はず、自由競爭と自由貿易とを國是とするに至り、過去二百年に亘り英國資本制の一大推進力たりし東印度會社の對華貿易獨占權は一八三四年四月二十二日を以て廢止された。産業革命以後英國大工場生産による綿製品の猛烈な對印度賣込みは、やがて第三の鋭鋒を中國に向けるに至つた。

即ち今や印度は英國製品購入上必要なる現銀を、阿片を見返品として中國に求めざるを得なくなつた。英國の對東亞罪惡史をかざる阿片貿易はかくして開始された。阿片の猛毒こそは古き大清帝國の長城をも破壞すべき兇雄英國の砲火の威力にも比せらるべきものであつた。一八二三年阿片の對華輸入額は棉花・綿製品のそれを凌駕し更に自由貿易時代に入るや格段の增大を示し、一八三七年前者の輸入額は後者のそれの二倍半となつた。他面、從來百年に亘り現銀流入國であつた清國は一八二七年を以て一轉して現銀流出國と化し、既に田賦銀納化の普及せる華南及び沿海地方の民生は急激な打擊を蒙り、清朝としても眞面目に阿片問題を講ぜざるを得なくなつた。かくて林則徐の派遣となる。しかも英國から見る場合かゝる對華貿易の發達もその要望を去ること遠いものであつた。されば英國は産業革命以後の諸轉換、印度統治上の諸矛盾、對清貿易上の諸難關の總決算を旗鼓の間に求めることとなり、阿片戰爭なる天人俱に許さゞる無名の師の幕は切つて落された。

前記アマーストに次ぐ對淸使節として、また初代在華貿易監督官主席として廣東に乘り込んだネーピアー卿が、、外相グレー宛の書簡で香港島の占領を進言したのは、一八三四年八月二十一日、あたかも彼が廣東官憲と外交紛議を繰り返しつゝある時の事であつた。正に東印度會社對華貿易獨占廢止直後にして、シンガポール占領に遲れること十五年、香港島に英國旗の飜へる七年前である。一八三〇年代の香港は阿片密輸地として、英人避難地として、英淸小衝突地として、そして阿片戰開幕直前の英淸交戰地として知られる。

一八四一年一月二十日阿片戰爭中、琦善、エリオット間に調印された川鼻假條約を以て香港島は割讓され（本約は直に破棄、再戰となり、一八四二年八月二十九日の南京條約を以て正式割讓と決定し、一八四三年クラウン・コロニーとなる）、同一月二十六日海軍副少將ブリーマーは太平山（後のヴイクトリヤ・ピーク）麓に上陸しユニオン・ジヤツクを揭げた。これ英領香港の施政記念日である。爾後昭和十六年十二月二十五日を以て英香港總督が我に無條件降伏するまで百年と十一ケ月である。その間植民地香港統治の歷史は大体土木事業、稅制整理、海賊退治、衛生、教育に限られ、非世界史的なものの羅列に過ぎない。しかし、當香港は英華二國間の樞要な連絡點としての役割を有するを以てその歷史が意義づけられ、就中占領直後の建設期二十五年間と降伏直前の支那事變下四年間とは、百年史の前後を飾る比類無き二つの世界史的時機を劃す。

二、一八四一年から一八六五年まで

阿片戰爭は字義通り阿片の爲の戰爭即ち商業戰爭に外ならない。されば香港島割讓の如き當時の英國中央としては必須條件としなかつた。これを强行したのはエリオットの獨斷であり、その他多方面に亘る彼の專行はその主觀的人道主義的對華觀念と共に中央の不信を買ひ、半年後には彼の召還となつた。爾來一八五八年に至るの間香港島割讓失敗論は本國でも香港商人間でも繰り返された。かゝる諸困難を出發點とし、これを克服しつゝ香港は發展を續けた。據點獲得・基點設營による現地的高層構築はイギリス植民政策の一の型とされるが、香港の如き正に彈丸黑子の地を以て廣大なる支那全域を對手とした點、他に類例を見ない。

しからば突兀たる岩山、不毛の一孤島をして二十五年後に一大都市と化した巨富は何處から抽出されたか。それは決して香港島から生れたものではなく、中國殊に華南よりの阿片貿易と苦力貿易とによつて創生されたものである。阿片戰爭による英國の勝利とは即ち阿片賣込の自由の獲得に外ならない。自由港香港の誕生は同時に惡自由の發生である。在本國・在印・在華の英商は時機到來を叫び、印度阿片の對華輸出は一八四二年の三萬箱から五四年の七萬箱と云ふ飛躍的增大を見せた。その他輸出入共貿易額は增大した。淸國側よりの現銀流出は止まず四〇年代だけで一億五千萬弗と見積られる。こゝに戰前よりの民生阻碍は同一形式下に擴大深化し、農民間の土地喪失、流浪、叛亂は急增し、更に戰後淸朝の財政窮乏による無限の重稅重課によつて促進せしめられた。印度にそして香港に巨大な富が忽焉と構蓄せられつゝある一方、華南沿海の農村は窮民に溢れる。かゝる土地を失へる難民の一部は水上に追はれ半陸半水以上の純水上生活者・蛋民と化し民族意識を失つて英國の手先となり、阿片密輸や香港建設に力を致す所まで沒落し、一部は海賊匪賊と化し、その進步分子は太平天國の如き民族的排外運動を惹起せしめ、更に他の一部は奴隷となつて海外に販賣せられた。既に奴隷たる以上それは全くの貨物である。農民より阿片貿易によつて土地を喪はしめ更にその生ける身體を奴隷として貿易することによつて一八四九年以後香港島は二重の富を得た。時恰もカリフオルニヤ・濠州に金鑛の發見あり、且つ馬來・南米・西印度の開發も進行中にして、華人奴隷苦力を埋沒すべき販路は十二分に存した。五一年のみで香港の船舶四十四隻が香港から加州に航し苦力貿易の利百五十萬弗を得たと云ふ。かうして建設された香港の鉅富は實に山の頂から海の岸まで血にまみれて立上つたイギリス惡の權化に外ならない。

この時期において香港を中心にかゝる掠奪貿易を行つた商人は、ジヤーデン、デント、サツスーンの如く、東印度會社の獨占廢止以後支那海域に征覇した「豪商(プリンス・マーチヤント)」であり、海賊さながらの帆を張つた貿易船がオピウム・クリツパー(一八三〇——五〇年)、米國テイー・クリツパー(一八四六——六〇年)、英國テイー・クリツパー(一八五〇——七五年)であつた。Mody, Jejeebhoy, Tata の如き印度商人亦この時期に地盤を築いた。かゝるパイオニヤ期の英人の性格上、建設期の香港を通じ英商人對英官憲、英官憲對清國官憲の紛爭は絶間が無かつた。

香港建設に最も大功を建てた上述の掠奪貿易は、それが掠奪貿易に終始する限り決して恒續的なものではなかつた。六〇年頃現地商人は早くも香港貿易が極限に達したと感じた。且つ又古き中國の門戸を破る强力な先驅たりし阿片貿易は今や英國製綿製品及び毛織物對華輸出の障礙物と化し、これに對する非難が本國側産業資本家層より發せられるに至つた。

この時、英國中央は更に貿易上の優位を求めんため、一八五八年・六〇年二回に亘り香港を基地としての對華侵伐を行ひ、天津條約・北京條約を獲得した。これを以て九龍の一角を割讓せしめ、且つ阿片貿易・苦力貿易を條約上確認せしめたが、以後却つて英清交渉の中心は上海に移る。更に一八六一年英人レイの海關總税務司就任は、英國の對華勢力を増進する一方、逆に香港中心の密輸に一大痛棒を與へる。

以上惡の牙城香港を據點とする英國の發展に對し、中國四億の民は決して手を拱いでゐたのではない。一八五〇年から六四年に亘り中南華に猛威を振つた太平天國運動こそはその雄たるもので、殊にその末期六〇年代には英國を以て當面の敵とするに至つた。更に沿海各地における三合會の諸叛亂もあつた。廣く東亞全域を見れば、一八五七年以降のセポイ印度兵の大叛亂、七三年馬來の騷擾激化、更に日本の幕末諸騷亂あり、英國は今更の如く底知れぬ東亞の民の威力に驚愕せねばならなかつた。勿論かゝる蓬勃たる排英機運は香港にも反映し、元來服從的と看做されてゐた當地人民をも糾合した。一八四四年人頭稅反對による民衆大會と華人三千名の離港、五四年太平軍の九龍城攻擊、五七年英人官吏四百名のパン中毒事件、六二年沖仲仕の登錄反對罷工、六四年馬來人と警官兵士との衝突等はその顯著なものであつた。

かくてイギリスが東亞諸民族の威力に驚き、且つ阿片貿易の矛盾並に香港統治の難關に惱みつつあつた時、アメリカは太平洋航路を開拓し、ロシヤも亦クリミヤ戰後積極的に太平洋經營を開始した。されば英國は六〇年代本國工業の樞軸を輕工業より重工業に轉ぜしめるのを機として、中國市場における米露兩國との一應の勢力均衡を欲し、香港を據城とする對華掠奪貿易に終止符を打たざるを得なくなつた。これは、一八六〇年代の中期であり、その契機となつたのが五七年の英國恐慌・續く六六年のボンベイ恐慌を期とする六五―六九年の香港商業不況である。

これを以て從來の豪商はその性格を一變し（一部は破滅、一部は沿岸航運會社及び商事會社に轉身、一部は上海に移駐）、阿片・苦力貿易はその重要性を失ひ（後者は七五年澳門の禁止で終結）、香港の對華經濟獨擅は終る。香港商業會議所はこの期を以て對華退却政策と呼んだ。同時に政治面でも過去二十余年に亘る香港總督・駐清全權使節・對華貿易監督官主席・對華對日治外法權長官の四位一體制が廢止され、總督は香港統治に專念するものとなり、他の職權は上海・北京に北上した。喧騷と罪惡と矛盾とに滿ちた香港建設の二十五年はかくして終る。一八六五年こそは實に香港市街の外貌が一應完成した年であり、同年滿期歸國したパイオニヤとしての最後の總督ロビンソンは煉瓦もて大理石の香港を築きしものの如く華やかに離港したのである。

三、一八六五年から一九二〇年まで

英領百年を通じ香港の性格は中繼港 entrepot と規定される。而して前代においてその基盤たる富の設營は終る。以後は只中繼自由港として量的上部的寄生的發展を爲すべく運命づけられた。一八六三年幣制の統一、六五年香港最初の會社登記(沿岸航路會社・ドック會社)、翌六六年香港上海銀行(重役には印度人を含む)の設立＝現地的高層設營の最高峯完成、及び六八年 Wassia-mull Assomull & Co. の設立による印度人聯合商社の結成、は新時代の開幕を示す。豪商の沒落・轉身は新に買辦層を擡頭せしめ、香上＝諸會社＝買辦の一大三角陵を確立する。スエズ運河開通・汽船の登場・海底電線の敷設はクリッパー時代にとつて代り、上海＝ロンドン間の距離を短縮せしめると共に香港の地位を益々中繼地たらしめた。政治上にあつては候補生官吏（キャデット・オフイサー）制度の採用及び馬來と同じく Secretariat for Chinese Affairs（後の華民政務司署）の設置があり、統治が一應の軌道に乘る。

爾來三十年、この間貿易品構成の變化もあつたが、日清戰前から新興ドイツの、更に同戰後日本の商品の進出に鑑み香港は對策を建つべく余儀なくされた。（註）しかもこれ以前の一八八九年即ち列國の對華資本輸出開始に先立つ六年、早くも香港に事業會社の設立が始まつてゐたことは看過できない。以後産業經濟方面では一進一退あり、前大戰中の好況期に際するや、香港は地場商社以外の英國及び第三國コンツエルンの基地ともなり、また地場製造業者が自らその製品の貿易にのり出し、更に華人の企業も起つた。しかし何れも中繼港香港の性格を變へ得なかつた。

（註）香港政廳が香港經濟（貿易）調査委員會を組織し經濟調査を行つたのは一八九六年、一九二〇年、一九三四—三五年の三度である。

この期間華人側の反英は小規模なものが斷續して行はれたが、最も大きなのは一八九九年の大埔=錦田事件である。即ち九八年北京條約を以て新界の租借確定したが、翌九九年四月ユニンオ・ジャック揭揚に際し、反英の氣に漲る附近二千六百の華人は團結して英兵と鬪つたのである。彼らは僅か數日にして英兵の武力に粉碎されたが、この壯擧は正に義和團事件(翌一九〇〇年)の前史を飾るものである。辰丸事件・辛亥革命・五四事件等についても夫々香港に若干の影響があつた。そして革命を援助せる多くの日本志士達が如何にこの香港で活躍したかは、我等の忘れ得ぬ所である。

四、一九二〇年から一九三一年まで

一九二〇年代香港の經濟的意義は遙に低落した。對華貿易場裡における英國の衰退と相應ずるものであり、前大戰中の產業の發達も香港の相對的地位を向上せしめなかつた。寧ろ二〇年代の香港を特徵づけるものは戰後不況に續く華人の反英・抗英運動である。既に二二年には海員罷工あり、海員代表の名は一躍中華民族解放の英雄として現出した。更に二五——二六年の廣東・香港を通ずる對英罷工=省港罷工は英國の香港統治そのものを根抵から震憾せねば熄まなかつた。

即ち二五年上海（英人警官の華人虐殺）五三〇事件・廣東沙面（英佛軍の華人虐殺）六二三事件に次ぐもので、香港七十萬の華人は一致團結し、英人との一切の交渉を斷絕し、十萬の學生・工人は陸路離港し、植民地香港の機能を全く停止せしめるに至つたのである。「香港」の市街が一變して「臭港」と化し、英領百年の歷史中、中華民族がその實力を發動したのはこれが唯一の特例である。この時の罷工の中堅分子が後に北伐軍の基幹部となり、また當時廣東より多くの指示を發した汪精衛以下の優秀分子が以後中國を指導したことは、英領香港と中國との關係を如實に示すものである。

五、一九三一年から一九三七年まで

滿洲事變そのものは直接香港に排日運動・排日ボイコットを惹起せしめたが、それ以外の直接的影響は少かつた。英國としては結局滿洲事變を傍觀したのみであり、火中の栗に手を出さうとはしなかつた。南京國民政府成立以後、英國は傳統的な砲艦政策を一應放棄してゐたが、更に一九三五年以降は中國の建設と統一とに鑑み積極的に對華接近・日英合作對華經濟援助を開始せんと努めた。そして日英合作は成功しなかつたが、對華接近は三五年の幣制改革となつて餘りにも大なる結實を齎した。英國がこの場合飽くまでも目標としたのは南京中央であり、統一中國であり、二〇年代の如く西南軍閥と携手することはなかつた。（註一）ハモンド、リース・ロス、カークパトリック三度の遣使は悉く英國中央より中國中央に對するもので、香港に直接關係無きが如くであるが、かゝる英國新政策は全く英國の根强い金融資本の上に立つたものであり、その柔軟にして多元的なる性質こそは香上銀行を先頭とする在華銀行資本によつて嚮導されるものであつた。政治借款から經濟借款へ、更に一朝にして中國幣制を磅にリンクせしめる如き幣革の誕生は、三五、六年を彩る英國の勝利であり、銀行基地としての香港（及び上海）の意義を再認識せしめたものである。（註二）

（註一）一九三六年秋廣東軍閥陳濟棠の失脚後、蔣介石の廣東視察あるや、香港總督コルデコットは自ら蔣介石を廣東に公式訪問した。廣東の中央化は一面粵漢線の開通によるものであるが、粵漢・廣九連絡線は支那事變まで敷設せられず、香港と長江中部との連結は未だしであつた。

（註二）香上の本店は香港にあり、その他英國在華發展銀行の中心が香港又は上海であることは、日本の在華發展銀行（中官・民間とも）の事實上の本部が悉く東京又は大阪にあるのと著しい對照を爲してゐる。

（附記）國民政府の農業建設中最も具體的な政策は合作社運動であるとされるが、一九三四年香港の合作社制度を調査せるCFストリックランドが中國の合作社運動に大きな寄與をしてゐるのを見ることは、飽くまでも基地を利用せんとする英國の大きな構想を思はせる。

香港の貿易を見るに、支那事變前大體輸入の中、地場消費（香港での加工品及び見越輸入をも含む）のための輸入が三分の一、輸出の中、十分の一が地場製品であり、歐米向中國物産品、中國及び南洋向南洋及び歐米品の中繼貿易港であつた。そしてその貿易額は一九二〇年の二億磅を絶頂に三六年には五千萬磅まで漸落した。かゝる貿易不況は更に銀問題と相俟つて深刻化し、英政廳も捨て置けず三四年有名な經濟委員會の任命となつた（註）。この結果、香港の中繼貿易を促進せしめ、廣東香港の一體的發達を謀ると共に、地場工業をも擴大すべく努力が拂はれた。一九二九年の世界恐慌に續く不況時代に處せんため英國は三二年オッタワ會議を有つたが、香港もこの取極に參與し、以後帝國資材 Empire materials を用ひ帝國特惠 Imperial preference に均霑し得ることとなつてゐた。更に經濟委員會以後工業促進が提唱されたが、二〇—三〇年代を通じ增大を示したのは華人工業のみであり、しかも工業の簇生を見るのは支那事變以後である。

（註）この一九三四—三五年委員會の報告は、香港經濟一般を知る上に最も便利である。以後之に相當するものはない。台灣總督府外事課から南支那及南洋調查二三三輯及び熱帶產業調查會叢書三號として抄譯が出てゐる。

一九二九年恐慌以後、銀相場の極度の暴落、續くその暴騰は甚しかつた。銀本位貨幣地たる香港は中國と同じく爲替相場の動搖に惱んだ。三五年十一月四日國民政府の幣革實施、同十一月六日廣東省（當時半獨立）の幣革實施に續き、香港亦十一月九日よりの幣制改革を實施した。その內容は銀輸出禁止、銀官有、爲替資金設定等であり、支那全土を呑んだ中國の幣革に對し更に據點確保的な側面工作であつた。しかも華南一帶に於ける香港弗の流通は依然盛であり、中央法幣の華南浸透が遲れたことと相待つて英國對華政策の多面性を示してゐる。

一九三六年における英國の對香港投資は、企業數六十九社、拂込資本約一億五千萬香港弗、使用總資本額約十三億五千萬香港弗とされる。歐人の工業投資額は二〇年以後增大を見せてゐないが、華人工業投資額は二〇年の千七百萬香港弗から三四年の五千百萬香港弗と急増を見せてゐる。また南洋華僑の故國送金は支那事變前大體六割が香港通過であつた。

第三節　大東亞戰直前の香港

一九三七年支那事變勃發より、三八年の皇軍南支上陸・三九年の第二大戰勃發・四〇年の日獨伊三國同盟成立を經て、四一年大東亞戰勃發に至る四年間は、香港にとつても最も多事多難にしてしかも生彩ある時期であつた。最初は單なる援蔣基地として、次いで大戰遂行上の英國後方〇基地として、最後にはＡＢＣＤ對日包圍陣の一環として、時々刻々の變貌を遂げた。以下に大東亞戰直前數年間の香港の樣相を記錄しておかう。

一、國際關係より見た香港

支那事變と共に日英關係が極端に惡化したのは當然である。以後四年間英國の政策は援蔣抗日に一貫したものであるが、機を見るに敏且つ猾なる英國は一面宥和交渉を以て日本に臨むのを常とした。早く三八年春英國は上海海關の税收管理を香上銀行より正金銀行に移すに同意し、同七月——九月には宇垣・クレーギー會談となつた。香港としてはこの間專ら廣九・粤漢鐵路（珠江水運及び三七年八月開通の廣九公路を含む）による援蔣第一の輸血點としての役割を努めつゝあつた。從來の上海の貿易上の地位は香港に移り、三八年上期には中國正税貿易（武器その他の密輸を除く）の對手國別筆頭は香港であり、九龍海關が全華輸入の四五%を占めるに至つたのは三八年一月であつた。九龍・新界に中國側の厖大な遷廠計畫が立てられたのもこの頃である。三八年七月には總督ノースコットの非公式廣東訪問、同八・九月には廣東省政府主席吳鐵城の非公式香港訪問があつた。

しかるに三八年十月事變は擴大して皇軍の廣東占領となり、援蔣基地香港はその土台を動揺せしめられミュンヘン會議における英國の權威失墜と共に、香港の命脈既に半減せるの感を與へた。しかし香港はこれを以て沒落しなかつた。否むしろこれ以後英國の積極的對蔣援助の基點として、戰爭景氣の花を咲かせるのである。三八年十一月月本の東亞新秩序宣言に續く英國の對蔣借款開始並びに法幣援助政策は、香港をして新秩序妨害の據點となすものであつた。そしてこの期粤漢線ルートに代るものが不安定且つ小規模とは云へ佛印・澳門・廣州灣ルート及び香港・韶關間の密輸ルートであつた。香港の對華・對佛印・對廣州灣・對澳門貿易額は密輸を除き三八年の四億七千五百萬香港弗から三九年の五億五千六百萬弗へと増大を示してゐる（因に三九年卸賣物價は少量と云へ三八年より下落した）。そしてこの三九年度には海南島・汕頭・北海・南寧が我軍の手に歸してゐるのである。三九年夏有田・クレーギー會談中アメリカは突如として日米通商航海條約を破棄し、我は九龍國境肅清戰を行つたが、更に同會談決裂直前獨蘇不可侵條約の締結あり、世界情勢は一變した。

英獨開戰と同時に香港は三九年九月三日を以て對獨宣戰布告を行ひ、一連の戰時金融經濟立法を發布した。以後自由港香港の性格は一大變化を生じ、香港は英本國後方の軍需品供給地・對敵封鎖地としての役目を負はされることとなつた。戰時經濟の一應の完備は同年十二月であるが、以後四一年七月の對日資産凍結に至る一年七ケ月の間、香港はなほ自由港の性格を存續せしめられてスターリング・ブロック外地域に置かれ、一面自由貿易による利得を謀られると同時に、他面香港弗の對磅價格を釘付され香港を通ずる磅流出に制限を加へられることとなつた。かゝる英國の對香港二重政策はそれ自身許多の矛盾を含むものであるが、この矛盾の上に香港はその命脈を保全した。三九年十月には我軍による中山縣攻略あり、香港は一部食糧品の供給難に悩んだが、同年末我軍は珠江の開放と英華國境寶安駐屯部隊の撤收とを聲明し、ここに香港の對日部分的妥協は一應の成功を見せ省港貿易は四〇年春を以て一部開放された。

四〇年に入るや英國の對蔣借款は消滅し、米國の對華援助は俄然活潑化した。而して支那事變以後減退してゐた日本と香港との貿易が恢復し來つたのは、實にこの時期である。三八年の日本・香港貿易額二千二百萬香港弗は三九年の三千四百萬香港弗となり、三七年の七千八百萬香港弗には及ばなかつたが、日本の香港經由による外貨獲得及び華南特殊鑛産物買付の熱意には見るべきものあり、物資不足を喞つ華人商社も亦日本と結ばんとしたのである。（註）

（註）しかし、この日本香港貿易は香港向外貨獲得用物資の円ブロック逆流、軍票裏付物資の香港轉入、及び日本物資の重慶流出等の弊害を生じ、四〇年五月を以て日本側から一應制限された。援蔣基地香港が日本にも多大の貿易上の利得を供與して居たことは最もよく當時の二面性を物語る。重慶の輸出向特産物はウオルフラム・アンチモニー・錫・茶・桐油・豚毛等とされるが、一

九三九年十二月香港輸出ウオルフラムの九九％（八十四万弗、三千五百二十一担）が日本向であり、更に國際關係の切迫した四一年三月においてもその二三％（五十万弗、一千四百二十担）が依然日本向（國別筆頭）であつた事は驚くの外ない。廣東を基地とする香港經由の外貨獲得も三九年頃には考へられた所である。

更に四〇年六月西部戰線におけるフランスの無條件降伏は英國の一層の讓歩を促した。また同月我軍は九龍國境の肅清戰を行つた。我軍の對佛印（廣州灣を含む）監視團派遣に續き、同年七月十八日以降三ケ月に亘るビルマ・ルートの閉鎖（武器・彈藥・トラック・石油・鐵道材料の五種）はその最も顯著な對日宥和である。香港も亦同時に三九年一月の對華武器彈藥輸出取締の日香取極を一層徹底化し、右五種物資の港外水上及び國境における輸送を禁止した。この禁止は期限を附せざるもので、後ビルマ・ルート再開に當り香港政府要人は一應外交交渉によらずして香港ルート再開の意無しと聲明した。この後も我軍の支那沿岸封鎖は着々と進行し、七月には寧波・溫州、八月には浙江・福建全港灣の封鎖が行はれ、第三國の對華貿易は益々狹まつた譯であるが、香港の四〇年度對華南輸出は三九年度に比し逆に三倍となつてゐる。對華南輸出の激減は四一年以降の事である（後掲の表參照）。

しかし貿易面全體では英獨戰以來香港貿易は下り坂となり、三九年の貿易總額十一億香港弗が四〇年には十四億弗となつてゐるが、三五・三%の物價騰貴を考慮すれば九・二%の減少となつてゐる。フランス降伏と同じ六月、英政廳は英人婦女子の總引上を命じ（後に撤回）、婦女子三千名は濠洲に運ばれた。この頃香港島には要塞工事が著しく進捗しつゝあり、かゝる措置は香港に暗雲をもたらし人氣を惡化せしめると共に、享樂面を盛大ならしめた。

次に一九四〇年九月の皇軍の北部佛印進駐を以て支那事變の性格は東亞全域的となり、更に日獨伊三國同盟締結を以て世界的なものとなつた。以後日英關係は一段と惡化して對日宥和は益々困難となり、英米合作の名の下に英國の對極東政策はアメリカのそれに吸收され了る如き貌を示した。しかも香港の對蔣ルート培養は熄まず、我軍は同年十月に雷州半島作戰・十一月に水東（電白縣）作戰を行ひ、十二月末には中南支沿岸封鎖强化を宣言した。英國は十二月十日を以て對蔣借款一千萬磅の原則的許容を承認する一方、港留密輸ルートを極度に利用するに至つたため、我軍は四一年二月同ルートの遮斷を決行し、更に三月には雷州半島・北海及び珠江雷州半島間の據點數ヶ所に上陸を敢行した。次いで福州の占領があつた。かかる數度の打擊を受け、香港對華貿易の狹隘化したことは疑ない。

香港の四一年上半期に於ける貿易總額は前年同期に比し價額では七・六%を減少した。二四・九%の物價騰貴を考慮すると三〇・六%の減少となる。茶・桐油・ウオルフラム・豚毛の香港集中は價額で見ると前年同期の四分の一となつた。香港の對華中繼貿易地としての意義は大いに失はれ、英帝國の兵站基地としてのみの統制經濟の方向へと進んだ。そして香港は貿易利潤の減少を地場工業の振興により、對華貿易場裡よりの退却を南洋及び英帝國との貿易により、補はんとし或程度の成功を收めた。四〇年十月デリーの東方經濟會議は印度・濠洲・ニユージーランド・南阿・東阿・パレスタイン・セイロン・馬來・香港代表列席の下に開催されたが、香港代表香港大學副總長スロスの結果報告によれば、英領中第一を誇る造船業・印度纖維工業の補充として軍需的意義を有つ纖維業・ゴム工業その他軍需品工業・機械器具工業の分野における香港斯業の振興こそ最も望ましいとの事であつた。事實造船は盛であつた。支那事變以後急增した所の針織・ゴム靴・織布・ガスマスク・懐中電燈等の如き華人群小地場工業は、帝國特惠と英本國の軍需品需要と日本品杜絶とによつて四一年上期まで好況を續けた。

この間世界情勢は刻々に變化し、四一年四月には日蘇中立條約締結・六月には獨蘇戰爭の勃發があり、同年七月二十五日を以て英米兩國は對日對華資産凍結を行ひ、翌二十六日には日英通商航海條約の破棄、同二十八日には我軍の南部佛印進駐となつた。八月一日を以て香港はスターリング・ブロックに編入され、三九年末以來の英國の對香港二重政策は廢止となり、過去百年有半に及ぶ自由港・中繼港香港はこゝに終焉を告げ、新にＡＢＣＤ對日包圍陣の最北の一環として登場することとなつた。次いでこれ以後、同年一月成立の英米華三國安定基金が積極的に上海及び香港において法幣安定・法幣闇取引防止に盡力することとなり、香上銀行を先頭とする在香港銀行は英政廳と協力し、十一月までに地場華人銀行團の上海向法幣自由相場を一掃してしまつた。

かくて香港と中國との金融關係は對奥地及び極く一部の對上海に限られることとなり、嘗ての香港の金融牙城たる地位は大いに變動した。また爾後地場工業原料は急速に入手難を來し、經濟統制違反事件が盛となつた。上海は勿論澳門に對しても貿易を鎖した香港、これは全く英國の一出城に過ぎぬものである。四一年を通じ英米蔣蘭諸將領、諸要人の東亞各地における會見は活潑となり、香港亦一歩々々戰爭へと驅立てられ、陸海空戰備强化は漸進し、カナダ兵が新に增强され、暗雲低迷の狀態は深刻化した。しかもこの間香港の英商と政廳との間には大きな乖離があり三九年—四一年を通じ定例局(レジスラティヴ・カウンシル)における戰時課説增徵に對する强硬な反對は續けられた。更に元來香港においては英人社會と華人社會とは全く別個のものであり、何らのつながりを有しないが、英獨戰以後の統制强化はこの方向に檢討を加へざるを得ず、既に三九年夏鼓浪嶼事件を契機とする第一回防空演習、防空管理處の設置あり、續いて華人を動員して防空隊(ARP)を編成し、四一年十一月には華人機關銃一個大隊の編成にまで進んだ。しかしかくの如き一連の華人組織を以てするも、當地百數十萬の華人をして一朝に英國に對する忠誠を持たしむる事は、過去百年の歷史に照し全く不可能であつた。

二、國別貿易

香港の國別貿易數字は一九四〇年三月以降秘扱(confidential)となつたが、その秘扱數字を入手したのでこゝに四〇、四一兩年度のそれを揭げて參考とする。(單位千香港弗)

相手國		一九三九年	一九四〇年	一九四一年(八月迄)
英帝國(全体)	輸入(香港への)	八一、八二一	一二三、七二八	八七、四三一
	輸出(香港よりの)	一〇六、八九八	一六〇、六〇五	一一八、八一八
英本國	輸入	三九、六九七	四六、三四七	一七、六六六
	輸出	二二、四一七	三九、〇五五	一七、五七二
濠洲	輸入	七、一二五	一七、六八四	一三、二二九
	輸出	三、九一七	四、七〇七	二、四四二
ビルマ	輸入	一、〇三五	一、九九七	一八、一三二
	輸出	五、三四三	二〇、五〇八	二〇、二五二
北ボルネオ	輸入	三、〇七〇	五、八一五	二、六五九
	輸出	一、六五三	二、二五一	一、五三一
カナダ	輸入	四、八四三	八、三五〇	四、四二〇
	輸出	二、五五三	三、三一六	一、五九八
英領馬來	輸入	一二、九五九	一七、三一五	一四、一八二
	輸出	四五、九八六	六一、六二五	四八、七七五
印度	輸入	九、五六五	二〇、五〇四	一三、三五七
	輸出	九、三六四	七、九三一	七、一六〇

中國及佛印・澳門

		一九三九年	一九四〇年	一九四一年（八月迄）
華北	輸入	一六六、三一七	二三八、四一六	一六一、一七九
	輸出	四五、一〇七	七九、四五八	六八、六〇三
華中	輸入	一三、七六八	一〇、四〇六	一、九六八
	輸出	二二、一七三	一一、七七七	九、四四八
華南	輸入	四三、一二一	七、八一一	一、六二〇
	輸出	二二、九三九	六三、七五二	一七、七一〇
澳門	輸入	三二、八七二	二四、七〇〇	二三、八九四
	輸出	四五、〇三九	五〇、六五五	五七、一七二
廣州灣	輸入	二六、三五七	三七、二六七	一五、〇〇四
	輸出	四二、二八六	四二、六四九	三四、六一四
佛印	輸入	四〇、六六〇	六六、三九九	二六、六三九
	輸出	五五、四八〇	二七、五四七	七、九二四
日本	輸入	二七、四三〇	二五、四三八	二〇、六二九
	輸出	六、五五五	一三、九一五	四、八四六
米國	輸入	五一、九〇一	七七、二三五	七五、六七六
	輸出	七六、八八五	七六、一四二	三八、五七九

		一九三九年	一九四〇年	一九四一年（八月迄）
南洋				
泰國	輸入	二九、八八四	五七、〇〇四	三八、六七七
	輸出	一五、四九三	二四、七八〇	一五、六二一
蘭印	輸入	三九、四三一	六一、六六九	五四、八九三
	輸出	一五、一六〇	一五、七〇九	一三、三六四
比島	輸入	二、五六三	五、二六三	六、四九七
	輸出	一一、三五七	一二、九七九	六、〇四七
歐洲		一九三九年	一九四〇年	一九四一年（八月迄）
ベルギー	輸入	五、八六五	四、八五四	七
	輸出	一、三二〇	一四	〇
フランス	輸入	二、六三三	二、一〇三	七九
	輸出	七、一三〇	二、三五二	〇
ドイツ	輸入	一三、〇六五	一〇六	〇
	輸出	一二、六一二	〇	〇
總計	輸入	五九四、一九九	七五二、七三九	五一六、二九七
	輸出	五三三、三八五	六二一、七五二	四〇五、七三二

七〇

（附註）以上は商品貿易にして金銀を含まない。四〇、四一兩年度は月別の合算。華北とは溫州以北滿洲國・關東州まで、華中とは福州以南汕尾まで、華南とは廣東以西雲南省まで。日本は外地を、米國はハワイを、馬來は海峽植民地・クリスマス島を、北ボルネオはブルネイを含む。上表中、四〇年以降における對ビルマ貿易の隆盛、及び四〇年度における對華南輸出の增大（珠江封鎖にも拘らず）は注目に値する。因に、中國側海關統計によれば、四〇年香港對華輸出の七三%・香港對華輸入の三七%が、重慶側諸港（九龍海關を含む）に集中してゐる。四〇年度香港對華南輸出を海關統計によつて見れば左表の如くとなる。輸出の增大は主として對重慶地區のものであり、對重慶地區（香港の所謂華南のみの）輸出は三九年の六、五五二千海關金單位から四〇年の三九、二九七千單位となつてゐる。就中、九龍・雷州への增加が著しく更に梧州・思茅・騰越へも增加が見られる。なほ四〇年度には重慶・萬縣・長沙・三都澳への輸出も增大した。

香港よりの輸入（單位海關金單位）

重慶側（四〇年度）	一九三八年	一九三九年	一九四〇年
九龍	一、八二六、三〇八	一、九二二、三五三	一九、五七五、四〇〇

七二

拱北	七六、四一四	八三六、八八五	五九四、九六二
梧州	三三七、四四四	七、〇七〇	九一、九六一
雷州	二一八、二三八	二、五〇八、〇六九	一八、三七七、三〇〇
龍州	一〇八	三一二、〇二五	四三、一三三
蒙自	二三九、九五一	九五三、八一七	五七八、七五〇
思茅	八九四	四、四四九	一三、六七八
騰越	三、二五二	四、七三七	一〇、二三六
占領地（四〇年度）			
廣東	九七五、六五〇	七二、三四三	三二四、〇八八
江門	一五八、五〇八	三三、八一九	三五四
三水	五六、九六七	〇	〇
南寧	一〇、九二七	二、五三四	一三五
瓊州	二二九、一二四	一三六、三一九	一三四、三五五
北海	五一、六七〇	一四九、四二一	七、九六三

三、島內產業

島內產業中最も重要な工業については前にも略述した。しかし工業の發展は原料資材を他に仰がねばならぬ當地にとつて決して希望に滿ちたものではなかつた。支那事變以後人口過剩が深刻化し何らかの對策を講ぜざるを得なくなつた場合、當然取上げられたのが、小規模乍ら農林牧漁業の發展及び之と關聯した新界の開發であつた。勿論凡ての農產物・畜產物・林產物・水產物は悉く外地に仰いだと云つても過言でなく、何れも量的には無視し得るものである。

新界は面積三五〇平方哩、內耕地七五平方哩であるが、英國の統治が一應完成した一九〇〇年以後何らの發展を見せてゐない。一九二〇年、三四―五年の經濟委員會でも農牧の開發は提議せられるに止つた。一九二七年以降新界華人紳商により每年農業博覽會が有たれることとなり、三一年には新界農業協會(私立)が組織された。同協會は政府から若干の補助金(四〇年度即ち四〇・一・一―四一・三・三一でも二千弗)を受ける外、三五年には粉嶺に實驗所用の土地を與へられた。協會の仕事は當初主として農業博覽會の開催にあつた。そして小農民の啓蒙及び博覽會への参加が見られるのは三七年以後であり、四〇年には約三百の農民（その大部は小農）が會員となるに至つた。三八年Fフリッパンスの園林監督就任は農林業に若干の推進力を與へた。以後四一年に至る成果及び企畫は次の如くである。（一）新界全域の農業再調、四〇年終了。（二）香港全域の森林調査、三九年終了、四一年において新界の保安林は六百エーカーに達す。（三）一九〇六年制定の森林區制度はその總面積八〇平方哩（新界全域の五分の一）に達す。英獨戰以後の薪代騰貴に鑑みこの改正を圖りしも失敗す（因に、森林盜伐による園林監督署の逮捕件數は三九年九月の八四件より同十月の二一一件に増大）。（四）粉嶺・元朗間に農業實驗所設立を企圖し四二一三年度會計中より十五萬香港弗の支出を豫定す。（五）三九年末一官吏に農業改善法を報告せしむ。之により屎尿の肥料化提唱せられしも實現に至らず。（六）農業より林業を重視す。

香港全域の作物別作付面積及び家畜は次頁表の如くである。養蠶・製鹽も僅かに行はる。

以上農事に關し力點がおかれたのは主として品種改良であり、開墾ではない。この時期に品種改良を行つたのが新界農業協會とアメリカのカーネル種子會社とであり、稻（同會社改良種七一六號）を筆頭に、桐油・甘藷の試作も行はれた。

	一九一二年	一九三九年
	エーカー	エーカー
水田(一毛作)及び間作一毛地	一一、五〇〇	一一、四〇五
水田(二毛作)	一九、〇〇〇	二一、九六八
水田(一毛作)	二、一〇〇	二、七四五
甘藷	八、七〇〇	八、七五三
落花生	二、二〇〇	二、二〇〇
甘蔗	二、一〇〇	二、一〇〇
パイナップル	五〇〇	二六八
果樹園	一〇〇	七八八
合計	四六、二〇〇	五〇、二二七

右統計には蔬菜作付擧げられざるも蔬菜は重要産物と看做さる。

	一九一二年	一九三八年
馬	九七	六三六
有角獸	一、二四六	三、五七三
羊(註)	……	……
山羊(註)	一四〇	三六一

(註)羊・山羊ぼ屠殺用である。山羊の一部のみは印度人の乳用に供せられる。

一九四一年人口過剩が極度に深刻となり、香港としても同年春以降開拏に乘り出さゞるを得なくなつた。しかも之が指導管轄は衞生司署 Medical Dept. に屬し（醫務總監セルウイン・クラーク）、三月一日同人を主席とする開發委員會の成立を見た。そして殖民開拏地として選定されたのが新界の大澳島（即ち爛頭島、即ち大嶼島）と西貢地區（西貢南方の Hebe Haven を含む）とであつた。その目的としては（1）人口過剩の輕減。（2）失業救濟及び蔬菜供給。（3）衞生改善。（4）難民收容。（5）空襲よりの安全性、が擧げられた。更に大澳島には監獄勞役場の設立も豫定された。同五月概ね準備を完了したが、軍事費過大による豫算不足のため計畫は中止となり、さしたる成功を收めなかつた。たゞ右に對し惠陽商會・潮州同鄉會・中華林西河堂の如き同鄉團體の援助があつた。

香港の漁業は全くの原始的漁法であり、蛋民なる特殊民族の行ふ所で、且つその運營は悉く複雜な商業資本の配下にあつた。近海一帶が極めて魚介類に富むにもかゝはらず常に輸入超過を示した所以である。唯一の近代的漁法としては一九二七年以降香港に進出した日本水產會社によるトロール汽船使用が見られたのみである。支那事變前香港を基地とする漁場は汕頭・廣海・海南島東岸にも及んだのであるが、事變後は領海內に限られることとなつた。

漁業推進機關としては、三六年秋設立の中國僑港漁民協進會（主宰者謝慣生）及び四〇年設立の香港漁業研究所 Hong Kong Fisheries Research Station（香港大學生物學科所屬）とである。前者は事變以後重慶國民黨的救濟機關として活動した。後者は元來（一九三八年十二月）本國政府によつて企畫されたものが大戰勃發のため中止され香港政廳に引繼がれた上、香港大學內に設置されたものである。香港仔に臨海實驗所を建設中であつた。香港大學生物學科林書顏 S. Y. Lin の三八年以降における香港水產業調査はこゝの仕事となつてゐる。政廳の漁業研究所に對する豫算は四〇年度（四〇年一月一日—四一年三月三十一日）に二萬弗、四一年度（四一年四月一日—四二年三月三十一日）に十九萬弗であつた。

三九年政廳統計によれば、漁船ジヤンク二七二二、投資額一千五百萬弗、實際漁獵從事者四萬を下らず、同船者二萬五千、水揚げ漁獲高總計四十五萬擔＝二千七百トン、卸賣價格七百十五萬弗、小賣價格一千萬弗となつてゐる。英獨戰後海鮮魚の輸出は極度に減少した。なほ當地の冷凍倉庫設備の收容力は附近一帶にその比を見なかつた。次に中國僑港漁民協進會の發表では、同會設立當時の政廳登錄漁船三、四〇八艘は四〇年五月に九百艘（內、漁業從事二七〇）に減じた。

四、重慶政權と香港

日本と中國との間に有史以來の民族的死闘が展開されある時、香港は上海租界と共に一應の中立地帶として特異な存在を保つた。事變が先づ香港に齎したものは難民の流入であつた。勿論難民の大部は所謂街上睡眠者及び貧窮民であるが、その一部には極く少數であるとは云へ、百萬長者とも云ふべき富豪がその財產保全のため香港に遁入したことを見逃し得ない。しかもこの富める避難者の多數が上海（及び廣東）の最も活潑な實業家であつたことは重大である。

かゝる華人資本の漢大な流入によつて香港の富は猛烈な激增を示した。華人側銀行にして事變後香港に支店を新設したもの六、更に在上海銀行の多くはその活動の中心を香港に移し、また重慶に本店を有する中央・中國・交通の如き中央銀行すら香港支店にその中樞的活動を行はしめた。銀行・商社及び大小雜多なる諸工場の香港移轉によりこの頃の香港の華人資本は六億弗にも達すると云はれた。嘗て國民政府の統一時代には、浙江財閥＝蔣政權＝上海の結びつきは不可缺なものと見られたが、蔣政權の奥地遁入以後浙江財閥の避難先は重慶ならざる香港であつた。(註)奥地の苛烈な苦鬪・深刻な戰時統制經濟の如きは、口に抗日を唱ふる浙江財閥人や廣東人實業家の目には何物にも値しなかつた。そして重慶政府要人の一部は香港にて抗日を鼓吹しつゝ利殖を行ひその國難發財を糾彈されたのである。

(註)香港に移つた著名な浙江財界人には、杜月笙・王曉籟・林康候・錢永銘・貝祖貽及び虞洽卿がある。虞洽卿の如きは一九四一年春上海の米穀買占た非難されて來港したものである。

援蔣基地として不可缺の香港は、しかし、上海租界と同じく斷じて中國抗戰經濟の一環ではあり得なかつた。早く三八年中國側の九龍遷廠案は皇軍のバイアス灣上陸によつて畫餅に歸したが、蔣政權としては飽くまでもこの土地を利用せざるを得なかつた。重慶直屬の中央信託局・軍事委員會・交通部はみなその購料處をこゝに設け、政府直營の交通會社西南運輸公司・政府統制の奥地土產品輸出會社富華公司(茶・絹・桐油・ウオルフラムの對蘇輸出)・中國植物油公司(桐油輸出)・中國茶葉公司(茶輸出)及び廣西省入出港貨貿易處(桐油輸出)(以上見返品は軍需物資)はこゝに出張所・營業所を置き、中國工業合作協會香港促進社・郵政儲金滙業辦務處(華僑送金引受）亦こゝに設けられた。吳鐵城の榮記行（國民黨系在港六機關の總稱）及び各種抗戰機關の香港辦事所については餘りにも著名である。しかし香港の重慶援助は決して中國の抗戰のためではなかつた。それは飽くまでも利潤追求の行爲であつた。されば重慶內の强硬派の如きは全く香港を敵視してゐた。

政治的に見ても重慶・香港の關係はやはり矛盾に滿ちたものであつた。廣東陷落以後・そして佛印ルート閉鎖以後にあつて重慶・香港間の中國・歐亞兩航空公司による定期航空路は、最も簡便に兩地間を連絡する方法であつた。要人の往來は頻繁を極めた。廣東陷落の翌年、國民黨港澳總支部がこの地に設けられ、吳鐵城・後には陳策がその主腦者であり、機關紙國民日報を有つた。十九世紀以來の懸案たる在香港中國總領事館設置の話が進んだのは大東亞戰直前であつた。しかし、以上の重慶・香港合作に相反する動きも、事變の進展・抗日統一戰線の弛緩に伴ひこゝ英領香港に於いて發生した。重慶自身の實力行使外にある土地として當然の事である。三八年十二月汪精衛の和平第一聲が行はれたのは實にこの地においてゞあるが之は當地としてはそれなりに終つた。また三八年を通じ海員や印刷工組合の罷工が行はれたが三九年以後罷工は再び沈靜化し、四一年に稍活況を呈したが、中共の策動などゝでは殆ど行はれなかつた。香港に居を据えた反蔣亡命客としては宋慶齡・何香凝・陳友仁・許崇智・陳濟棠・蔡元培（四〇年歿）・顏惠慶・一時は宋子文等があつた。

四〇年から四一年の始めにかけ重慶その他奥地各地で左翼並びに一部右翼文化人に對する壓迫が開始され、多くの文化人・文筆家は陸續と香港に逃避し來り香港の論壇は俄然活況を呈した。星島日報の右翼轉化に續く、左翼の華商報（四一年四月創刊、鄒韜奮・長江）、また右翼の光明報（四一年九月創刊、梁漱溟）の發刊あり、更に四一年十月十日光明報紙上に發表された「中國民主政團同盟啓事」は反蔣第三勢力の結集近きを示すものであり、國民黨左翼・舊救國會系・國家社會黨・中國青年黨の聯合戰線を形成するものであつた。國民黨系新聞と第三黨乃至左翼系新聞との論戰も四一年には盛大に行はれた。支那事變下重慶側で英政廳を通じて行つた文化取締としては、中共機關紙解放その他左翼紙の頒布禁止と救國會系の生活書店の閉鎖との二が著しい。

文化的に見る場合英領百年の香港には見るべきものが少い。支那全域における英國の唯一の大學香港大學の如きも、中國のそれよりは遙に低度のものであつた。出版亦決して盛であつたとは云

ひ得ない。支那事變はしかし、ここに所謂孤島香港を生じ、天津・上海大公報の香港南遷・續く星島日報の創刊あり、三九年度の日刊華字新聞は左の二十五種となつた。循環日報（創刊一八七三年）・華字日報（一八六四年）・華僑日報（一九二二年）・工商日報（一九二四年）・南中報・南强日報（小報一九二八年）・南華日報（汪派）・工商晩報（一九三一年）・循環晩報（一九三二年）・天光報（小報一九三三年）・香港朝報（小報一九三三年）・華字晩報（一九三二年）・珠江日報・天演日報（汪派）・自然日報（小報一九三七年）・大公報（一九三七年）・立報（小報一九三八年）・星報（一九三八年）・中國晩報（一九三八年）・星島日報（一九三八年）・星島晩報（一九三八年）・大公晩報（一九三七年）・星島晨報（小報一九三八年）・自由日報（汪派一九三九年）・國民日報（一九三九年）。

かうして香港に出版文化の華を生み、抗日文書は巷に溢れるの觀があつた。上海租界と香港とは、支那事變下における二の出版上の孤島でもあつた。廣東陷落後嶺南大學の香港移轉あり、續いて廣州大學・廣東國民大學も遷つた。孤島上海の性格は日本勢力の上海進出に伴ひ漸次香港にその覇を奪はれつつあつたが、しかも學生の町香港は終に現出されなかつた。

しかし事變下四年間の香港の一般情勢をよく示すものは、かかる文化面よりも寧ろその享樂面である。政治上經濟上社會上の諸矛盾にも拘らず、巷に窮民が滿ち溢れ人口疏散さへ問題化してゐるにも拘らず、全島に要塞工事が着々と進捗し戰雲重く低迷しあるにも拘らず、否それ故にこそ香港の町の惡の華・享樂面は一層のにぎはひを呈した。料理店・酒場・競馬・海水浴・ゴルフは一入殷賑をきわめ、ダンスホールは上海ダンサーの大量的流入によつて擴大し、更に上海獨特の職業、教導社の南遷をもたらした。かくして一九四一年を通ずる東亞二つの享樂の町、上海と香港とは大東亞戰と共にその意義を終つたのである。

(附記)英政廳の年表には Historical and Statistical Abstract of the Colony of Hong Kong, 1841—1930. Hong Kong 1932. がある。

本論敍述に當り小椋廣勝氏「香港」を最も參照した。本書は廣東貿易の時代から一九四一年十一月までを取扱へる唯一の纏つた香港に關する記述である。

第三章　地　理

第一節　位置及面積

香港占領地は南支那海の北岸、北緯二十二度九分―同十七分、東經百十三度五十二分―同百十四度三十分の間、珠江デルタの東岸に位する。廣東(廣州)を去る九十一哩、澳門を去る四十哩である。更に横濱からは一千六百浬、昭南に一千四百二十五浬で、東亞共榮圈のほゞ中央に位置する。

總面積は一千十三平方粁(三百九十一平方哩)で、分つて香港島・九龍及び新界となる。香港島は附近諸島嶼を合せて面積三十二平方哩。一八四二年英國に割讓されたが、後英國は一方的に附近諸島嶼を屬島として領地にしてゐる。九龍は面積三平方哩。一八六〇年英國に割讓された。英國はストン・カッタース・アイランド(昂船洲、現、向島)を以て九龍に含まれるものと一方的に解釋してゐた。新界は九龍半島の大部・香港周邊の三十三島嶼及び附近一帶の海面より成り總面積三百五十六平方哩で、一八九八年七月一日以降九十九年間英國がこれを租借することとなつてゐた（昭和七十二年六月三十日迄）。新界の中、九龍城內の一般法權は當初同地の淸國官憲下に留保せられたが、一八九九年その撤收と共に罷んだ。なほ九龍寄りの新界の一角（一五・七平方哩）を新九龍と云ひ、その限界は一九三七年に定められた。英政廳時代以來領土・租借地とも同一行政下にあつた。

（附記）香港の土地柄殘念ながら度量衡は英國式を用ひざるを得なかつた。將來は全部メートル法に改めたい。

第二節　地勢

當地海岸線には屈曲多く香港港は天然の良港を爲す。島嶼亦極めて雜多に散在し就中最大の大嶼島（一名、大澳島・爛《らん》頭《たう》島）は香港島の約二倍である。全地域を通じ概ね丘陵性で、最高は新界本土の大帽山（三、一三〇呎）、次いで大澳島の鳳凰嶺（ランタウ・ピーク）（三、〇六五呎）

であり、香港島最高の香ケ峰（舊、ヴイクトリヤ・ピーク）は一、八二三呎ある。香港の市街地は島の北岸の緩漫な傾斜及び埋立地並に干澤地に位置し九龍に對する。九龍市街亦小丘陵を平坦化したものである。新界は東西に數條の山嶺が走り北部は沼澤地を爲し水田稲作が行はれてゐる。要するに港灣としては良きも大市街地としては極めて不適なこの地にかかる大都市が生れたのは、全く英國の經營によるものである。なほ香港に關する地質調査は發表されてゐない。鑛山は新界に四ある。

第三節　氣候・風土

氣候は一般に亞熱帶性でモンスーンの影響下にあり、冬は凉燥・夏は暑潤である。每年十月から翌四月までが東北モンスーン期で、初冬は最も快適である。三、四月頃は南暖風が發生し濕度高く霧深く最も鬱陶しい。五月から八月までは西南モンスーン期であるが風向は變化し易い。夏期は雨量多く年雨量の四分の三が五月から九月の間に集中してゐる。また六月から十月迄が颱風時期で屢々人畜を害する。一八四一年七月以降百二年間颱風の被害は實に多い。年平均溫度は華氏七二度、七月平均が八二度、二月平均が五九度で、一年を通じ九五度以上、四〇度以下の事は稀である。濕度は春夏の候高くして九五％にも達することがあるが、冬季は二〇％までも降る。平均月別日照時間は、三月の九四時間と十月の二一七時間との間である。平均年降雨量は八四・二六吋である。

樹木は少く濫伐禁止の結果一應雜木が土地を蔽つてゐるに過ぎない。熱帯性動植物も特に見るべきものはない。稀に虎豹を見る。魚介類は豐富である。

第四章　人口

第一節　香港人口の特殊性

香港の人口とは都市人口に外ならぬ。そして世界にも類例を見ない畸型的人口であつた。香港の富が如何にして出來たか、華人奴隸が如何にして販賣されたかは本篇第二章に粗述した。英國占領直後早くも蛋民約二千名の來港があつたことは最もよく當地人口の性格を示す。土地なき民流氓がパンを求めて都市に流入するは當然である。香港こそは華南一帶の流民の最も近接せる吸收地であつた。

しかし香港は正常的な勞働力の吸收を行ひ得る產業都市ではない。過去百年を通じその性格は常に中繼港たる點にあつた。自己の再生產構造を有せざる、一經濟單位を構成せざる一中繼港に對するかゝる人口集中は當然畸型的たらざるを得ない。しかもイギリスにとつては奴隸的な苦力勞働力の無制限供給は最も安直便利なものであり、何らの人口對策をも必要としなかつた。凡そ中華民族たるものは自由に香港に入國し得べしとの外見的寛大さの陰には、同時に凡そ華人たるものは自由に餓死し得べしとの英人獨特の紳士性があつたのである。人口過剰・住居密集・貧困・疾病・失業・不熟練勞働そして歸鄕か餓死かは當然の成行である。英國自由港たる百年、大厦高樓の下に餓死者を見ざるの日はなかつたと云ふ。そして香港に中國側領事を置くことは英國の反對により最後まで實現しなかつた。他面かゝる放任性は、英領たるがため支那政騷の圏外にあることと相俟つて、華人富豪及び亡命政客の流入をも招き益々香港の殷盛さを現出せしめた。

就中支那事變後における華人の流入は物凄く、事變前の華人人口九十八萬は陷落直前の百數十萬（或は二百萬）に增大した。（註一）一部富豪・政客を除き、その流入者の大部分は住むに家なく街上に眠る難民である。事變の進展につれて香港の安全感が動揺すると共に、愈々大英香港としても單に華人の餓死及び自殺を待つのみでは足らずとなし、過剰人口問題を取り上げざるを得ず、一九四一年一月十五日を以て移民制限則例（オーディナンス）（一九四〇年三二號）を施行し華人の自由入國を禁じ、更に人口疏散運動（註二）を展開するに至つた。しかも何ら人口減少の效果を擧げ得ざる內今次聖戰に當面した。

(註一)華人の大量的香港流入は、一九三七年八月上海よりの一團に始まり、一九三八年度には五月廣東爆擊・十月バイアス灣上陸・十一月英華國境戰を三つのピークとして急增し、一九三九、四〇年を通じ盛に行はれた。一面一九三九年以降物價高・生活難のため一部華人の流出・農村還流も見た。

(註二)强制疏散は一八六四年職業的乞食を廣東に向け積出して以來、間々行はれ來つた。經濟單位ならざる都市として當然起り得る强力的措置である。英國の場合と日本の場合とではその指導精神を全く異にする。日本の場合は後述。

第二節　英領時代の人口

次に皇土香港の人口の敍述に入る前に、英領時代に於ける人口增加の跡を示せば左の如く、一八四一年英國領有以前の二千人から、十九世紀末には二十六萬人に、一九一四年には五十萬、一九三七年には百萬に增加してゐる。

	華人	非華人	合計
一八四一年占領前	二、〇〇〇以下	—	—
一八四一年五月	五、六五〇	—	—
一八四二年	一二、三六一	—	—
一八四四年	一九、〇〇九	四五四	一九、四六三
一八五〇年	三一、九八七	一、三〇五	三三、二九二
一八六五年	一二一、四九七	四、〇〇七	一二五、五〇四
一八六六年（不況）	一一一、四八二	三、六一六	一一五、〇九八
一八七二年	一一五、五六四	六、四二一	一二一、九八五
一八八一年	一五〇、六九〇	九、七一二	一六〇、四〇二
一八九五年	二三七、六七〇	一〇、八二八	二四八、四九八
一八九六年（不況とペスト）	二二六、七一〇	一二、七〇九	二三九、四一九
一八九九年（義和團前夜）	二四三、四九〇	一五、八二二	二五九、三一二
一九〇一年「國勢調査」	二八〇、五六四	二〇、〇九六	三〇〇、六六〇
本調査に始めて新界（一〇二、二五四）及び水上生活者（四〇、一〇〇）が加算さる。			
一九〇六年「部分的國勢調査」（陸海軍を含む）	三〇七、三八八	二一、五六〇	三二九、〇三八

一九一一年(同)	四四五、三八四	一八、八九三	四六四、二七七
一九一四年	四八〇、五九四	二〇、七一〇	五〇一、三〇四
一九一八年	五四八、〇〇〇	一三、五〇〇	五六一、五〇〇
一九二一年四月「國勢調査」	六一〇、三六八	一四、七九八	六二五、一六六
一九二五年七月	七〇六、一〇〇	一九、〇〇〇	七二五、一〇〇
一九二六年十二月	六九一、〇〇〇	一九、〇〇〇	七一〇、〇〇〇
一九三一年三月「國勢調査」	八二一、四二九	二八、三二二	八四九、七五一
一九三三年	九〇二、一九七	二〇、四四六	九二二、六四三
一九三四年	九二三、五八四	二〇、〇九八	九四四、四九二
一九三七年	九八四、四〇〇	二二、五八二	一、〇〇六、九九二
一九三八年	一、〇〇五、五二三	二三、〇九六	一、〇二八、六一九(註)
一九三九年	一、〇二六、六四五	二三、六一一	一、〇五〇、二五六(註)

(註)右兩年度は七七事變以後ジャンク・サンパンにより又は英華國境を越えて來たものを含まない。

英政廳は右兩年におけるその數を約六、七十萬としてゐる。

一九四一年三月「半官的人口調査」			
(除新界)	一、四二〇、六二九	二三、七〇八	一、四四四、三三七

右に擧げた一九三九年までの數字は恐く英政廳の公刊物によつたが、正式國勢調査以外の數字は單に外挿法 extrapolations method によつて推定したものに過ぎない。しかしこの粗雜な數字からのみでも、香港人口の漸增の傾向及び支那關係の諸事件（太平戰・辛亥革命等）を機とする急增を知り得る。英政廳により所謂センサスが行はれたのは一八七一年が最初であり、一八八一年以降十年置に實施することとなり、一八九一年から大體の形が出來た。一九〇一年から新界も入つた。一九四一年度の國勢調査は無期延期となり、ために英國最後のそれは一九三一年迄遡らねばならぬ。（註）而も調査らしい國勢調査が行はれたのは一九一一年、三一年の兩度のみである。

（註）この調査報告が Report on the Census of the Colony of Hong Kong taken on the Night of March 7, 1931 by W. J. Carrie, M.A., B.Sc., Superintendent of Census. Sessional Paper. No. 5/1931. で內容は緒論、面積・建築・住居・家族、人口・性別・年齡・未旣婚、出生地・國籍、當地在住年月、教育程度、職業・產業より成る。本調査の特筆すべき點は職業 Occupation と產業 Industry とを分類した事である。卽ち前者は個人によつて遂行される業務であり、後者は多數個人若しくは各種職業か一社又は一首長の下に組織されある所の業務又は勤務の性質であ

る。これは當地の如く華人の職業を對象とする場合、家族制度の強固なること副業の廣汎なることによつて、一應便利と考へられるが、報告者自身の云ふ如く十分の成果を擧げてゐない。

次に國勢調査では「英語・母國語の讀み書き可能」の調査が行はれてゐるが、これは常に誇張され勝なものに終り根據と爲し難い。

一九三一年の人口は左の如くで、うち中國人が九七％である。華人男女別の差率は一九二一年に比し遙に減少し（二一年一〇〇對六四。三一年一〇〇對七五）、香港定着性が強まつたとされる。新界は農業人口なるため、男女均等である。しかも香港の人口は浮動的であり、一九三六年廣東との鐵道・汽船による旅行者のみを見ても一日平均入港者四、四七五・出港者四、四七二名あり、毎日九千に垂んとする人口干滿がある。

	男子	女子	合計
香港	二四七、九六七	一六二、九五四	四一〇、九二一
九龍	一四六、六一八	一一八、〇五七	二六四、六七五
新界	五〇、一四七	四八、七五八	九八、九〇五
水上	四七、一二六	二八、一二四	七五、二五〇
合計	四九一、八五八	三五七、八九三	八四九、七五一

一九三一年有業者は四七〇、七九四人で、內

製造業に從事するもの……一一一、一五六
運輸交通業に從事するもの……七一、二六四
漁業・農業に從事するもの……六四、四三〇
商業・金融業に從事するもの……九七、〇二六

で、有業者は全人口の五二・八七%、男子の七一・二八%、女子の二七・五八%を占める。因に五歲乃至十三歲（數へ年）の幼年勞働者は五、七五三名であつた。

一九三一年華人を出生地別に見れば

香港（含、九龍・新界）	二七〇、四七八	三二・九三%
珠江デルタ	三七七、六七六	四五・九七%
右小計	六四八、一五四	七八・九〇%
廣東省	五三四、二三九	六五・〇四%
香港及廣東省	八〇四、七一七	九七・九七%
その他中國	一三、一六〇	
香港及中國	八一七、八七七	九九・五六%
その他アジヤ洲	二、二四〇	
その他	一、三一二	

一九三一年非華人を民族別に見れば左の如くである。

英　人	一四、三六六(内、軍隊 七、六八二)
その他歐人及米國人	二、〇三六
ユーラシヤ(歐亞混血)人	八三七(大部は中國國籍)
葡、現地人	三、一九七(本國生れの葡人三十二名、葡國砲艦乘員一七二名を除く)
印度人	四、七四五(内、軍隊 一、二七〇)
日本人	二、二〇五(内、水上にあるもの三七二、朝鮮・台灣人を含まず)
その他	九三六
合計	二八、三二二

英國最後の人口調査は一九四一年三月十三―五日防空管理處によつて爲されたものである。(註)

國籍	香港	九龍	水上	合計
中國人	六九七、六七四	五六八、九五五	一五四、〇〇〇	一、四二〇、六二九
英　人	五、五四二	二、四四〇	〇	七、九八二

印度人	三、三四二	四、〇三七	〇	七、三七九
歐人(非分類)	六六三	二、二七二	〇	二、九三五
葡人	七六五	二、一五七	〇	二、九二二
米人	一三九	二五七	〇	三九六
その他	一、一六九	六二五(九二五の誤植?)	〇	二、〇九四
合計	七〇九、二九四	五八一、〇四三	一五四、〇〇〇	一、四四四、三三七

新界の調査は行はれず、その人口は十九萬五千と推定された。以上總計約百六十四萬。なほ本調査には一〇%の脫漏あるとして、全人口は二百萬近いと稱された。この時の街上睡眠者は約二萬であるが、同夜は雨天のため實數は遙に多い。因に三八年六月警察司署 Police Dept. 推定による街上睡眠者は二萬七千であつた。

(註) South China Morning Post. 等一九四一年五月十七日。この數字は誤りあつて合計と一致しない。並びに同紙四月五日・七日・十九日參照。

第三節　皇土香港の人口

「嘗ての香港は遊蕩人集中の場所であつたが、今の香港は生產蓬勃たる場所とならなければならない。從前は暖衣飽食の徒多く東洋精神を失つてゐたが、かゝるものは既に存在の要がない。人口疏散は明昭和十九年も續行する。」（民國三十二年十月五日附「華僑日報」及び「香島日報」）とは最近磯谷總督の華人記者團に對する談話の一部である。皇土香港の施政に當り先づ問題となつたのは人口疏散である。東亞十億の解放のため香港の運營は最も重要な一點であり、さればその新なる建設のため、新しき理念によつて人口對策がとられつゝある。

一、人口の疏散

香港占領直後に於ける最も重要な問題の一つは、當時二百萬に垂んとした香港の人口を急速に減少せしめることであつた。戰爭遂行の上からも、軍政の圓滑な運行を期する上からも、餘りに尨大な人口を擁することは甚だ好ましくなかつたからである。そこで軍政廳は强力な華人人口疏散方策を樹て、軍政廳時代に於て（昭和十七年二月十九日まで）既に五十五萬四千の人口を疏散せしめたが、總督部の業務開始以後に於ても引續きその方針を踏襲し、總督部設置以來昭和十八年九月末に至る期間に於て、四十一萬九千人を離香せしめた。軍政廳時代の疏散數を合せると、その數は九十七萬三千人に上る。

後述する如く、昭和十八年九月末に於ける香港の人口（香港島、九龍及び新界）は大約八十六萬人であるから、右の疏散數と現在人口數とを加へると、占領直前の人口は百八十萬以上に上つたわけである。勿論疏散された者のうちには潜かに香港へ再渡航してゐるものもあるだらうが、とも角も二ケ年足らずの間に九十七萬人以上を疏散し、香港の人口を占領直前の半ば以下に壓縮し得たことは見事な成功と言はねばなるまい。

新疏散には慫慂疏散（免費疏散）・自費疏散、强制疏散の三つが行はれてゐるが、いづれも、新香港建設に役立たぬのみならず、これが妨げとなる無爲徒食の華人を管外に歸郷せしめるものである。慫慂疏散及び强制疏散は、浮浪者・失業者・極貧者にして將來香港に於て生業を得難いと認められる者、並に犯罪者を、或は慫慂斡旋により、或は强制的に歸郷せしめるので、慫慂疏散に際しては、宿泊・食事・旅費を供して太平・江門・深圳の三ルートより歸鄕せしめ、(註)强制疏散に於ては食と小遣とを給して、これを管區外に移動せしめる。而して、昭和十八年末以降に於ては、强制疏散は特定の者に限つてのみ行はれることとなつてゐる。自費疏散とは、離香者自身の自發的意志により自らの費用を以て、或は華人同鄕會の斡旋により同鄕會の費用を以て香港を立去るものである。

(註)軍政廳時代は專ら廣東に對して行はれた。昭和十八年十一月十四日より歸鄕ルートとして左の九線を增加した。淡水・神泉・海門・汕尾・甲子港・市橋・三水・石岐・汕頭。

前述したやうに、占領以來昭和十八年九月末に至る總疏散は九十七萬三千を越えてゐるが、このうち懲遞疏散は五十七萬六千・强制疏散一萬六千・自費疏散數三十八萬一千となつてをり、自費疏散も亦相當多數に上つてゐる。

二、地域別、國籍別人口

占領以後に於ける香港人口の推移を見ると、先づ占領後第一回の戶口調査が昭和十七年九月に行はれた。これは、さきに香港憲兵隊長に届出させてあつた管内居住者の居住届を基礎として戸口原簿を記載し、更に九月四日から十八日までの十五日間に亘つて戸口調査を行つて原簿の異動を整理したものである。この第一回戸口調査によれば、香港（香港島、九龍、新界）の人口總數は九十八萬人で、うち日本人二千三百、中國人九十七萬、外國人七千人であつた。

第二回戸口調査は昭和十八年五月三十一日に、前回のものよりも遙かに嚴格に行はれた。この第二回調査では、一方に於て戸口原簿に未登錄のもの三萬七千三百九十四人（うち出生未届約一千、無届居住約二萬二千人、密渡航二千六百六十六、その他約一萬二千）を發見するとともに、他方に於て戸口原簿に登錄されながら實在せざるもの（所謂幽靈人口）十一萬四千六百二十五人を發見した（うち死亡未届約三千、行方不明約六萬、無届退去約二萬四千、重複居住約三千、虛僞届出約四千、その他約一萬）。この結果、香港の人口に關する調査は正確の度を加へて來た。この第二回調査による香港（香港島、九龍、新界）の總人口は八十六萬三千、うち日本人五千、中國人八十五萬一千、外國人七千である。

また戸口調査を基準とし外挿法により人口統計が每月發表されてゐるが、その昭和十八年九月

皇土香港の人口

	第一回戸口調査(人)(昭和十七年九月十八日)	第二回戸口調査(人)(昭和十八年五月末)	昭和十八年九月末(人)現在(外插法)
一、地域別人口			
香港島	四五七、六二九	三九七、九二二	三九二、二六九
九龍	四一九、〇八八	三六五、三二三	三七五、七三九
(内水上生活者)	(一九、二九九)	(一五、四四八)	(一八、七三二)
新界	一〇三、三五六	一〇〇、一五四	九一、九一七・
合計	九八〇、〇七三	八六三、三九九	八五九、九二五
右の外			
啓徳區(推定)	一二、〇〇〇		
梅窩島(推定)	七〇〇	五二六	五三六
長洲島(推定)	二〇、〇〇〇	一九、一〇二	一八、七三六
大澳島(推定)	八、〇〇〇	八、八一四	九、七七五
坪洲島(推定)	二、〇〇〇	一、三五八	一、三五八
右推定の合計	四二、七〇〇	二九、八〇〇	三〇、四〇五
二、國籍別人口			
日本人	二、三四八	五、〇二二	六、〇三七
中國人	九七〇、三八〇	八五一、四一二	八四六、六三三
内 男	四九二、七四八	四二三、一一一	四一九、九四五
内 女	四七七、六三二	四二八、三〇一	四二六、六八八
外國人	七、三四五	六、九六五	七、二五五
合計	九八〇、〇七三	八六三、三九九	八五九、九二五

末現在に於ける人口數は、香港島三十九萬二千人、九龍三十七萬六千、新界九萬二千、合計八十六萬人となつてゐる。うち日本人六千、中國人八十四萬七千、外國人七千である。第一回、第二回の各戸口調査及び十八年九月末現在の人口數を示せば別表の如くである。

なほ右に示した戸口調査による人口數は米の配給切符(第三篇第六章第五節「生活必需物資の配給」參照)の數と一致すべきものであるが、米の配給切符を持たない遊民は當然香港から外へ疏散せらるべき運命にある。

次に昭和十八年十一月末現在に於ける登錄外國人の國籍別現在數は七千餘名で印度人及び葡國人が全體の六割以上を占めてゐる。(卷末附錄統計參照)

なほ葡國人の澳門歸還も慫慂されてゐるが、これは前述した「疏散」には入らない。

三、人口の職業別構成

前述の第二回戸口調査に附隨して人口の職業別調査が行はれたが(昭和十八年五月末現在)、これによれば香港の全人口八十六萬三千のうち、有職者數は四十九萬七千で(五七・七%)、無業の者は三十六萬七千（四二・三%）に上つてゐる。その無業者のうち三十六萬一千は中國人である。然しこの無業者のうち相當の部分は有職者の家族によつて占められてゐるものと想像されるから、この全部が無爲徒食の徒であると考へることはできない。と同時に、四十九萬七千の有業者のうちにも無業者として疏散されることを恐れ、虚僞または誇張の申告を爲してゐるもののあることも想像される者が、それはとに角、この數字に基いて、香港の人口を職業別に分類すると次の如くである。

香港人口の職業別分類

	人口數	有職者數中に占める比率(%)
一、有職者	四九六、七四六	一〇〇・〇
内農業	七二、七四三	一四・六
水産業	一八、四七八	三・七
鑛業	一、三七五	〇・三
工業	六五、四七二	一三・二
商業	一五六、五三一	三一・五
運輸業	二二、六六七	四・六
公務	一三、八四二	二・八

自由業	一〇、九二二	二・二	その他	四〇、九〇三	八・二
自由勞働	四〇、二三一	八・一	二、無業	三六六、六五三	
家事	五三、五八二	一〇・八	三、右合計	八六三、三九九	

（備考）各業種の有職者數は、業主・事務從事者・技術職員及び勞務者の合計。詳細は次掲表を參照せられたい。

この表に見る如く、香港に於ける有職人口のうち最も多數を占めるものは商業人口であつて、全有職人口四十九萬七千人のうち商業人口は十五萬七千、三一・五%を占める。次に多いのは農業の七萬三千（一四・六%）、工業の六萬五千（一三・二%）であり、家事に從事する者（阿媽・ボーイ等）も亦五萬四千（一〇・八%）に上る。ここに貿易・商業都市としての、そしてまた消費都市としての香港の性格が如實に示されてゐる。

また、この職業別人口表に少しも加工を加へないもの、即ちその原資料のままのものを次に掲げておくが、その表の商業の欄を見ると、商業に於ける業主四萬七千、事務從事者五萬、勞務者五萬七千となつてをり、多數の小商業者が存在する。また小工業者の數も少くない。

職業別	日本人	中國人	其他の外國人	合計
一、農業				
業主	六	一八、八七一	八	一八、八八五
事務從事者	九	二、二一五	三	二、二二七
技術職員	三	一一三	〇	一一六
勞務者	〇	五一、五一二	三	五一、五一五
二、水產業				
業主	八	六、〇六九	一	六、〇七八
事務從事者	七八	四八八	〇	五六六
技術職員	九	七四	〇	八三
勞務者	二二	一一、七二九	〇	一一、七五一
三、鑛業				
業主	五	一〇九	〇	一一四
事務從事者	二二	二二六	三	二五一
技術職員	八	一一二	一	一二一
勞務者	〇	八八七	二	八八九
四、工業				
業主	五八	三、〇八三	三	三、一四四
事務從事者	一三五	九、四三九	一七	九、五九一

技術職員	一四六	五、八三八	二一	六、〇〇五
勞務者	六	四六、六七八	四八	四六、七三二
五、商業				
業主	三七〇	四六、六〇一	一六四	四七、一三五
事務從事者	一、三八一	四八、八三七	二三八	五〇、四五六
技術職員	一五	一、七七〇	二七	一、八一二
勞務者	五〇	五六、八九四	一八四	五七、一二八
六、運輸業				
業主	三一	二、三一八	二	二、三五一
事務從事者	三一八	三、二八八	四九	三、六五五
技術職員	二三	一、〇〇〇	六	一、〇二九
勞務者	四	一五、五五七	七一	一五、六三二
七、公務	二八一	一二、七二六	八三五	一三、八四二
八、自由業	一三七	一〇、四六八	三一七	一〇、九二二
九、自由勞働	一五	四〇、〇一九	一九七	四〇、二三一
十、家事	八一	五三、三八五	一一六	五三、五八二
十一、其の他の職業	一四七	三九、七〇八	一、〇四八	四〇、九〇三
十二、無業	一、六五四	三六一、三九八	三、六〇一	三六六、六五三
合計	五、〇二二	八五一、四一二	六、九六五	八六三、三九九

第五章　政治

第一節　軍政方針

昭和十六年十二月二十五日、皇軍は香港を完全占領し、翌二十六日軍政廳が設置されて、香港占領地に軍政が布かれる事となつた。越えて十七年一月十九日、香港占領地總督部の設置が決定され、香港占領地初代總督には陸軍中將磯谷廉介氏が親補せられた。二月二十日、磯谷總督の着任と共に香港占領地總督部による軍政が施行せられ、今日に至つてゐる。

香港占領地總督部の軍政方針は、磯谷總督着任と同時に發せられた「告諭」のうちに明瞭に示されてゐる。その全文は本書の冒頭に掲げておいたが、そこに述べられてゐる如く、香港の統治建設は先づ「大東亞戰爭の完遂に萬全の協力を致す」ことを第一義として、香港の持つ人的、物的の總力を擧げて大東亞戰爭完遂に邁進せしむべく、凡ての施策が力強く行はれてゐる。香港の持つ物的總力、即ち港灣、空港、造船所、工場等の諸施設並に經濟力を戰爭目的のために總動員すると同時に、人的方面に關しては、管區內住民をして日華提携の眞諦を體得せしめ、進んで大東亞共榮圈確立の要義に徹せしむると共に、大東亞戰爭完遂に向つて極力これを同調協力せしめる方針がそれである。

即ち軍政とは、戰爭遂行を目的として行はれる政治を意味するのであるが、それと同時に將來の構想に基く政治をも、行はなければならない。軍政が目前の戰爭遂行のための政治であることは勿論であるが、東亞共榮圈確立のために香港を如何に活用するかの施策についても、今日に於てその基礎を樹立しておくことを忘れてはならない。香港軍政はこの二つの謂はゞ相一致し難い命題を如何に調和鹽梅するかに苦心が存するものと言へる。この兩者の輕重緩急を如何に見るかによつて、香港軍政に對する種々な論議も亦起り得るのであらう。

而して「告諭」は、「軍政下に於ける香港今後の統治建設は先づ大東亞戰爭の完遂に萬全の協力を致すと共に、其の舊態を拂拭一洗して東洋本然の精神文化を興揚し、萬民をして速に聖澤に浴せしめ、皇道に則る東亞永遠の福祉を全ふするの基礎を確立するに在り」と言つて、この點を具體的に明かにしてゐる。

香港の軍政は先づ第一に戰爭完遂に萬全の協力を致すと共に、第二には、皇道に則る東亞永遠の福祉を全ふするための「基礎を確立する」といふ、二つの目標を持つてゐる。香港の軍政にはかゝる雄大なる氣宇の片鱗が覗はれるのである。

また中國人に對しては、彼等をして日本人となるべき事を要求せず、彼等が眞の中國人として更生することを強く要求してゐる。彼等が眞の中國人に立還れば、必ず日本と同調協力できると言ふのが華人對策の根本である。香港の中國人統治の特色と言ふべきであらう。固より我が香港統治が炳乎たる肇國の國是を基礎として行はれてゐることは言ふまでもない。

第二節　立法及行政

一、立　法

香港占領地の立法は、すべて總督がこれを行ふものであつて、別に正式の諸問機關は設置されてゐない。總督これを行ふといふのは、要するに總督部の各部課に於て立案し、總督の決裁を經て法令を公布するといふ意味である。右の如く正式の諮問機關はないけれども、當地住民の絕對多數を占める中國人の意見を、全然無視してゐるわけではない。即ち、一般統治上中國人の意見を能ふ限り尊重せんとする建前から、華民代表會なるものが設置されてをり、同會は總督の監督の下に當地に於ける中國人に關する政務に付き總督の諮問に應じて意見開陳を爲す事となつてゐる。從つて、同會が總督に開陳した意見が立法に際し參酌され得ることに注目すべきである。

立法の形式としては、香督令、布告、公示及び公告の四がある。大體內地の法律勅令によつて定められるやうな重要事項は香督令で規定され、以下その內容の輕重に應じて布告、公示、公告としてそれぐ規定されてゐる。最近までのところでは、昭和十七年中に香督令五十六、布告二十二、公示八十六、公告十九が公布され、十八年度中には香督令五十三、布告十六、公示七十四、公告三十一が公布されてゐる。

立法の內容としては、總督部の行政の進捗に伴ひ、行政各部關係の法令はその內容が實質的にも漸々充實しつつあるが、ただ司法關係の法令だけは、未だ內容充實してゐるとは言ひ難い。これは、民事司法制度の如き統治の根本的な制度が、一朝にして容易に改革され難いことに基因する。從つて差當りは止むを得ざる所でもあるが、民心安定の見地から可及的速かにこれを整備せんがため、目下鋭意その整備が急がれてゐる。

二、行政

行政は占領地總督の行ふところであるが、總督の施政を協ける機關として總督部があり、總督部は數多の部課に分れてゐる。總督部の機構に就てはこれを公表し得ないが、一般行政の直接施行を擔當すべき下級行政機構に就て述べれば、左の如くである。

下級行政機構は占領地管區內を香港、九龍、新界の三地區に分ち、各地區に第一線行政機關として地區事務所を置き、その下に區制を實施してゐる。地區事務所は地區內の產業、經濟、學事、宗教、衛生等の一般行政事務に關し、總督部の命令指示に從つてこれが實施に任ずるものである。區は中國人住民の自治行政機關であつて、二十八區を設置してある。區は地區事務所に隸屬し、區長及び副區長は總督の任命にかかるが、その職員は全部中國人を以て充てられ、中國人に對する必需物資の配給、戸口事務、衛生事務等を處理する。區の經費は現在軍政會計よりの補助金によつて支辨されてゐる。なほ區の下に於ける組織として隣保團體の結成を見つつあり、軍政の細部滲透に活用されてゐる。

次に中國人の行政協力機關として、前に述べた華民代表會の外に華民各界協議會が置かれ、中國人に對する政務に關して廣く中國人の意見を斟酌し、その風俗習慣に即應してこれを考慮し、またその實施に當つても可能な範圍で中國人の團體細織によつて施策の滲透を期すると共に協力を求めてゐる。その方針の下に昭和十七年三月二十八日、これらの機關が作られたのである。

華民代表會は、香港在住中國人で信望あり、且つ知識經驗ありと認められる中國人四名を以て組織せしめてゐる。華民代表會は現在主席羅旭和（舊英政廳時代の首席華人代表、旭和行東主、華人置業公司董事）、劉鐵誠（交通銀行經理）、李子方（東亞銀行支配人）、陳廉伯（復興煉油公司總監督）の四氏が任命されてゐる。

華民各界協議會は中國人の商業、工業、運輸、金融、教育、慈善、技術、醫師、建築、勞働等の各界を代表すると認められる者二十二名を以て組織し、中國人に關する政務の執行に就て協力する機關である。同會は每週二回自主的に定例會議を開き、中國人の政務に關する各種の問題を討議し、華民代表會を通じてその意見を開申する。この華民各界協議會は、所謂下情上通の任務を負ふものである。華民各會協議會會員は現在左の諸氏が任命されてゐる。（主席周壽臣氏、副主席李冠春氏）

周壽臣（東亞銀行董事長、中華百貨公司董事長）、李冠春（和發成公司支配人）、董仲偉（香港華商總會主席、香港錢莊公會主席、道亨銀號支配人）、葉蘭泉（香港中華廠商聯合會主席、香港華人永遠墳場理事、香港孔聖堂司理）、伍華（香港建築商會永遠顧問、香港必打行主席兼司理、生泰建築公司總經理）、羅文錦（律師）、鄺啓東（南華日報社長、國民政府宣傳部委員）、凌康發（香港九龍總工會會長、茶居工業總會主席）、林建寅（港九勞工總會會長）、李忠甫（東華三院主席、亞洲行支配人）、郭　贊（香港華商總會副會長、法國銀行華人經理）、陸靄雲（香港南華體育會會長、建東公司支配人）、周耀年（建築師）郭　泉（永安銀行司理、永安公司司理、普益洋貨行商會主席）、王德光（華民代表會事務局主事）、譚雅士（律師）、王通明（香港九龍通明醫院院長）、鄧肇堅（鄧天福銀號經理、香港自動車運送會社副社長）、顏成坤（香港自動車運送社長）、黃燕清（香港光華中學校長、香港中小學校會主任秘書、保良局當年經理）

第三節　司法、警察及刑務

一、司　法

審判機關……香港占領地の司法制度は、南方占領諸地域とかなり事情が相違してゐる。即ち南方諸地域に於ては、從來から原住民審判官がかなり多數使用されてゐたので、皇軍占領後も彼等原住民審判官を使用することにより、司法は旬日を出でずして一應軌道に乘せ得るのである。

然るに當地は英政廰時代より法院審判官は悉く英人であつて、而も彼等は皇軍占領と同時に敵國人として收容してしまつたから、勢ひ日本人が審判官として第一線に立たざるを得なくなつた。そこで昭和十七年二月二十日總督部成立と同時に、刑事審判機關として軍律會議を、民事審判機關として民事法廷をそれぞれ開設し、その適用すべき實體法、手續法もすべて日本法を土臺として、新に立案されたものに據つたのである。ところが軍律會議の本質の再檢討及び司法部要員の充實等の理由から、昭和十八年十月十五日を期して新に法院が設置され、同時に檢察廰が竝置された。結局現在當地には、審判機關として軍律會議及び法院が設置されてゐるわけである。軍律會議は軍を直接の被害者とする犯罪のみを審判し、法院はそれ以外の犯罪をすべて管轄し、且つ民事々件の凡てを統轄することとなつてゐる。

斯くて司法制度は一應軌道に乘つたと言へるが、然しなほ司法制度將來の懸案としては、審判機關の適用すべき前記實體法、手續法の改正整備が殘されてゐる。このうち刑事關係法令は現在既に一應整備されたので、問題は民事關係法令である。現に當地民事令は要するに『當地從來の法令慣習を斟酌して日本の法令に依る』との內容を有するのみである。民事關係法令は刑事關係法令と異り、舊政廳時代の權利義務または法令慣習を全然無視するわけに行かず、さりとて日本人審判官が第一線に立つた以上、舊法令慣習をそのまま存續さすことも出來ないので、右の如き民事令が制定されたのである。が、これが改正整備の要あることは言ふまでもなく、當局は目下銳意改正整備を急いでゐる。

律師制度（辯護士制度）……香港には英政廳時代にバリスター、ソリシターなるものがあつたが、これらのうち中國人バリスター、ソリシターがその復業を熱望してゐたので、昭和十八年二月二十日律師令を制定して彼等を復業せしめ、律師として民事々件のみに關與せしむることとした。なほこれと同時に、中國に於て律師たる資格所有者をも、當地にて開業し得ることゝした。現在律師は十七名であり、このうち元バリスター、ソリシターであつた者は十二名である。現在までのところ司法部の監督下に民事司法に關し相當の協力を爲しつゝある。

二、警察

當地は皇軍占領以後今日に至るまで憲兵が悉く警察權を掌握行使し、行政、司法兩警察のいづれをも憲兵が擔當してゐる。而して憲兵の下に印度人、中國人等を憲査として使用してゐるが、これは憲兵の補助者たるに過ぎない。當地の治安は今日では完全に維持されてゐるが、その功績の大部分は憲兵に歸せられて然るべきであらう。なほ憲兵は、違警罪即決處分例により、三月以下の監禁または五百圓以下の過科に處するを相當とする案件に對し、即決處分を爲し得ることとなつてゐるが、勿論不服申立は許容されてゐる。

三、刑務

總督部開設と同時に赤柱所在の舊政廳時代の刑務所の建物竝に設備をそのまゝ利用して、軍法務部所管の下に刑務所が開設された。昭和十八年十一月末現在の在監者數は軍律會議及び法院關係既決未決合せて約〇〇名となつてゐる。これらは殆ど全部が中國人であるが、若干の第三國人敵國人等も入つてゐる。本刑務所の建物は宏大堅固であり、殆ど破損個所がないので、全收容能力は約七千名である。たゞ、現在は指導者竝に器具材料等の關係から作業設備を充分に使用出來ないので、囚人の勞力を完全に利用し得ない憾がある。刑務所將來の懸案は、囚人の勞力を生產增强の方面に完全に利用することを計る點に存するであらう。

第二　施設篇

第一章　港灣

第一節　香港

香港港は九龍の南端と香港島とに抱かれ、水面積十四平方哩に亙る天然の良港である。東口は鯉魚門、西口は向島（華名昻船洲、舊英稱ストーンカツタース）及び青洲島のそれぐ西端を繋ぐ線である。水深は個所により異るが、干潮時二十四呎から七十八呎に亙り、普通の潮高六呎、大潮のときは八呎の上潮となる。荷役は沖荷役及び埠頭荷役が行はれ、沖荷役はジヤンク、ライターによる。港灣、荷役設備は、從來より極端に低廉豐富な勞働力を有したため、機械化の程度は、例へば大連港の如きに比するとかなり劣り、從つて今後には、これを機械化すべき餘地を多分に殘してゐる。この點の改善が加へられるならば當港の能力は更に一段と擴大されるだらう。

大東亞戰前に於ける香港港への入港航洋汽船は、昭和十四年（一九三九年）に三千六百九十八隻、その總噸數一千百六萬七千噸であつた。また倉庫の總能力は大東亞戰前に於て、香港島側、九龍側を合せて〇〇萬噸であつた。

地理的に大東亞共榮圈の中央に位置し、優秀な港灣、倉庫設備を持つ上に、第三「經濟篇」に述べる如き船渠、造船業並に見るに足る各種加工々業を擁する香港が、大東亞戰下の今日、直接、間接に戰爭遂行に寄與するところ如何に大なるかは想像に難くない。のみならず大東亞共榮圈の中核としての地理的位置の强味と、その港灣設備の機能とは、將來益々その偉力を發揮することと疑ひを容れない。

昭和十八年十二月末現在に於て、香港に於て海運、港灣荷役その他に從事する日本人業者を示せば左の如くである。

一、海運業

日本郵船株式會社、大阪商船株式會社、東亞海運株式會社、山下汽船株式會社、昭和海運株式會社、廣東內河運營組合、國際運輸株式會社、日東鑛業汽船株式會社

二、港灣荷役業

臺灣運輸株式會社、廣東荷役倉庫組合、三井物產株式會社（石炭のみ）、中盛公司（石炭のみ）

三、海上貨物運搬業

穎川洋行、太洋帆船株式會社、前田洋行、建成行、裕興航運公司、萕商行、林本源興業公司、南亞商行帆船運輸部

四、戎克貿易業

宏發公司

五、船客手荷物配達業

香港赤帽社

右の外、華人の貨物運搬業者（主として戎克によるもの）は約六十を數へる。なほ現在の香港港の主要碼頭及び倉庫の運用狀況に就ては、これを省略する。

終りに海員の訓練及び養成に就て一言すれば、總督部は昭和十八年一月二十五日、海員公會を設立して在香港有經驗海員をこれに登錄せしめ、香港に於ける一般會員の就職斡旋を行ふと共

に、漸次內地、支那及び南方よりの要求を充足せしむることに努めてゐる。また昭和十八年三月十五日、海員養成所を開設し、爾來海員を養成しつつあるが、當所卒業生は總督部機帆船に乘船せしめて優秀なる成績を擧げてゐる。

第二節　內河航行

香港より廣東及び東西兩江方面に至る內河航行は、廣東內河運營組合によつて定期的に行はれてゐる。この航路は、香港、廣東間の中繼輸送の實施といふ點から見ても、即ち香港が今日の戰時下に於てなほ中繼港としての役割を果してゐるといふ一例證としても、ここに記述する價値を持つであらう。

廣東內河運營組合の設立は、昭和十三年皇軍の廣東入城直後に遡る。皇軍の廣東入城とその後の占領地域の擴大に伴つて珠江デルタ內水路交通復活の要請高まり、福大公司が中國人オペレーターと協力して廣東、佛山間に小蒸汽船一隻及び艀一隻を以て配船を開始した。これが廣東內河運營組合の始めであつて、その後占領地域の復興に伴ひ、漸次珠江デルタ內部への航路を擴張する一方、香港、澳門等との連絡を開始した。香港占領後昭和十七年一月、本社を廣東より香港に移し、廣州灣、海防への航路を開始して、南支方面を本據とする唯一の獨立運航事業へ發展するに至つた。

一方、香港、廣東間の中繼輸送は、昭和十八年五月以來實施されるに至り、廣東內河運營組合がこれを擔當することとなつた。即ち從來、廣東へ入港しつつあつた航洋汽船はすべて香港止りとして廣東へは入港せしめぬこととなり、次で十月、從來の基隆廣東定期船も亦香港止りとなるに至つて、海南島線を除く航洋汽船はすべて香港止りとなつた。かくして、香港、廣東間の全貨客輸送は、廣東內河運營組合の定期船及び艀輸送によつて行はれることとなつたのである。

廣東內河運營組合は昭和十八年末現在に於て香港・廣東間（廣東線）に二隻の貨客船を配して定期輸送を行ふ外、〇〇隻、〇〇萬噸に及ぶ艀を利用して貨客の中繼に當つてゐる。また、澳門線（香港・澳門間）江門線及び澳門・廣東線（澳門・廣東間）にそれぞれ一隻の貨客船を配し、定期航路を開いてゐる。なほ香港にて內河航路に乘替へる旅客のために次の指定旅館が用意されてゐる。

松原ホテル、香港ホテル、東亞ホテル、海員ホテル、香取旅館、横山ホテル

第二章　空港

香港飛行場は九龍側啓德に在り、陸上機並に水上機の發着ができる。大東亞戰直前に於ける英國の記錄によれば、啓德飛行場は短波及び中波無電裝置、方向探知器、航空氣象台、飛行場管理事務所、各航空會社の事務所及び工場、約〇千ガロンを容れる石油タンク、〇〇〇萬燭光のフラッド・ライトを含む陸上機の夜間航空設備、水上機による着航貨客の半永久的揚陸設備、水上機のための船架、浮舟及び特別の碇泊浮標等を備へてゐた（Report on the Social and Economic Progress of the people of Colony of Hong Kong, 1938. 及び Administration Report, 1939 による）。

大東亞戰前には五つの航空會社が香港への空路を經營し、皇軍により陸上及び海上の交通を遮斷された重慶政權に對し、香港を通じて空路による海外との交通を確保してゐた。この航空路が支那事變の長期化に伴つて、重慶側にとり益々重要性を加へつゝあつたことは、後に統計表を以て示す如くである。だが皇軍の香港攻略によつてこの航空基地は覆滅され、今日では、香港空港は大東亞建設のために利用されるところとなつてゐる。

大東亞戰前に於ける香港空港の敵性發揮狀況は左の通り。

（一）英帝國航空會社（華名英國帝航公司、Imperial Airways）……一九四〇年十一月、英國海外航空會社（British Overseas Airways Corporation）に統合。香港＝バンコック間。バンコックに於てロンドン・濠洲線に接續。但し昭和十五年（一九四〇年）十月以後は、歐洲戰爭のためニュージーランド・濠洲・アフリカ線にのみ接續。昭和十六年（一九四一年）三月香港事務所閉鎖。

（二）中國航空公司（China National Aviation Corporation）……米支合辨の會社。香港＝桂林＝重慶、香港＝韶關。重慶より昆明（昆明よりラングーン、ハノイに連絡）、嘉定、宜昌、成都、貴陽等に連絡。

（三）汎米航空會社（華名聯美航空公司）（Pan American Airways）……香港＝澳門＝マニラ＝桑港。

（四）歐亞航空公司（Eurasia Aviation Corporation）……獨支合辨の會社。香港＝桂林＝重慶、香港＝韶關。重慶より昆明、昆明より河內、成都（成都より西安、蘭州）に連絡。

（五）佛國航空會社（華名法國航空公司 Air France）……香港＝ハノイ＝パリー。昭和十五年（一九四〇年）七月停止。

而して、支那事變より大東亞戰に至る間、香港空港の利用度が急激に高まつたことは、香港發着貨客の増加がこれをよく物語つてゐる。左の如し。

香港（啓德飛行場）航空統計

	着航				
	一九三六年	一九三七年	一九三八年	一九三九年	一九四〇年
航空機數	一二三	三九八	六三三	四七九	・・
乘客數	一三五	一、九二九	六、〇〇六	三、六一一	六、四六二
郵便物（瓩）	六・九	一五〇・〇	七四・五	九〇・九	六五・九
貨物（瓩）			二二一・〇	二一・二	二五四・四
	發航				
	一九三六年	一九三七年	一九三八年	一九三九年	一九四〇年
航空機數	一二一	三九五	六四九	四八五	・・
乘客數	一五四	一、七五六	三、九六三	二、五五〇	四、五〇五
郵便物（瓩）	二・九	三九四・〇	一二五・〇	八六・五	六六・五
貨物（瓩）			九八・七	八五・二	四九八・四

（備考）一九三六—九年はHong Kong Blue Book、一九四〇年はHong Kong General Chamber of Commerce Report による。

皇軍による香港占領以後は、民間航空に於ては、大日本航空株式會社及び中華航空公司が昭和十七年四月以來香港に連絡所を開設し、內地＝臺灣＝香港＝廣東線（更に南方占領地へ）、上海＝香港＝廣東線が當空港に寄港してゐる。

香港港を中心とする共榮圏諸港への距離表（浬）

澳門	三九	高雄	三四二	釜山	一、一四五
廣東	八三	基隆	四七五	大連	一、二五九
汕頭	一八七	長崎	一、〇七四	羅津	一、五八〇
海口	二七二	門司	一、一七九	ハイフオン	四八六
厦門	二九二	神戶	一、三八七	マニラ	六三三
福州	四五九	大阪	一、三四一	サイゴン	九二四
上海	八二三	名古屋	一、四八九	昭南	一、四二五
南京	一、〇〇四	横濱	一、六〇二	バンコツク	一、五〇〇
青島	一、一一六	東京	一、六一二	ジヤカルタ	一、七八二
天津	一、四五〇	小樽	一、九一八	ラングーン	二、五四六

第三章　陸運

第一節　道路

香港は香港島及び九龍半島の全地域に亘り、一般に風化花崗岩とその他の凝集岩とより成り、五〇〇米餘の高峰が香港及び九龍市街地の中樞部を圍ふ海に逼つて居る。從つて海岸線は九龍南端の一部を除く他は、殆ど我が內地に於ける「親不知」または「お仙ころがし」の觀を呈し、地質も形態も前者に類似の點がある。斯くの如き岩石嵯峨たる丘陵地であり、地形的に極めて困難なる土地に、英政廳時代既に完全な鋪裝道路を建設してゐたが、この道路の延長は香港島では二百七十粁、九龍半島では三百二十粁、總延長は五百九十粁に上つてゐた。

香港は英國によつて近代化された都市だけあり、香港の陸上交通、運輸機關は主として自動車によつてゐた。從つて道路は凡て自動車を對象として建設せられ、文字通り四通八達してゐる。その施設或は構造も、あらゆる工法を應用して建設されてゐる。

香港側市内の道路の主なるものは、海岸線に並行して住吉通（舊干諾道 Connaught Road）昭和通（舊徳輔道 Des Voeux Road）明治通（舊皇后大道Queen's Road）等があり、これら道路は何れも高級鋪装路面である。この道路を幹線として、大小の路線が發達し、道路によつて市街は區劃され、高層建築物の大部分が海岸に平行して林立してゐる。道路の鋪裝材料は一般にアスファルト系のものが多い。元香港、深水灣、淺ケ濱を經て香港に達する香港島一周道路は延長二十四哩にして、自動車行程約一時間のドライヴウエーである。なほ路線は海岸線と並行する路線の他、島内を東西に縦斷する幹線一本と横斷路線數本とより成り、海拔五百米餘のピークに達する道路は、香港の何れの個所よりするも、自動車によつて容易に登山する事ができる。

道路の幅員は、香港側の市街地主要道路では、二十米を有するものの延長は十二・七粁であつて、この道路は市街地を東西に走る軌道併用の幹線である。

次に九龍市街地に於ける道路は香港に比し新しい歴史を持つだけあつて、道路の構造も工法も新しい様式を以て建設せられてをり、道路幅員も幹線では大體三十米餘であつて、市中二十米餘の幅員を有するものは延長二十六・五粁に達し、香取通（舊彌敦道 Nathan Road）及び鹿島通（舊太子道 Prince Edward Road）は、香港占領地區中代表的な近代的道路である。殊に香取通は延長三千五百米の直線道路で、路面は主として鐵筋コンクリート鋪裝であり、市街地及び新界地域との唯一の幹線である。またこの道路は、九龍市街中最も交通量の多い所である。

道路は一般公路以外に、重要施設或は無數に散在する堡壘に通ずる道路、その他私設道路に至る迄立派に鋪裝されてゐるが、一歩國境を出れば、泥濘膝を沒するの支那本來の道路である。九龍半島、新界地域には舊英領地國境附近に達する領地内一周道路があり、路面は主にアスファルト鋪裝を施し、海岸線と竝行した延長五十六哩二分の一の道路であつて、一時間餘の自動車行程である。この道路は一般に屈折坂路が極端に多いが、道路の構造及び施設が完備されてあるため平均時速三十八哩餘を出し得る。また平坦部は街路樹があり美しい並樹道の所が多く、且つ道路の幅員は大體六米餘である。この道路は、嘗て重慶抗戰物資の輸送路であつた。これは、香港と支那大陸を結ぶ唯一の道路であつた。而して我軍の廣東制壓と共に東亞の風雲急を告ぐるに及び、彼等も對岸の火事とは視る譯には行かず、戰畧上道路の整備の必要を感じ、躍起となつて亙額の工費を投じ、勾配及び曲線の緩和、道路幅員の擴張、橋梁工事等大東亞戰前日まで工事を急ぎつゝあつた。そのことは、工事半ばにして放棄した幾多の工事の上に見る事が出來る。

九龍新界地區の道路は香港へ輸出入さるべき物資の支那側との輸送路であり、且つ軍略的必要と英國の利益のために建設せられたものであつた。從つて英領地中國住民の全般の日常生活に密接に結びつく程、隅々まで道路が出來てゐた譯ではない。既設の道路が單に良く出來てゐるのみである。この新界地區道路は、海岸線を西へ廻り、九龍半島尖端より荃灣、元朗、粉嶺を經て大埔、九龍に到る延長九十粁（東廻りで行けば九龍より沙田、大埔、元朗を經て九龍に達する）と、國境附近に達する支線その他七十粁を合して延長百六十粁に過ぎない。從つて香港の道路の密度は米國道路密度標準に於ける山岳地域は勿論、沙漠地域の道路密度より劣つてゐる。のみならず、吾が國人口一人當り道路密度に及ぶべくもない。

前に香港の道路は四通八達してゐると記したが、これは香港及び九龍市街地に止り、新界地區は未開發のまゝである。これが開發には半島中心地を結ぶ縱の線と横の線との連絡道路の建設が必要で、これが完成の曉には住民の福利、治安の確立、農耕地の開發、物資の交流等が一層圓滑に行はれるであらう。

第二節　鐵道

總督部管區內の鐵道は現在九龍、深圳墟間の三十七粁一分で、この間に九龍、油蔴地、沙田、大埔、大埔墟、粉嶺、上水、深圳墟の八驛を配してあるが、上水驛は一般の使用を禁止されてゐる。

この鐵道は戰前は廣東まで延長されてをり、廣東・深圳間百四十二粁余は支那系資本より成つて「廣九鐵道」と稱し、九龍・深圳間三十餘粁は英國々營で、「九廣鐵道」と稱せられてゐた。共に一九一一年十月一日の開通で、支那事變により日本軍に中斷せられて現在に至つたものである。然し昭和十八年十一月の我が廣九作戰により、この路線も復舊せられ、昭和十八年十二月二十八日、全線の開通を見た。

この鐵道の旅客運賃は次頁表の通りである。

現在旅客は便乘者として鐵道に於て許したもののみを取扱ひ、貨物は手荷物、附隨荷物のみの

九龍	一〇錢	二五	四五	五〇	六〇	六五	七五
	油蔴地	二〇	四〇	四〇	五五	六〇	七〇
		沙田	二〇	二五	四〇	四〇	五五
			大埔	一〇	二〇	二五	三五
				大埔墟	一五	二〇	三〇
					粉嶺	一〇	一五
						上水	一五
							深圳墟

（備　考）
二等運賃は本表の二倍、小兒運賃は
大人運賃の半額で、五錢未滿は五錢に切上ぐ

取扱ひに限られ、大貨物の取扱はしてゐない。列車の運行は、九龍・深圳墟間に一時間五十八分を要し、毎日三往復の混合列車が運行されてゐる。

本鐵道は沙田・九龍間は九龍市街内を走つてゐるが、沙田・深圳墟間は全部農耕地帯であり、香九市街で消費される野菜類の一半はこの地方より產出してゐる。沙田附近は香九地域屈指の景勝地で、特に西林寺、道風山、普靈山等は有名な名所、舊跡である。

昭和十八年十一月の廣九作戰は、香港防衞隊と南支軍との協力によつて行はれ、廣九鐵道沿線の肅正を目的としたものであつたが、この作戰に附隨して廣九鐵道が全通するに至つた。この肅正竝に鐵道の開通は、香港にとつても、又廣東にとつても、頗る大きな意義を持つものである。香港・廣東間の連絡は、水上、航空の二線に加ふるに新たに陸上交通を加へ、これによる香港・廣東間の物資輸送の利便は少なからぬものがあらう。この作戰は香港、廣東の一體化、更には香港、南支一體化の方向に大きな一步を踏出したものと言つてよい。

第三節　市內電車その他

一、市內電車

香港の市內電車は、從來香港電車會社(英國系資本)によつて經營されてゐた。電車は一九〇五年(明治三十八年)七月に開通し、全線延長十六粁余(九哩九九)で市の全部を縱斷し、市內交通機關の花形である。大東亞戰爭の勃發により相當の戰禍を蒙つたが、皇軍占領後直ちに復舊に努め、十七年一月廿七日には既に一部の開通を見、三月廿日には全線を復舊せしめ、總督部直營事業として今日に至つてゐる。現在二階式電車百十二台を有し、間斷なく市內を運行してゐる。

乘車料金は次の通り全線均一制である。

（一）普通料金、一等（上階）十五錢。三等（下階）十錢。（二）早朝割引（初發電車より八時迄）三等に限り往復十錢。（三）回數券（三十片綴）一等三円六十錢（二割引）、三等二円十錢（三割引）。（四）定期券（三等のみで學生に限る、又一日一往復以上の乘車を禁止）一ヶ月一円八十錢、三ヶ月三円六十錢

電車運行間隔の標準は市街殷賑區は二分、其の他は五分である。當市內電車の運賃收入は一日平均一萬圓、利用人員は一日平均十萬人である。戰前に於ては、電車の停留所は單に電柱を赤く塗つて標識としたに止まるが、昭和十七年十一月、上陸濱、八幡通一丁目、香港郵便局前、青葉峽等の如く全線四十七の停留場に日本式の名稱が附けられた。

二、登山電車

香港の登山電車は香港高地電車會社の建設にかゝり、一八八八年（明治廿一年）五月に開通

し、相當古い歴史を有してゐる。皇軍の攻略戰に相當の戰禍を蒙つたが、占領後鋭意復舊に努め、十七年六月二十五日より運轉を開始して、今日に至つてゐる。現在では市街地域と山頂とを結び、警備に、衞生に、居住に重要な役割を持つてゐる。總延長一粁四十六(〇哩九十一)高標一千三百呎、中間に東大正道、蘭道、霧島通、梅道、柏架道の五停車所がある。乘車料金は左の通り。

(一)普通料金、花園道・香ヶ峰間往復五十錢。花園道・梅道間三十錢。往復券のみで片途券は發賣しない。

(二)回數券(片途二〇枚綴)花園道・香ヶ峰間五円。花園道・梅道間三円。

運轉回數は七時三十分より二十三時迄に平日は二十回を、一般休日には三十分間隔に運轉する。最近一ヶ月平均の輸送人員は二萬三千七百餘人である。尙現在ではこの登山電車を市內電車と一體にして總督部で直營してゐる。

三、乘合自動車

乘合自動車は戰前には香港側に中華自動車會社があり、九龍側には九龍乘合自動車會社があつて各々その地區の交通に任じてゐたが、戰後總督部に於てこれを統一し香港自動車運送會社を設立せしめ、これに經營を委任せしめてゐる。主なる路線と料金は次の通りである。

香港（郵便局前）	元香港間	三十錢
同	赤柱間	四十錢
九龍（尖沙咀碼頭）	九龍城間	十錢
九龍（尖沙咀碼頭）	深水埗間	十錢
九龍（旺角）	元朗間	七十五錢
深圳	沙頭角間	三十五錢

なほ、この會社は貨物自動車の運送と旅客貸切自動車をも經營してゐる。

四、馬車

馬車は戰後交通機關の補助として出現したもので、現在九龍地區で運行してゐる。車輛の定員は六人乃至十四人で、運行區域及び料金は次の通りである。

九龍（尖沙咀碼頭）　九龍城間……四十錢
同　　　　　　　　　深水埗間……四十錢
同　　　　　　　　　土瓜灣間……四十錢

五、香九連絡渡船

九龍と香港を結ぶこの連絡船は全く陸の延長であつて、兩所間の橋梁の如き必要性を有し市民の便に供されてゐる。天星渡船は香港と九龍の尖沙咀碼頭を結ぶ主要連絡路で、料金は一等（上階）二十五錢、三等（下階）十錢で、七時より二十三時までの間に、朝夕の通勤時を除き二十分間隔に運航してゐる。所要時間は約十五分である。油蔴地渡船は香港の統一碼頭と九龍の旺角碼頭及び深水埗を結ぶ連絡路で、料金一等（上階）三十五錢、三等（下階）十五錢。每日七時より二十一時まで、三十分每に運航してゐる。所要時間は香港・旺角間約二十分である。

六、駕籠及人力車

駕籠は現在では香港の山手住宅地域にあるのみで、料金は途の急緩、天候等で一定しないが、大體一粁一圓位である。人力車は自動車や馬車と異つた意味の便利を有するため、香九地區に散在する約一千輛の人力車は、一般市民の寵兒となつてゐる。

香港・九龍新舊街道名一覽表（昭和十七年四月二十日制定）

新名稱	舊名稱	備考
中住吉通	干諾道中 Connaught R. Central	海岸通
西住吉通	干諾道西 Connaught R. West	
東住吉通	告士打道 Gloucester R.	
中明治通	皇后大道中 Queen's R. Central	中央大通
東明治通	皇后大道東 Queen's R. East	
西明治通	皇后大道西 Queen's R. West.	
東昭和通	德輔道中 Des Voeux R. Central	電車通
西昭和通	德輔道西 Des Voeux R. West	
東大正通	堅尼地道 Kennedy R.	山手通
中大正道	上亞厘道・堅道 Upper Albert R. Caine R.	
西大正通	般含道 Bonham Road	
八幡通	東海旁 Praya East	電車通
春日通	怡和街 Yee Wo Street	

新名稱	舊名稱	備考
氷川通	高威士道 Causeway R.	山腹道
豐國通	英皇道 King's R.	
出雲通	干讀道 Conduit R.	
霧島通	寶雲道 Bowen R.	
香取通	彌敦道 Nathan R.	九龍
鹿島通	太子道 Prince Edward R.	
香ケ峰	太平山 Victoria Peak	
九龍競技場	皇囿 King's Park	
昭和廣場	大鐘樓 Queen's Statue	
青葉峽	黃泥涌谷 Happy Valley	
大正公園	兵頭花園 Public Garden	
綠ケ濱	淺水灣 Repulse Bay	
山王台	堅尼地城 Kennedy Town	
元香港	香港仔 Aberdeen	

第四章　通信

香港に於ける通信事業は、英國領當時業務の種類により官營または民營であつた。即ち郵便、郵便爲替及び放送業務は官營として香港郵政廳これを管理し、電信及電話業務は民營として、電信は英國系ケーブル・アンド・ワイヤレス會社及び丁抹系大北電信會社が主としてこれに當り、電話は香港電話公司がこれに當つてゐた。皇軍占領後は通信事業の各業務は、總べて總督部直接管理の下に官營となり、今日まで短期間に復興整備を遂げ、その機能を遺憾なく發揮してゐる。

第一節　郵便

郵便業務は昭和十七年一月二十二日から開始せられ、現在設置してある郵便局とその分室は左の通である。分室は原則として、郵便物の引受と郵便切手類の賣捌を取扱ふ窓口機關であるが、本局から遠隔の地にある分室は、郵便物の取集又び配達事務をも取扱つてゐる。

局名	同上局區内分室	分室開始年月日	郵便物集配事務
香港	灣仔	昭和十七年二月十四日	取扱はず
	上環		
	西營盤	同　三月二十六日	
	赤柱	同　五月一日	取扱ふ
九龍	油蔴地	昭和十七年二月十四日	取扱はず
	深水埗		
	九龍塘		
	大埔	同　三月二十六日	取扱ふ
	元朗		

現在郵便物を差出し得る宛先の地域は左の通りである。

（イ）本邦、滿洲國、中華民國、泰國、佛印、蒙古

（ロ）帝國南方占領諸地域

（ハ）中立諸國中「ソ聯」、「トルコ」、「ブルガリヤ」、「スイス」、「スペイン」、「ポ

ルトガル」、「ポルトガル及スペインの在アフリカ殖民地」、及び澳門

（二）　總督部管區內

現在取扱はれてゐる郵便物は通常郵便物のみで、小包郵便物は取扱はれてゐない。通常郵便物の種別は第一種乃至第五種に區別されること、內地と同様である。定期刊行物や多數郵便物差出しの際の利便を圖るため、切手別納制度、約束郵便制度、第三種郵便物認可制度が設けてある。特殊取扱としては現在書留郵便物の取扱だけであるが、その取扱地域等は左の通りである。

取扱地域	開始年月日	備考
本邦、總督部管區內	昭和十七年十二月一日	
帝國南方占領諸地域	同　三月一日	（第一種郵便物に限る）
中南支	昭和十八年五月二十五日	
蒙古	同　八月一日	
北支	同　八月十五日	

郵便切手及び葉書は帝國政府發行のものを使用し、郵便料金は內地と同額である。而して郵便物の取集及び配達度數は通信量の多寡を考慮して左の通り定めてある。

香港及び九龍市内	中心地區	一日二回
	其の他の地區	一日一回
香港島赤柱方面及び新界地區	全地域	隔日一回

郵便函の設置してある附近には、公衆の利便に資するため成るべく郵便切手類賣捌所を設けてあるが、現在その數は香港郵便局區內二十二ケ所、九龍郵便局區內十三ケ所である。

第二節　郵便爲替業務

郵便爲替業務は昭和十七年十二月一日から本邦との間に取扱はれてゐるが、當初は電信業務の復興整備の實情等を考慮し、小爲替及通常爲替の二種類だけであつた。後、昭和十八年八月二十一日から電信爲替の取扱をも開始し、その取扱種類は整備せらるゝに至つた。振出金額の制限は、香港振出のもの一日一人五百圓まで、內地振出のもの爲替管理法の制限內とされてゐる。

第三節　電信

電信業務は昭和十七年二月一日から開始せられ、現在電報の受付及び配達事務は香港電報局及び九龍郵便局で取扱はれてゐるが、電信機械による各地との送信及び受信事務の取扱は、香港電報局のみで行はれてゐる。

　電信の機械的設備は戰禍により破壊せられたが、當務者の努力により漸次復舊整備せられ、一面通信要員の充實と相俟つて、電報を差出し得る地域は逐次擴張せられて來た。昭和十八年末現在では左の通り、大東亞共榮圏の殆ど全域に亘つてゐる。

取扱地域	開始年月日	取扱電報種別	備考
本邦	昭和十七年二月一日	和文及歐文	歐文はローマ字綴日本語及英語に限る
滿洲國・蒙古・北支	同　十一月一日	和文、華文及歐文	前同
中支	同　十月二十四日	和文、華文及歐文	前同
厦門	同　十二月二十四日	和文、華文及歐文	前同
汕頭	同　十月一日	和文、華文及歐文	前同

廣東	同 二月一日		
海南島	同 十月一日		
澳門	同 十月一日	華文及び歐文	歐文はローマ字綴日本語英語及び術語に限る
泰國	昭和十八年七月一日	和文	
佛印	同 十一月十一日	和文	差當り西貢向に限る
帝國南方占領諸地域	昭和十七年七月一日以降逐次開始せらる	和文及歐文	歐文はローマ字綴日本語に限る

各地への電報料金は種別及び字數により異るから、その揭記は省略するが、料金計算上の原則は左の通である。

和文の語數計算方は、名宛は字數に拘はらず二語とし、指定本文を通じ五字迄每に一語とする。華文及び歐文の語數計算方は、名宛及本文を通じ各語を一語とする。最低料金は、帝國南方占領諸地域宛は和文及び歐文共三語、他は五語分とする。

第四節　電話

香港及び九龍市內の電話交換機械及び地下配線は、戰禍による被害は殆どなかつた。ために昭和十七年一月十七日から、兩市內の電話加入者を收容する香港電話局及び九龍電話分局が開設せられた。當時は從來の加入者を一應假開通と看做したが、その後電話加入手續及び料金等を定めた電話規則が制定公布せられて後、正式の加入者が決定せられ、同年二月二十日から電話料金が徵收せらるゝ事となつた。電話交換方式は自動式であつて、交換機械はシーメンス・ブラザー式自動交換機である。

電話加入者は當地の建設進捗に伴つて漸增し、昭和十八年十二月現在で一萬名を越えてゐる。電話料金は電話局からの距離その他地況により異るが、大部分は使用料年額一百二十圓、新規に加入の際は公益事業者を除き設備費二百圓、保證金百圓を納付せねばならない。

次に公衆電話及び窓口通話事務に就ては、香港及び九龍市內には戰前四十數ケ所の公衆電話を設置してあつたが、皇軍占領後硬貨が使用出來なくなつたので已むなく一先づこれを撤去した。

然しこれによる不便を可及的救濟するため、昭和十八年二月二十日から、香港及び九龍兩郵便局に窓口通話事務が開始せられた。通話料金は一回に付十錢である。

交通・通信・水道・電氣・瓦斯・土地・家屋關係の諸施設案内

名稱	所在地	電話番號
香港港務局	—	二五九一三
香港海員養成所	—	二三〇八七
大日本航空香港營業所	—	三一一六八
中華航空香港支所	—	五六一六三
道路下水事務所	—	三九三九三
電車事務所	—	二六六五五
香港自動車運送會社	必打街於仁行	三一〇〇四
香港連絡船事務所	—	三一三五〇
香港郵便局	—	二六三一三

名稱	所在地	電話番號
香港電報局	—	二八〇三五
香港電話局	—	二〇二〇二
香港放送局	—	二一二八〇
香港水道廠	—	二八六六〇
香港電氣廠	—	二〇〇五六
香港瓦斯廠	—	二〇八二八
不動產管理部	—	三九五六七
香港貸地事務所	—	二三五〇〇
香港家屋登錄所	—	三一八一四

第五章　放送事業

香港放送局は昭和十六年十二月二十六日にこれを占領し、爾來放送を實施して來たが（昭和十七年二月復舊完成）、現在では左の二種の放送を行つてゐる。

第一放送（中波）は對象を總督部管下邦人に置き、主として東京發東亞放送の中繼を行ひ、中央の情勢施策を周知徹底せしめると同時に、隨時香港放送局編成の番組を挿入して軍政の滲透に努めつゝある。連日報道、敎養、慰安の各方面に亘り十一時四十五分から二十二時三十分までの間放送を行つてゐる。

第二放送（中波）は管下一般民衆を對象とする。この放送では正確迅速な報道放送に重點を置き、總督政治の徹底周知、米英思想の拂拭、大東亞戰爭の完遂への協力に向つて民衆を指導することを方針とする。用語は廣東語、北京語、印度語、英語の四種を以てし、多彩且つ變化に富む番組を一般人に提供し、聽取効果の向上を圖りつゝある。放送時間は七時三十分に始まり二十二時四十分に終了する。

聽取者は戰前に於て中國人一萬四百人、歐洲人一千三百人、其の他一千三百人、合計一萬三千人を數へてゐたが、昭和十八年十一月現在の聽取者數は日本人九百六十餘、中國人五千八百、印度人二百、その他三百四十、合計七千三百である。聽取料は目下徵收されぬこととなつてゐる。なほ受信機は、特に職務上の必要により總督の許可を得たもの以外は、全波又は短波受信可能のものの使用が禁止せられてゐる。

第六章　上下水道

第一節　上水道

香港の上水道は英政廳が八十年の歲月と四千萬弗の費用を費し、地形上、利水上の不利不便を克服して今日の完成を見たもので、年雨量二千粍（八十年間の平均雨量）に達するならば、九龍、香港島を合せ、一年を通じて裕に一日二、三百萬ガロンを送水し、一日一人當り二、三ガロンを使用するとして、百萬人に給水し得るわけである。だがその反面、香港の水道は全く天水に依存し、雨量の多寡が直ちに給水に大影響を及ぼす點は十分に考慮されなければならぬ。

香港攻略戰に際しては敵によつて上水道に對する破壞が行はれたが、占領後急速にこれを復舊し、九龍側は昭和十七年一月一日より香港側は一月二十日より營業を開始し、今日に至つてゐる。占領前に於ける給水戶數は二萬七千戶（量水器數）、昭和十八年末現在では一萬七千戶で、占領前の約五五％に過ぎないが、これは主として疏散工作その他に伴ふ人口の減少によるものである。而して居住人口數に比し給水戸數が著しく少いのは、當地の特殊事情に基く。即ち當地では一世帶毎にではなく、一建物毎に一箇の量水器を設備してあるが、當地の建物は大體に於て高層であり、一建物内に數世帶乃至數十世帶が住み、或は數十の事務所、店舗が在るためである。この一建物、一量水器の制度は、戰前に於て水道料金は通常家主が負擔する習慣であつたこと及び建物の構造上、世帶毎に量水器を取付けることの困難であることに因る。

水道料金は、占領前に於て一般市街地家庭用の料金は一千ガロンにつき香貨二十五仙とされてゐた（市街地、中腹地、山頂等地形によつて料金は異る）。占領後に於ては、これを一千ガロンにつき軍票四十錢としてゐるが、香貨と軍票の交換比率を考慮すると、占領後水道料金は著しく引下げられたことになる。また近くは廣東市に比しても、或は日本內地の諸都市に比しても、この水道料金は著しく低廉である。なほ香港の上水道は、現在總督部の直營するところとなつてゐる。

第二節　下水道

香港及び九龍地區に於ける下水施設は、汚水用下水を除いては完全に設備されてをり、南方特有の豪雨があつても水害を惹起せず、完全に疏通し、また排水の方法は、最も經濟的に計畫されてゐる。且つ香港は、この排水施設のために都市の有效面積を失ふことなく、下水溝の上面又は兩側を道路として利用してゐる。

下水溝の構造は一般に石積を主とした開渠と暗渠部とがあるが、開渠の部分は高さ一米の石積とした高欄を有し、溝の主體側壁は石積とし、底部は凡て石張またはコンクリートを以て造られ、深さ三米、幅員四・〇米乃至八・〇米である。香港及び九龍市内には河川と稱すべきものが一つもない。完全に石垣を以て築造せられた下水溝がこゝでは川になつてゐる。この川の大部分が蓋を以て覆はれ（即ち暗渠）、道路その他の敷地に使用されてゐる。これら下水溝（排水溝）は晴天時は常に底を洗ふ程度の水量を示し、豪雨に際しては一時的に滿水狀態となるが、短時間にして再び底面を洗ふ程度の水量となる。これは、通水勾配並に下水溝斷面の有效適切なものであることを示してゐる。道路及び家屋地帯のすべての雨水はこれらの下水溝に流れ込むのだがこれら暗渠のすべては地下に於て縦横に連繫結合してゐて地表面には露れてゐない。これは香港に於ける下水溝の特徴である。

以上は雨水竝に地下水の排水用下水に就て述べたのだが、次に汚水用下水に就て述べると、これは從來甚だ不完全であつた。汚水用下水とは台所、浴室、洗面所、便所、即ち雨水を除いた流體排除物を流す下水であるが、汚水用下水に關する限り、香港は健全な近代都市とは言ひ得ない狀態にあつた。香港の汚水は何等處理せずして港內至るところ、即ち碼頭附近、颱風避難港內、造船所附近等々にまで放流されてゐたからである。かゝる汚水下水の狀況は衞生上の見地から急速に改善されなければならぬ問題の一つであつたが、この點は現在着々改善されつゝある。（第四文化篇第五章衞生の項參照）なほ、香港の下水道は、道路とともに總督部の道路下水事務所の管理するところとなつてゐる。

第七章　電氣及瓦斯

第一節　電燈電力

香港に於ける電燈電力事業は現在總督部管理香港電氣廠によつて經營されてゐる。この事業は戰前、香港電燈有限公司（香港側）及び中華電力有限公司（九龍側）の兩會社に屬したものである。前者は資本金一千八百萬弗、後者は一千五百萬弗で、共に約五〇%の英米資本、四〇%の華人資本、殘餘は第三國人の資本によつてゐた。經營の實權は英人が掌握し、近年前者は二割二分乃至三割、後者は一割の高率配當を行つてゐた。

昭和十七年十二月十六日、皇軍の九龍入城と同時に被害復舊に着手、同年十二月二十六日九龍側軍需送電に成功、次いで昭和十八年一月三日香港側軍需送電に成功した。一方、電氣供給に關する暫行規定を制定すると共に、一般民需に對し九龍側は昭和十七年一月一日、香港側は一月十五日より電氣供給を開始した。同年二月二十日香港占領地總督部が開設せられると同時に總督部直營の電氣事務所に改編し、昭和十八年一月一日にその經營を委託事業として現在に至つてゐる。

香港に於ける電氣事業はその地理的條件のため總て火力發電によつてゐるが、その原動力たる石炭は總て輸入に俟つ外なく、且つ石炭輸送の困難であるため、最近電氣廠は消費規正規程等を設けて極力電氣の消費節約を計りつゝある。但し重要産業への動力供給には勿論いさゝかの懸念もない。

第二節　瓦斯

瓦斯事業は、總督部管理香港瓦斯廠の經營するところとなつてゐる。これは戰前、香港中華煤汽公司に屬したものである。同公司は一八六三年に創立された英國系の株式會社で、資本金は十五萬七千五百磅であつた。工場は香港島及び九龍に各一ヶ所ある。皇軍の香港を攻略するや、直ちに瓦斯工場の復舊に着手、昭和十六年十二月三十日には早くも香港側の瓦斯供給が開始され、翌昭和十七年一月十日には九龍側も供給が開始されるに至つた。瓦斯事業は香港攻略後に於て復舊の最も早かつた事業の一つである。

初め當工場は香港軍政廳瓦斯班と稱し、十七年三月に香港總督部瓦斯事業所と改稱され、總督部直營工場となつたが、十八年一月十日、民間への委託事業となつて現在に至つてゐる。瓦斯に關しても、電氣に於けると同様の事情から、消費の節約が要請されてゐる。

第三 經濟篇

第一章　大東亞戰と香港經濟の變質

第一節　舊香港と新生香港

大東亞戰が香港の歷史に新しい時代を劃したことは、日本人たると華人たるとを問はず大東亞人には疑ひないところである。然しながら、大東亞戰によつて生れた新香港は未だ形成の過程にあり、しかもこの過程はまだ開始したばかりである。これに反して、舊英領香港は百年の歲月を經て一應英國の東亞侵略の基地として完成した機構と機能とをもつに至つてゐた。從つて、香港經濟の變質を見る上に於て、文字通りの意味に於ける新香港と舊香港の比較を行ふことはできない。こゝに問題となるのは、まづ第一に舊香港の性格を究明し、この性格を決定し條件づけた要因を分析すること、第二に、この香港を條件づけた諸要因が、東亞の情勢の發展の流れのうちにいかに變化して行つたか、從つて香港の性格もいかなる變貌を餘儀なくされたかを見ること、第三に、この發展の必然的な結果たる大東亞戰により、香港の性格の條件がいかに一變したか、將來の香港の發展はいかなる方向を指示してゐるかを窺ひしらなければならぬ。

香港の歷史家アイテル E. J. Eitel は、香港の性格を究明しようとした最初の西歐人であるが、彼はその著書を「支那に於けるヨーロッパ」と名附け、その序文に於て次のやうに言つてゐる。

「英國の輿論の精はその歐洲及び北米に於ける使命が果されたことを感じて、最近はその運命を完成すべき新たなる分野に進入しつゝある。アジアとして一般に太平洋に臨む國々及び諸大陸は今や英外務省とその派遣にかゝる總督、更にまた印度事務局に關係をもち、その所轄となつてゐる……即ち事實に於て世界の勢力の均衡の支點は西洋から東洋へ、地中海から太平洋へ移つたのである。……」

「香港五十年間の處理によつてイギリスは支那の人民（官吏層を除けば）がいかに欣然として、確乎たるヨーロッパの支配制度に同調するものであるかを示した。又この岩山を速かに世界の驚異の一つ、世界の商業の中心市場と化した事により、英國の支配の下に支那の勞働、產業及び商業がいかなる成果を遂げ得るかを、實證したのであつた。それはかりではない。香港は太平洋の西端に位し東北ではカナダ、西南ではインド及び西アフリカ、南では濠洲と並んで、その位置は特に重要なものがある。しかもその重要性は、たゞに支那及び日本についての問題に關してばかりでなく、特に世界史の最後の場面に於て果すべき太平洋のより大なる役割について言ひ得ることである。」（E. J. Eitel, History of Hong Kong pp. iv-v）

一八九五年に發行されたこの書は、正に大英帝國の黃金時代に書下されたもので、東亞に於ける十九世紀西歐文明の先驅者たる英帝國の業績と使命について、無條件の讃歌をかなでてゐる。この讃歌には多分の自己陶醉と誇張とを含んでゐるが、英國が支那、ひいては東亞支配の基地としてこの南支那海の岩山を、世界商業の中心市場の一つに轉化せしめたことは事實である。然しながら東亞は、常に西歐の支配を甘受する受動的民族の集りではなかつた。今や大東亞戰爭は一九四一年十二月二十五日をもつて「西歐的香港」に終止符を打ち、「英國の支配」を覆した香港の機構と機能は、東亞のために利用されることとなつた。さもあらばあれ「英國の支配下」の香港はいかなる經濟的性格をもつてゐたか？

第二節　舊香港の經濟的性格

香港の前史は、廣東の珠江に臨んだ十三行の地にあつた英商館に發してゐる。康煕以來東印度會社の船は夏毎にこゝに來て貿易を行ひ、冬には退出するのを例とした。當時の貿易は極めて嚴重に定められた制限の下に行はれ、取引はたゞ特許をもつた十三行の商人を相手としてのみ許され、英人は年を越えて廣東に住むを許されず、關税その他の公課、貿易の條件は悉く支那側の指定に依らねばならなかつた。かゝる制限を打破すべく英商人は執拗に努力した。この戰ひは英商人としては「平等なる立場に立つ自由貿易の獲得」といふ旗印の下に行はれたのであつた。然し實質に於てこの戰ひは、支那民族を毒する商品鴉片を自由に持ち込む自由のための戰ひに歸着した。英商館はこの戰ひの間に、一時は廣東を追はれて珠江河口の伶仃島に退却し、更に香港沖の海上に退避するの餘儀なきに至つた。一八三九年、この戰ひは英支兩國の武力闘爭に轉化し、本國の遠征軍を得て英側は廣東を攻略して香港、舟山列島を占領し、福建、浙江を蹂躪し、清朝を屈服の餘儀なきに至らしめた。

この鴉片戰爭の結末として一八四二年締結された英支南京條約は、英國をしてその東洋貿易の基地を領土香港に置くことを可能にした。更に進んで北京政府をして廣州、厦門、福州、寧波、上海の五港を通商口岸として英支貿易のために開くことを承認せしめた。然しながら、英國の支那に對する野望はこれをもつて滿足するものではなかつた。第二鴉片戰爭の結果たる一八五八年の天津條約、一八七六年の芝罘條約と、英國は順次に長江沿岸及び北支に於ける通商口岸を開かしめた。こゝに租界を設け、領事裁判制を布き、所謂治外法權を獲立した。かくして英國の貿易は支那官憲の干涉の一切を排除し、この全支にめぐらされた租界を基礎にして意の儘に行ふことができるやうになつた。かつて「自由平等なる貿易」を叫んだ英商人は、不平等條約をもつてがんじがらめに支那をしばり上げ、ほしいまゝな經濟的侵略を行ふやうになつたのであつた。

一、仲繼港としての香港

香港の地位は、以上のやうな英國の對支經濟侵略の基地として確立され、その經濟的な性格もその使命に應じて決定された。即ち、英國支配下の香港經濟の第一の特性は、仲繼貿易港たることにある。香港經濟自體から言つても、その繁榮の基礎をなす第一のものは貿易であつて、他の產業の重要性は遙かにその後にある。しかも、その貿易は自己の領域內の物產を輸出し、自己の消費に必要なものを輸入するのではなくて、再輸出のための輸入、輸入品の再輸出に重點を置くものであつた。而してこの貿易の相手先地域としては支那が壓倒的の重要性をもつてゐた。

即ち、支那事變前に於ける香港の輸入總額の三分の二は再輸出のための輸入であり、三分の一が地場消費のための輸入であつた。また輸出總額中の十分の九は輸入品の再輸出であり、僅かに十分の一が香港製品の輸出であるに過ぎなかつた。而して再輸出のうち一〇%は支那の沿岸貿易仲繼、即ち支那の一部より輸入したものを支那の他の部分へ輸出するものであり、二〇%乃至二五%が支那に關係なき仲繼貿易、即ち支那以外の國より輸入せるものを支那以外の他の國へ輸出するものであり、殘りの七〇乃至六五%が支那の外國貿易の仲繼、即ち支那と世界市場の間の物資の動きを媒介するものであつた。

かゝる機能を果すために、香港が「自由港」なる性格を與へられてゐたことは、充分に理解できる。一八四一年一月、英國の主席貿易監督官チャールス・エリオットが、初代香港總督として

『香港の英政府は港灣税その他の税を課せざるべし』と宣布して以來、英政權の香港を自由港とする方針は、大東亞戰直前に至るまで一貫して保持されてゐた。物資の移動と共に資金の移動も亦能ふ限り制限を加へない方針をとり、自由な爲替市場、投機市場の存在が許されてゐた。この自由港政策の目的は、英の領土としての香港を經濟的に支那市場に一體化せしめることを意圖するものであつた。幣制に於ても香港の貨幣は、常に支那市場に流通する貨幣と同一性質のものたらしめることに注意が拂はれてゐた。かくの如く、一方に於て、北、中、南支に租界の網をめぐらし、租界を通じて商品を全支に氾濫せしめると共に、他方に於て香港をその仲繼地として利用する方針は、全體として見て一定の期間その目的を達した。そのことは確かであつて、香港の港に櫛の歯の如く竝ぶ埠頭、棧橋、岸壁を壓して立つ數十棟の倉庫は、まさにこの仲繼貿易の成果を物語るものである。

二、工業地域としての香港

舊香港の第二の性格は、工業地域としてのそれである。即ち香港は本來工業地域 ではなく、それ自體の自然的條件には、强力なる製造工業の發展を促すものは殆どないにも拘はらず、而も大東亞戰の前までに、香港が或程度の製造工業をもつに至つてゐた。香港に於て先づ發達したのは、港としての機能に附隨した產業即ち造船業であり、これに次いで麻繩製造、セメント工場も同一範疇に屬する工業として勃興した。これ等は年代的に言つて最も古いものであり、且つ英人資本の經營にかゝるものである。その他の英系工業としては、南方原料を加工して支那市場への輸出をめざす砂糖工場、煙草工場の外に公共事業たる電燈、電話、電車等の企業がある。これ等の工場が大規模近代工業の面目を備へてゐるに對し、家內工業或は手工業制の華人工場がある。これは年代的には英系資本の工場よりも後れて發達したが、最近に於けるその發展は速度を增し、一九二〇年に於て投資總額一千七百四十八萬香港弗と見積られてゐたものが、一九三四年には五千百二十四萬香港弗に增大し、支那事變の間に更に一段の飛躍をとげて、大規模工場制のものが簇出した。主要な產業部門は織布工業、ゴム靴工業、食品工業等である。要するに、香港が大工業成立の立地條件に缺けてゐることは爭ふ餘地はないが、英領時代の末期に於ける中小輕工業の發展を無視することはできない。殊に支那に於ける現在の工業發展の程度に比較すれば、上海地方、京津地方に次ぐ重要性をもつものである。

三、華僑の紐帶としての香港

香港經濟の性格を決定する第三の要因は華僑との關係である。南支の過剩人口は夙に明代から南方諸地域へ出路を求めてゐたが、十九世紀に歐米諸國の太平洋岸への進出が始まり、その資本による太平洋諸國の開發が進行するに及んで、華僑の移住は極めて盛んとなつた。華僑の出身地は南支、殊に廣東、福建である。香港が英領となつてからは、これ等の地方より出國するものは概ね香港を通過した。一八四八年にはカリフオルニアに金鑛が發見され、次いで濠洲にも金鑛の發見があり、これ等二洲及び南米諸國の鐵道建設、産業開發に拍車がかけられ、支那人は低廉にして勤勉な勞働力として歡迎された。これより約二十年間は、所謂契約移民、即ち苦力の輸出が香港、澳門から行はれ、香港の船舶業者をして莫大な利潤を獲得せしめた。後に奴隷密輸に等しい契約移民の制は止んだが、なほ香港を通じての人口の海外移動は行はれ、支那人は各地に於て歐米資本の下に勞働者として、或は商人として太平洋諸國の開發に貢献してゐる。

而してその賃銀、商業利潤の少からぬ部分は華僑送金となつて本國郷里へ送金されるのであるが、その總額は支那事變前に於て年四億乃至五億元に上つたと推算される。その八割は香港の支那銀行へ送金され、これより更に錢莊を通じて故郷へ送られた。この故に華僑送金は香港の金融にとつては重大な意義をもつものであつた。また香港と太平洋諸國との貿易についても、華僑の貿易業者と香港貿易業者の密接な關係が少からぬ作用を營んでゐる。香港の華人貿易業者の中心たる南北行及び金山莊は各地の華僑を取引先とし、更に進んで出資關係を持ち、依つて以つて、商業關係を裏附けてゐるのである。逆に香港に於ける華人富豪にして南方華僑出身のものは少く なく、香港の事業の華僑資本によるものは多分の重要性をもつてゐる。要するに、香港の支那人全體が既に華僑と名附くべきものであつて、その太平洋諸國の華僑との密接な關係は、香港の繁榮の重大な要因をなしてゐる。

第三節　舊香港の崩壞

以上英國治下の香港經濟を形成する三つの要因とその性格とを描き出した。もとより香港經濟の要因としては、農業、漁業、鑛業の如き原始產業も亦部分的な意味をもつてはゐる。だが香港全體の性格を決定する上でその比重は極めて小いから、ここには無視して差支へない。而して香港經濟の諸要因を通覽するに、過去の香港の第一の存在理由は英國の支那に對する經濟的侵略の基地たるにあつた。而してこの經濟的侵略は條約港と租界の體系を通じて爲されたものであり、香港はこの經濟戰線の後方基地の役割をなしてゐたのであつた。從つて香港經濟の順調なる發展は、不平等條約によつて支持される英國の對支貿易が故障なく推進されることを前提としたのである。

然しながら英國の對支貿易は二十世紀に入ると共に二つの原因から動搖を來し初めた。一つは競爭國の擡頭であり、他は支那の民族的覺醒であつた。即ち先づ支那に於けるドイツ、米國の進出は二十世紀を境に目ざましきものとなつて來たし、また東亞の諸國の內日本の輕工業に於ける進出は、英を脅かすに充分であつた。而して日本の役割は單なる英の經濟的競爭國たるに止まらず、東亞諸國の眠りを醒ますものとして、米英の太平洋支配體制の根抵を震撼せしめるに至つたのである。他方、支那の民族的覺醒はかの辛亥革命によつて火蓋を切られた。民國十四年の香港罷業は、香港の貿易の支那貿易に於ける分前を三〇%から一一%に減退せしめ、一九二六年の北伐に次いで起つた排英運動の波は、英國の支那に於ける利權をして一時、全面的な危殆に瀕せしめた。

だがこの二つの原因のために、香港の英勢力が最後の日を見る前に、英國治下の香港はいま一度、消えんとする燭の最後の輝きを見せた。それは後進諸國の支那市場に於ける競爭が追求の足並を早める以前に於て、英國が單なる市場擴張から新たなる活路への轉換を押し進めてゐたことから起つた。即ち英國の支那に於ける經濟活動は、所謂「條約港に於ける商業」から「利權の獲得と投資」に重點を移してゐた。これは商品の輸出のために新進の競爭國と覇を爭ふことから、內地に於ける鐵道、鑛業權の獲得、これへの投資に轉向して、經濟的優位を保持することであつた。また、今や英國は支那革命の攻勢が自己に向つてゐるのを見て、老猾なる方向轉換を行ひ、資本の力による支那の支配的政治力の宥和を試みた。即ち南京政府に對しては思ひ切つた政治的讓步を行ふと共に、投資の强化による南京政府の懷柔を試み、而して排外運動の方向を日本に對して向きかへしめることに努力したのであるが、この試みは美事な成功を示した。

かくして英蔣妥協は成り、その結果は抗日風潮の瀰漫を惹起し、昭和十二年遂に支那事變の勃發を見たが、事變下に於て香港は英蔣合作の基地として、漢口、重慶への援蔣補給路として、目ざましい活動を行つた。殊に我が中支長江の制壓、南支沿岸の封鎖によつて、香港は約二年にわたり、支那沿岸に於ける唯一の援蔣基地となつた。ためにその貿易、工業投資、及び華僑送金は增大し、香港は一時的にせよ、非常な戰爭景氣を謳歌した。然しながら支那事變に次ぐ東亞情勢の必然的結果として、大東亞戰は勃發した。昭和十六年十二月八日、香港に對する攻擊は開始され、同二十五日、香港の英軍と英總督は降服を申出で、ここに英領香港百年の歷史の幕は閉ぢられたのである。

第四節　皇土香港の建設

香港はここに新たなる發足をなした。まづ香港攻略軍軍政當局は迅速に善後處置に着手し、次いで翌年一月十九日占領地總督部が設置され、初代總督磯谷廉介中將の下に二月二十日總督部は施政を開始、今や二年に及ぶに至つてゐる。この間經濟上爲されたことを跡づけてみよう。

一、新香港建設の二ケ年

占領當初に於て軍當局の問題となつたのは敵性資產の收用管理、食糧の確保、商工業の復業である。敵性財產の收用管理は、香港の既設設備をもつて戰爭遂行目的へ貢献する目的から效率的になされた。公共目的のために利用さるべき施設は速に復舊運轉され、調査管理を要するものはその措置がとられた。食料問題は過剩人口を擁し、加ふるに產業資源の貧弱な香港占領地にとつて由々しき問題となるべく見えたが、これすら手際よく解決された。三月には白米の切符販賣制の實施を手初めに砂糖、食用油、薪等の生活必需品について公定價格及び指定商による販賣制が施行された。又貯藏量の不足を懸念されてゐた白米は、四月早くも泰米を積んだ第一船の入港を見た。商店、工場の復業については、まづ敵性資本の所有にかかる大規模工場の主要なるものが十七年二月より初めて六月までに內地事業家に經營を委託された。支那側銀行は二月に開業、三月には華人四大百貨店が開かれ、これに續いて支那商店は殆ど開業した。五月よりは日本商社の營業が許され、商社の進出が盛になつた。

十七年後半に入ると大東亞占領地の各地との間に物資の交流が開始されるやうになつた。まづ七月には、廣東との間に兩地正常貿易についての協定が成立した。十一月には香港比島間の貿易協定が締結、續いて中支香港間の貿易協定が成立し、その他協定によらざる內地、臺灣、泰、佛印、昭南方面との物資交流が行はれてゐる。又九月には貿易取締令が發布された。これは當面の香港の貿易統制の機構を規定したもので、右取締令により十月に貿易組合が成立した。昭和十八年に入つての香港建設の主要な方向は、前年度に於て礎石を置かれた交易關係を定着し、擴充する事に向つてゐる。即ち現地輸送力强化のため機帆船建造が開始され、又ジャンク輸送利用の各種手段が講ぜられてゐる。交易關係については、十八年五月から香港經由の輸送仲繼が開始されたが、このことは注目に値する。その內容の詳細は發表されてゐないが、仲繼の範圍は當面南支と限られてゐると解される。その他に第二年度に入つてからの香港經濟の大きな動きとしては、香港弗の通用が廢止され、占領地管區通貨の一元化が實現された。このことは、占領地經濟の性格を明確化する上に重大な意義をもつものと解される。

二、戰爭遂行と民生

以上香港建設の二年に亘る成果を見て、第一に考へられるのは、現在の香港經濟が二つの主要目的に向つて進んでゐることである。この二つの目的とは、第一には既存の施設と資材を利用して、可及的最大限に戰爭遂行の目的に貢献すること、第二には現地住民たる華僑の生活を安定せしめ、可及的に安居樂業せしめることである。この二つの目的は、他の南方占領地の經濟建設についても共通のものと言ふことができるであらう。ただ香港の場合には他の地域の如くそれ自身言ふに足る資源をもたず、その開發利用によつて戰爭遂行に貢献し得ず、また戰時必要資源の開發を原住民の生業となし得ないことである。この目的のため香港のなし得ることは、第一に、港としての共榮圈廣域の物資流通を媒介することであり、第二には他の地域より原料を得てこれを加工することである。この第一の港としての機能を發揮する程度は、結局共榮圈相互の經濟的紐帶の强化と船腹の潤澤さにかゝつてゐる。また第二の機能、即ち他の地域より原料品を獲得する可能性は、同じく背後地と船腹により條件づけられてゐる。而も原料輸入については〈食糧の輸入も同樣であるが）輸入對價の問題が關聯をもち、この輸入對價は結局、內地その他の投資を輸入資金とするか、或はストック品を見返物資とする外ない。

香港の追求するかゝる目的のために船腹と資金とを割り當てることは、全體の戰爭目的に合致する限度に於て許される。これを要するに、香港の建設はその目的に於ても手段に於ても、大東亞戰によつて條件づけられてゐる。現在に於ては、船腹と資力とをでるき限り中央に仰がないと、及びできる限り既存施設とストックの利用をはかることは、香港經濟の指導者に課せられた任務である。

香港占領後一年ならずして、南方物資の輸入が可能となつたのは、大東亞緒戰の赫々たる戰果の賜であり、共榮圈經濟の着々と現實化しつゝあることを反映するものである。だが、戰局は今や對峙の樣相を呈するに至り、而も南西太平洋上では苛烈なる航空戰が行はれて、尨大な消耗戰が進行してゐる。共榮圈經濟の現在の任務は、廣域內の資源のできる限り多くを戰爭遂行にさしむけ、米英の經濟力に拮抗すべき戰力を培養することでなければならない。この意味に於て香港に於ける現地住民の安居樂業といふ事も、戰爭遂行の大目的の許す範圍に限定されてゐるのである。從つて香港建設には、その反面に於て過剩人口の整理の課題が負加されてゐる。現在の香港は、大東亞戰前に集積した百五十萬に餘る過剩人口を目的なしに養ふことを許さない。總督部當局は、過剩人口を周邊地區の鄕里へ歸還せしめる方針をとり、人口は昭和十八年十月末に於て八十五萬に減じてゐるが、今後なほ疏散政策遂行の要ありと見られてゐる。

三、香港經濟の變質

我々はこの章に於て英領香港經濟の三つの要因として、一、仲繼貿易、二、工業、三、華僑の三つをあげたが、現在この三つの要因がいかなる狀態にあるかを見ることは、即ち現在の香港經濟の具體的な樣相を窺はしめる所以とならう。第一に、香港の貿易は現在のところ仲繼貿易とは言はれない。その輸入の全部は香港に於て消費し、或は工業原料とするための輸入である。ただし、香港の仲繼港としての機能は現在全く消滅したのではない。それは商業的にではなくて、輸送技術上に於て發揮されてゐる。即ちそれは香港商人の手によつて貨物が輸入され、更にこれを商機をつかんで再輸出するといふのでなく、戰時下船操りを簡捷化するためまづ香港へ輸送し、その倉庫施設を利用してこゝに收容し、更に他の地域へ輸送するものである。昭和十八年五月より實施されてゐる南支連絡輸送は、まづ南支の範圍に於て香港の仲繼的機能を發揮せしめたものである。第二に現地工業の中、造船業は全幅的能力を發揮して運轉してゐる。建造に、修理に、戰時下船舶增强に少からぬ貢献をなしてゐる。然し華人の小規模工業に至つては直接戰力增强に貢献するもの少く、且つ原料入手の關係等からその復興は必ずしも捗々しからぬものがある。第三に華僑送金に至つては、占領地相互間の資金移動の制限されてゐる折柄、戰前の如き自由をもたない。たゞ香港に家族を居住せしめてゐる者に對し、南方各地より生活費の一定額の送金が許されてゐるのみである。更に華僑の手による貿易に至つては、船腹が華僑の手によつて自由に動かされてをらぬ現在、殆ど行はれてをらぬに近い。たゞし、最近華僑の手による帆船貿易の推進に着目し、有力華僑がこの方面に動きつゝあることは附記に値する。

更に注意すべきは、現在戰時下香港經濟に新たなる一つの要因が加はつてゐることである。新たなるものとは、自給自足體制の可及的實現への努力である。この努力は先づ香港の農林業、漁業等原始生產業の重要性の增大となつて現はれてゐる。農林業に於ては、新界地區遊休地の大規模開墾、蔬菜果樹の栽培擴大、種苗及び肥料の改良による農業技術の引上げ、植林、畜産の大規模化等の計畫がすでに實行を開始してゐる。漁業に於ては內地漁業家の進出あり、現地漁民の間には總督部の指導の下にジャンク漁業組合の結成が完了してゐる。然しながら香港占領地全體の耕地は一萬二千町步に過ぎず、これをもつていかに增產に努力するも香港住民を養ふことは思ひもよらないのである。この點に於て、作物の轉換、或は開墾によつて自給體制の實現を企圖する南方諸地域と香港とは趣を異にする。香港の自給自足への努力とは、むしろ外洋輸送機關への依存をできる限り少くして、できる限り大量の食糧を調達することに歸着する。この見地よりしてまづ要請されるものは、直接背後地たる廣東方面及び中山縣との結合の强化である。昭和十七年七月、他の地域に魁けて廣東との交易協定が成立したことは、この方向への第一步であつた。而して十八年十一月、南支軍と香港防衛隊の協同の下に開始された廣九沿線地區肅淸作戰は、結果に於て香港の背後地の擴大となつて現はれてゐる。今後この地區の治安確立し、建設その緖についた曉には、香港自給體制の實現の飛躍的前進を促進するものと期待される。

香港經濟の現狀は以上の如くで、香港經濟が戰前の援蔣景氣をもたぬことは當然である。これは大東亞の一環として、香港の一切が戰爭遂行の目的にむけられてゐることを意味するものである。しかも香港がよく南方各地と物資の交流を保ち、八十數萬の人口をして安居樂業せしめてゐるのは、香港ひいては共榮圈經濟建設の一つの勝利でなければならぬ。もしそれ、大東亞戰後の香港經濟を論ぜんとするならば、それは現在の我々にとつては、餘りに條件なき空想論に耽るの譏りを免れぬであらう。だがすでに香港弗の禁止と軍票一元化が斷行され、香港仲繼輸送が開始されてゐる如きは、將來の香港の性格を決定する措置として注目すべきものがある。

第二章　總督部の經濟政策

過去一世紀に亘つて繁榮を誇つた香港は、大東亞戰爭の勃發、皇軍の進駐と同時にその經濟的性格を一變し、過去に見た樣な仲繼貿易港としての存在では有り得なくなつた。これは戰爭の過程に在るためであつて、將來の香港は大きな發展の餘地を持つものと信ぜられる。

香港に於ける經濟諸方策も、將來の性格を考慮しつゝ、而も現地住民の民生を考慮しつゝ、現下の最緊要事たる戰爭完遂の大目的のために香港經濟力を總動員する如く樹てらるべきであるがいま香港占領地總督部の經濟諸政策を見るに、すべて右の方針に從つて、行はれつゝあることをと知る。即ち九龍及び香港に在る造船所はその經營を邦人會社に委託し、その他港灣の諸施設はすべて軍官に於て掌握して軍事的基地としての使用を第一とし、商業港としての利用を從としてゐること、また歸鄉希望者には尠からぬ援助を與へて管區內不要人口の淘汰を計り、以て母國に對する荷重を成るべく小ならしめるやうに努めてゐること等は、香港をして戰爭目的に活用するために外ならぬ。香港總督部の採つた諸方策の跡を省みるに凡そ次の如くである。

第一に交易に關して述べれば、本國と香港との地理的關係は、英國統治の時代に比し一變した上に、戰爭中であるため當然受くべき船腹の制約、相手地の制限等の理由により、現在の香港では目醒しい仲繼貿易を望むことができない。而も地域は狹小で目星しい生產物の無い香港としては、どうしても戰爭中の自活、對外依存度の輕減を考慮する必要がある。そこで交易に關しては最初は輸移出に嚴に、輸移入に寬なる態度を採つたのである。

即ち、總督部開廳後間もなく昭和十七年三月に公布せられた「香港占領地總督管區に於ける出入、居住、物資の搬出入及企業、營業、商行爲取締令」(昭和十七年香督令第九號)に於ても物資の搬入には事後の屆出制を採用したが、搬出はすべて事前要許可と規定した。その後日本、滿洲國及び支那各地(澳門、廣州灣を除く)との貿易はすべて東京決濟(所謂特別圓決濟)となつたので、昭和十八年四月には、輸移入資金蓄積の目的からこれら各地向の輸移出は原則として無爲替輸移出を禁ずる事となつた(昭和十八年香督令第二十一號、特定地域向無爲替輸移出取締規則)。七月には前記昭和十七年香督令第九號中第四章「物資搬出入」を廢して、その代りに「物資搬出入取締規則」（香督令第三十二號）を公布し、爾後米穀、食用油脂、獸鳥魚肉、野菜等數種の重要食品を除き、その他の物資は搬入（輸移入）にも豫め總督の許可を必要とすることとした。續いて九月にはこの規程の運用を更に强化して、搬入には豫め許可を受ける必要のなかつた重要食品に就ても、これを廣州灣竝に澳門より輸入する場合には、許可を要することに改正した。この運用の强化は全く輸入資金節約の必要上採つた措置に外ならない。

一方、周邊地區（厦門、廣東省、澳門）との交易は、一般貿易業者にこれを認めたが、その他の地即ち日本、滿州國、北支、中支、佛印、泰國及び南方占領地との貿易は、相手地との協調を保ち、輸移入の促進を計る必要上これを香港貿易組合員にのみ限ることとし（昭和十七年香督令第四十三號貿易取締令、九月十八日公布施行）、同組合員の取引はすべて要許可と規定したから、隔地貿易は前記諸規定に拘はらず當初より輸移出入共に許可を要した。而して規定上貿易組合には國籍の如何を問はず加入することができるが、然し實際にはまだ中國人その他第三國人で同組合に加入を許されてゐるものはない。これは相手地との關係上止むを得ないであらう。

第二は物價政策であるが、香港は殆ど總べての日用必需品を外部に求めなければならず、且つ戰爭のためにその大半を隣接諸地域に期待するの外ない。而も地理的に見て香港は支那大陸と殆ど陸續きの關係にあるから、香港には物價の獨立性は有り得ない。香港の物價は、常に上海、廣東、澳門等のそれと相互に影響しつゝあるから、香港のみで獨自の物價政策を採らうとしても、それは望み得ない。殊に敵地區に於ける物價暴騰の影響もあつて、管區内物價の騰貴は止むを得ない現象だとせねばならぬ。そこで總督部に於ては、二、三の例外を除き原則として物價は放任することとしてゐる。

即ち、管區內住民の主食物たる米は總督部設置當初より配給制を實施し、一斤(四合)二十錢から逐次値段を上げて現在(昭和十九年一月末)では七十五錢にしてゐるが、之は他の物價に比較しても、また隣接諸地の米價に比べても未だ甚だ安く、その他鹽、砂糖等配給制を實施してゐる二、三の必需品價格は、何れも比較的低位に保たれてゐる。が然し、これらの商品でも自由販賣の價格には別段の統制は行つてゐない。從つて、例へば米の如きは配給價格は甚だ安いが、自由販賣の價格は一斤二圓から時に三圓近くに騰ることもある。この配給品の低價格維持には總督部として尠からぬ犧牲を拂つてゐるものの如くであり、且つ不要人口の疎散政策とは甚だ矛盾する觀もあるけれども、これら必需品價格の急激な騰貴が一般民衆に與ふる苦痛を考慮した、親心に出でたものと察せられる。だが、かゝる政策は占領後時日が經過し、民心の安定するに從つて漸次是正されて行くものと思はれる。

第三に商工業に關しては、商業、工業、其他一般の營業企業は總べて許可制としたけれども（前記昭和十七年香督令第九號）、原則として復業は無條件にこれを許した。他方物價は前述の通り原則として放任してゐるから、一般商業は仲々殷賑を極めてゐる。たゞ工業の部面では復業は大體これを認めたけれ共特に當局に於てその必要性を認めこれに援助を與ふるものの外は、原材料獲得の關係で未だその大部分は活況を呈するに至らない。諸工場中造船所を始め煙草工場、精糖工場等の重要工場は大部分敵產であつて、當局に於てこれを管理し經營を邦人に委託してゐるが、その他從前は華人經營に屬した木造船所、護謨工場、織布工場、製材所等も、我方に於て必要と認めるものは、買收或は日華合併乃至經營指導の形態をとつて、その經營には主として邦人が當つてゐる。これは原材料獲得の支援または確保の點から、必要な措置と言ふべきである。

第四に農林水產等の原始產業だが、英國の利己的政策により、從來この方面は餘り重きを置かれてゐなかつた。然し、大東亞戰爭完遂途上の現在では現地自活の趣旨からも、住民に生活の資を給する目的からも、これら原始產業は大に奬勵せらるべきである。そこで當局に於ては、新界地區に於ける開拳、干拓その他農業技術の指導改善に力を致すと同時に、戎克漁業組合を結成せしめて戎克漁業の指導、漁獲品の販路開拓、乃至漁獲製品の改善指導に努力してゐる。

第五に通貨並に金融に就ては、占領當初には圓軍票と香港弗の兩種通貨の使用を許したが、昭和十七年の夏、兩種比率を二對一より四對一に改訂すると同時に、香港弗の回收、軍票流通額の增大に着手し、昭和十八年四月には香港弗の對軍票交換(軍票希望者に對する交換)に關する制限を撤廢して軍票一色化に一步を進め(從來も軍票の對香港弗交換は無條件であつたが)、五月十日に愈々香港弗の使用禁止を發表して六月一日からそれを實施した。こゝに於て管區內通貨は完全に軍票一色化せられ、他日恒久通貨制を實施する基礎は確立した。而もその後も引續き當局は通貨緊縮方針を堅持し、他よりの送金乃至銀行の貸出に許可制を實施してゐるから、軍票の流通狀況は健實である。通貨流通高も、香港弗の全面交換を完了した六月初に比し、餘り增加してゐない樣子である。

各地からの送金は原則としてそれぞれ送金仕出地當局の許可を要する外、その支拂を受けるには香港總督部の許可を要する（但し日本、滿洲、廣東からの送金を除く）。また當地より各地向送金にして輸入貨物代金決濟のためのものは原則として許可されるが、その他のものは仕向地によつて多少の制限を受けることになつてゐる。また銀行の貸出は初め大藏省の要許可事項と定められてゐたが、その後總督の許可をも必要とすることとなり、昭和十八年十月二日以後は大藏省の許可は必要とせず、單に總督の許可のみで足りることとなつた。然しながら、先の必要を見越して豫め大藏省の許可を取得せしむる必要も無くなつたから、總督の許可は却て嚴格となり、眞に必要止むを得ざる場合の外、その許可を得ることは難しくなつた。

總督部當局は昭和十七年春米、英、蘭、白竝に重慶系銀行の所謂敵性銀行を、清算に附する旨發表し、目下その過程にあるが、この清算に於て特に注意すべきは、被清算銀行の資金を以てプールを組織し、各行一率に二割の預金拂戻を行つたことである。各行の資產狀態は區々で、極めて少數の或るものは預金全額の拂戻を行ひ得る資金を持つてゐたが、預金總額の六割五分を占めた香港上海銀行を始め大部分の銀行の資金は甚だ貧弱で、香港上海銀行の如きも、一割（清算中の諸費用を控除するときは五分）の拂戻を爲すことすらできない狀態にあつた。そこで當局は一般預金者のためを考慮し、且つ各行の局地的淸算に於て、それぞれ一地方店の資產狀態により預金拂戻を實行することは必しも公平で無いと云ふ見地から、プール制を採用し、尠からぬ拂戻資金を當局に於て負擔して、一率に二割の拂戻を實行したのである（總督部の援助が無い時は平均一割一分の拂戻を實行することは困難であつたと言はれてゐる）。

その他當局は、華資銀行の存立にも大に關心を有し、最初預金の拂戻に一定の制限を附したが、次で昭和十八年春、預金拂戻制限を撤廢する時には二千萬弗（五百萬圓）の救濟資金の貸出を實施して、華資銀行の資金難による閉鎖を救つた。右の淸算共同資金への據出と言ひ、華資銀行救濟資金の貸出と云ひ、共に通貨緊縮方針には反するが、これは一般民衆の受くる戰禍を成るだけ輕減せんとする慈悲心に出たものと稱すべきであらう。

以上數項に亘つて、總督部の經濟政策の跡を辿つた（財政々策に就ては次章に述べる）。なほ海運政策に關しても一瞥を拂ふ必要があると思ふが、海運は未だ受動的であつて、總督部としては機帆船の製造竝に運營に當つてゐる程度であり、また所謂仲繼港としての利用も、漸く大型船船の廣東航行を廢して香港止りと爲し、沿岸輸送を小型船舶に委ねた程度に過ぎず、香港を中心として以南以北兩線の折返し運輸も未だ實行の域には達してゐないやうに思はれる。だが、これらの措置だけでも、船腹の節約に貢献するところ蓋し大なるものと思はれ、また香港に對して、將來の大東亞仲繼港としての方向が認められたものと言ひ得る。從つてその意義は決して小さなものとは見られぬが、然し香港が海港としての眞價を發揮することは、なほ將來に屬するのである。

（附記）商工業其他の營業企業に關しては昭和十八年十二月二十五日「營業等取締規則」（香督令第五十二號）が公布され、十九年一月一日から施行された。これは昭和十七年三月の香督令第九號（前述）の企業、營業及商行爲に關する規定を改正して、單行法と爲したものである。この新單行法によれば、金融業其他十二項目の營業種目に就ては總督の營業許可、興行場、遊技場其他十五項目の業種に就ては憲兵隊長の營業許可を要するが、それ以外の營業はすべて屆出を以て足ることになり、華人の營業の自由は著しく擴大された。但し邦人の營業は「當分の中凡て總督の許可を受くべし」とされ、從來と變りがない。

第三章　財政及税制

總督部がその軍政費を如何にして賄つてゐるかは軍の機密に屬し、これを窺知することを許されないが、その財源の相當の部分を租税に據つてゐることは凡そ推察し得る。而して、香港の税制に就ては或る程度までこれを述べることができるので、以下それに就て記さう。

現在香港に於て施行されてゐる租税は、家屋税、特別家屋税、土地税、營業利益税、酒精含有飲料税、印紙税、遊興飲食税、娯樂税及び家屋所有權登錄税の九種目である。右のうち遊興飲食税が占領後に新設されたのを除き、舊香港政廳當時施行されてゐたものを大體踏襲したのである。舊政廳時代に行はれてゐたもので未だ施行されてゐないものとしては、遺産税、俸給税及び馬券税があるが、これら税目の復活に就ては、現在當局に於て研究中の模樣である。現行の九種目の租税につき税目別にその課税標準の算定方法、税率等の概畧を述べれば左の如くである。

家屋税の課税標準は税務所長の定めた賃貸價格とし、税率は百分の十六である。家屋税は昭和十七年七月二十五日公布の香港占領地總督部家屋税徵收令により、同年八月一日から實施されてゐる。

特別家屋税の課税評準は、家屋税の課税標準たる賃貸價格の合計額が五千圓以上のものとし、税率は百分の六である。本税は昭和十八年三月三十一日に施行された。

土地税は、舊政廳當時政府との間に借地權を設定したる土地に對し、借地權設定當時定めたる一定額(クラウン・レント)を土地税として暫定的にそのまゝ徵收するものである。本税は昭和十七年九月十三日公布施行の土地税令(昭和十七年香督令第四十一號)に基いて徵收されてゐる。

營業利益税は、法人個人を問はず、營業による前年中の總收入金額より、收入を得るに必要なる經費を控除したる金額五千圓以上(年額)に對して課税するものである。税率は

五千圓以上五萬圓以下の金額……百分の十
五萬圓を超ゆる金額……百分の十五
十萬圓を超ゆる金額……百分の二十
三十萬圓を超ゆる金額……百分の二十五

五十萬圓を超ゆる金額……………………………………百分の三十

とされてゐる。右の如く、本税では年額五千圓未滿の利益金額は免税されてゐるが、これは聊か税負擔の輕過ぎる感を抱かしめる（本税は昭和十八年四月十二日公布施行）。

酒精含有飲料税は、酒精を含有する飲料を製造、輸入または移入するものに對し、日本酒、支那酒は大體一斗につき十二圓、麥酒は一斗につき七圓、果實酒は一英ガロンにつき六圓、洋酒は一英ガロンにつき四十圓を課してゐる。本税は昭和十八年四月二十日に公布施行された。

印紙税は證書、帖簿等の作成者に對し、內地の印紙税と大體同樣印紙を貼用して、納税せしめるものである。税率は舊政廳當時のものとほゞ同率であるが、內地のそれに比しやゝ高率である。本税は昭和十七年十二月一日公布施行の印紙税令（昭和十七年香督令第五十號、十二月二十九日一部改正）に基いて徵收される。

遊興飲食税は昭和十七年十二月十一日公布の遊興飲食税令（同十五日施行）に基いて徵收されるもので、本税の仕組は內地の遊興飲食税と大體同樣である。然し税率は極めて低く、一人一回の遊興飲食料金二圓以上の場合、料金の百分の十を課してゐるに過ぎない。本税に就ても、營業利益税と同様に増税の餘地ありと見られる。

娛樂税は昭和十七年十二月二十四日公布、十八年一月一日施行の娛樂税令に基いて徴收されるもので、本税の仕組みは内地の入場税と大體同樣である。税率は階級別定額制を採用し、入場料金の百分の十二程度を課してゐる。

香港の税制は前にも一言した如く、大體舊政廳當時の税を踏襲してゐるが、然し税率及び課税標準等に就ては相當改められた點がある。それは占領前後の經濟事情の變化を參酌し、應能課税の租税原則をできる限り取入れようとしたためであり、これは民心把握の上からも當然の措置であらう。然し前に見たやうに營業收益税、遊興飲食税の如く多分に增税の余地を殘すもの、遺產税、俸給税、馬券税の如く舊政廳の施行したもので現在施行されてゐないもの、其他新税として擧げ得るもののあることは、一方に於て當局の民生に對する親心を知り得ると共に、他方に於て、なほ增税の餘地を殘し、香港總督部財政の基礎の堅實なることを物語るものと言へやう。

第四章　金融及通貨

第一節　金融機關

大東亞戰前に於ける香港は常に多額の遊資を擁して、一年を通じ金融は概して緩慢であつた。即ち香港は巨大なる仲繼貿易港であり、また華人有產階級の本據であつた上に、中國國內情勢の不安のため本土よりの資本逃避があり、更に南洋其他各地よりの華僑送金の香港經由が年々二億元乃至三億數千萬元に達した。にも拘はらず、他方に於て地場には農業は固より工業に於ても見るべきもの少く、資本の固定が少かつたため、金融は舊正、仲秋節前後の繁忙期を除けば常に緩慢で、比較的低金利を持續したのである。

然るに大東亞戰勃發するや東亞に於ける英國の牙城も二旬を出でずして皇軍の攻畧する所となり、玆に香港の性格は全く一變するに至つた。從つて新香港の金融市場も亦從前の英米色を完全に拂拭して、今や本邦銀行を宗主とし、日華兩國銀行の提携による再編成の途につくこととなつた。

一、銀　行

戰前香港には日本二、英國五、米國四、佛國一、和蘭二、白耳義二、中國三十一、合計四十七の銀行があり、內十五行が手形交換所に加盟してゐたが、皇軍占領後英、米、蘭、白の十三行と敵性銀行として認められたる重慶系四行、合計十七行が淸算を命ぜられるに至つた。

▽英國銀行……戰前香港に於ける英國銀行としては五行があつた。そのうち左の三行、即ち

香港上海銀行（滙豐銀行）Hongkong & Shanghai Banking Corporation.

渣打銀行 Chartered Bank of India, Australia & China

有利銀行 Mercantile Bank of India, Ltd.

は戰前に於ける發券銀行であり、何れも英國が東亞經濟侵畧の目的を以て設立したものである。

就中香上銀行（本店香港、創立一八六四年）は上海の支店と呼應して、英國の東亞に於ける金融

總本山とも稱すべき地位にあり、中國を初め東亞の各重要金融・爲替市場に於て縱橫に活躍すると共に、香港の各種産業、事業會社に巨額の投資關係を有し、香港經濟界に於けるピカ一的存在であつた。

次に、發券銀行以外の英國銀行として左の二行があり、

新沙宣銀行　E.D.Sassoon Banking Co.

通濟隆　Thos. Cook & Son (Bankers) Ltd.

兩行共に手形交換所非加盟銀行である。以上五行のうち、香上、渣打、有利の三行は昭和十七年四月七日に、また新沙宣、通濟隆の二行は同年五月廿日に、何れも淸算に附せられた。淸算人は正金銀行である。

▽米國銀行……戰前香港に於ける米國銀行は、左の四行であつた。

萬國通寶銀行　National City Bank of New York.

大通銀行　Chase Bank.

友邦銀行　Underwriters Saving Bank for the Far East.

美國運通銀行　American Express

以上の內前者の二行が手形交換所加盟銀行であり、後者の二行は非加盟銀行である。四行とも昭和十七年四月七日清算に附せられた。清算人は台灣銀行である。

▽佛蘭白銀行……佛蘭西、和蘭、白耳義系銀行には左の五行があつた。

佛國東方滙理銀行　Banque de l'Indochine

安達銀行　Nederlandsche-Indisch-Handelsbank

荷蘭銀行　Nederlandsche Handels-Maatschappij

華比銀行　Banque Belge pour l'Etranger (Extreme- Orient) S. A.

義品放款銀行　Credit Foncier d'Extreme-Orient

右の五行のうち佛國滙理銀行（現在營業中）は佛國銀行として、また安達、荷蘭の兩行は和蘭銀行として、何れも東亜に於て古い歴史を有する銀行であり、また手形交換所加盟銀行である。安達、荷蘭、華比の三行は昭和十七年四月七日に、義品放款は同年五月廿日に、何れも清算に附せられた。清算人は華比が正金、他の三行が台銀である。

▽中國側銀行……戰前香港には三十一の華資銀行があつたが、この内二十四行が戰後一應復業を許された。即ち入城後軍當局は、中國側銀行に對し一定條件の下に一應全部の復業を認める方針に出でたが、その後敵性顯著の理由により、昭和十七年六月十五日中央、廣東（淸算人正金）、中國國貨、中國農民（淸算人台銀）の四行が淸算に附せられた。右のうち廣東銀行は手形交換所加盟銀行である。復業せるその他の二十行は左の一覽表の通りであるが、そのうち廣東省、廣西、中南、金城、國華、新華信託、聚興誠、川鹽、福建省の九行は營業繼續困難、またはその他の事情により何れも自發的に閉鎖するに至つた。

銀行名	資本金	本店所在地	香港本店又は支店設立年
中國銀行	N.C.$40,000,000.（手拂交換所加盟）	重慶	一九一七年
交通銀行	N.C.$20,000,000.（仝）	重慶	一九二四年
東亞銀行	H.K.$5,598,600.（仝）	香港	一九一八年
華僑銀行	Sts.$10,000,000（仝）	昭南	一九二三年
永安銀行	H.K.$2,295,288.	香港	一九三四年

鹽業銀行	N.C $7,000,000	上海	一九一九年
香港汕頭商業銀行	HK.$250,000.	香港	一九三五年
國民商業儲蓄銀行	HK$1,125,160.	香港	一九二一年
中國實業銀行	N.C.$4,000.000.	上海	一九三八年
上海商業儲蓄銀行	N.C.$5,000,000.	上海	一九三四年
康年儲蓄銀行	HK.$407,000.	香港	一九二二年
福建省銀行	N.C.$5,000,000.	福建	一九三八年
廣東省銀行	N.C.$10,000,000.	曲江	一九二九年
廣西銀行	N.C.$15,000,000.	桂林	一九三二年
中南銀行	N.C.$7,500,000.	上海	一九三四年
金城銀行	N.C.$7,000,000.	上海	一九三六年
國華銀行	N.C.$1,000,000.	上海	一九三八年
新華信託儲蓄銀行	N.C.$2,000,000.	上海	一九三九年
聚興誠銀行	N.C.$4,000,000.	重慶	一九三八年
川鹽銀行	N.C.$3,000,000.	重慶	一九四〇年

そこで現在管區內に於て營業中の中國側銀行は十一行（昭和十八年十二月末現在）となつてゐるが、今後更に閉鎖するものも生ずべく、中國側銀行の一層の整理統合は金融再建上の一課題である。戰後復業せる中國側銀行の動向乃至業態が如何なるものであるかは、左表によつて窺知し得られるであらう。

中國側銀行預金、貸出、現金殘高表

（昭和十八年四月末迄は香港弗勘定、同年五月末以後は軍票勘定）

年月	銀行數	預金殘高（銀行預り金を含む）千弗	貸出殘高 千弗	現金（銀行預け金を含む）千弗
昭和十七年十月末	二〇	六八、一三七	二二、六二九	一九、二三一
十一月末	二〇	六五、九二六	二二、四二二	一七、七〇六
十二月末	二〇	六五、八五一	二二、三七七	一八、五四四
昭和十八年一月末	二〇	六四、五〇三	二二、三一四	一七、三四八
二月末	二〇	六三、〇九八	二一、七七三	一七、〇〇五
三月末	一八	五六、六六二	二〇、九三九	一四、三二二

二〇二

年月	銀行數	預金殘高	貸出殘高	現金
		千弗	千弗	千弗
昭和十八年四月末	一七	五二、七五二	二〇、六六七	一二、三四四
		千円	千円	千円
五月末	一五	一五、五九二	五、〇二五	七、三五六
六月末	一五	一五、一三七	五、〇六三	六、五七七
七月末	一四	一五、二七三	四、七九三	六、六六〇
八月末	一三	一四、九三四	四、七〇八	六、五九五
九月末	一三	一四、八一九	四、六八八	六、四九五
十月末	一一	一四、五五九	四、四三五	六、三七七
十一月末	一一	一四、七一六	四、四五七	六、五三三
十二月末	一一	一五、〇〇四	四、四七五	六、八七二

▽本邦銀行……本邦銀行としては正金、台銀の二行がある。兩行共戰前には手形交換所加盟銀行で戰争により一時閉鎖したが、昭和十七年一月廿四日には早くも兩行支店共舊店舗に於て再開し、その後正金は舊廣東銀行、台銀は舊「ナショナル・シチー」銀行跡にそれ〴〵移轉し、本邦

銀行の偉容を示すと共に、當地金融の中樞たるべき將來を約束せられるに至つた。次で戰前にはなかつた日本銀行代理店が正金支店に決定し、同年二月五日より業務を開始、また正金は同年七月二十四日より當局の命令で九龍側に分店を開設した。

香港の經濟建設の促進と共に、交易協定の擴大、諸工場諸事業場の操業增大に伴ひ、資金並に物資の移動も漸次活潑となり、本邦銀行の業態も漸く本格的となるに至つた。

二、錢　莊

戰前香港には約二百軒の錢莊があり、戰後軍並に總督部財務部によつて公認錢莊として營業を許可された錢莊は一時は六十八軒を算した。然し彼等の戰後に於ける主要業務たる法幣對香貨の賣買も、昭和十八年六月一日から實施の新通貨規程により許可事項となつたため、復業した錢莊の多くは廢業乃至轉業の餘儀なきに至り、現在なほ營業を繼續してゐるものは、華僑送金取扱錢莊十數軒に過ぎず、また財務部は錢莊の公認なる呼稱を廢止せしめた。

華僑送金は戰爭により中絕したが、本邦當局の斡旋により十八年一月佛印よりの送金を手始めに、泰、昭南、馬來、蘭印、各地よりの華僑送金も漸增の傾向にある。現在の華僑送金取扱錢莊は、次の十五軒である。

道亨、榮興、富衡、永亨、永豐、鴻德、恒生、英信、廣安、鄧天福、義生、財記、永隆、麗源、發昌

三、其他の金融機關

戰後に於けるその他の金融機關としては、庶民金融の華人質屋業者が約百三十軒、華人信託業者が約百軒、中國側保險會社が十七社（損害十四社、生命三社）及び第三國保險會社がある。本邦保險會社としては、內地中央部選定の進出會社たる日本火災海上、共同火災海上、明治火災海上、安田生命、千代田生命の五社と、戰前より進出してゐた日本海上火災、東京火災海上の二社がある。また本邦保險會社（損害十八社、生命二社）の代理店業者が廿五軒ある。

なほ戰前の手形交換所、上海爲替交易場、株式取引所は、軍政下の現在中絕の姿であるが、新香港の經濟復興に伴ひ、いづれは、これら諸機關の再開が問題になつて來るものと思はれる。

第二節　通貨

香港英政廳は、一九三五年（昭和十年）南京政府の幣制改革と相呼應して、銀の輸出禁止並に國有を實施し、以前銀本位たりし香港弗を、對英一志三片見當を以て英國磅にリンクせしめ、磅爲替本位の管理通貨とした。

一、戰前に於ける通貨

戰前に於ける通貨としては香港弗、舊法幣及びその他の外國通貨があつたが、然し戰前香港の法定通貨は香港弗であり、それには次の三者があつた。

（イ）香上、渣打、有利の三發券銀行の發行紙幣。幣種は五百弗、百弗、五十弗、十弗、一弗があつたが、但し一弗券の發行權は香上銀行に限定されてゐた。（ロ）英政廳發行の一弗紙幣。これは幣制改革當時、緊急通貨として發行されたものである。（ハ）英政廳發行の硬貨、ニッケル貨（十仙、五仙）銅貨（一仙）。

戰爭直前頃の香港弗の流通高がどの位であつたかといふに、昭和十六年十二月二十五日現在の三發劵銀行の發行高は約二億九千萬弗、政廳の紙幣竝に硬貨の發行高は約千二百萬弗、合計三億弗前後と言はれ、そのうち現總督部管內在高は約二億四、五千萬弗と想定されてゐた。

次に舊法幣及びその他の外國通貨であるが、戰前舊法幣の流通は認められてゐなかつた。然しその賣買は許され、また中國側銀行に於ては、法幣勘定の預金も取扱つてゐた。

戰前香港に於ける法幣在高は大體三億元見當と云はれ、その內譯は銀號其他の手持が九千萬乃至一億元、銀行三、四千萬元、一般一億五千萬元見當と豫想されてゐた。戰前香港で賣買された外國通貨としては米國紙幣、英國紙幣を初めとし比島、佛印、泰、新嘉坡等各地の紙幣竝に貨幣があつた。

二、戰後に於ける通貨

攻畧後軍當局は軍票を使用したが、香港弗を直ちに排擊するが如き急激な施策は行はず、軍票對香貨の比率を二對一に定め、その併用を認めた。その後昭和十七年七月二十四日、香貨の對軍票比率は四分の一に切下げられ、同時に公租公課を初め對總督部納入金を軍票に限定し、他方軍票賣需者に對しては軍票交換所をして賓應ぜしめ、以て軍票流通面の積極的擴充を圖る事となつた。斯くて軍票も至極順調な流通振りを示したが、十八年二月中旬、上海その他隣接地域の投機者と相呼應せる當地思惑筋の香貨買が突如として擡頭し、爾後その風潮は一時益々旺盛となつた。然し四月に入ると、流石熾烈と極めた香貨の思惑買も漸く下火となり、同月中旬には軍票交換所も再び順交換に轉換するに至つた。次で當局は、五月十日に新通貨規則を公布して、六月一日以後香貨の流通を禁止する旨發表し、こゝに於て管區內通貨は名實共に圓一色となり、管區內通貨の整理も一應完了したのである。

第五章　物價

戰時經濟下に於ける物價對策は最も困難な問題の一つであるが、香港に於ては、その對策は特殊の困難に遭遇する。それは第一に、香港が消費都市であつて生產都市でないこと、第二に、殷賑を極めた貿易が殆ど中絕せることといふ二つの大きな理由に基くものである。從つて物價面の様相は千姿萬態であつて、その處理は極めて困難であり、且つ愼重を期さねばならない。

また物價對策に就ては、完備した調査と整備した機構を必要とするのであるが、軍政の現段階に於てこれを求めることは至難である。また機械的に公定物價政策乃至低物價政策を採用しても、自由取引の發生を抑止することは困難であり、且つ香港の地理的環境より見て、却つて惡結果を招來する。といふのは、それによつて香港の物資を散逸せしめると同時に、他よりの入荷を阻む虞れがあるからである。そこで總督部では、生鮮食料品に就ては卸小賣市場の整備により、努めて需給を調整し、價格の安定に資するが、右以外の物資に關しては特段の物價抑壓策を採らず、専ら宣傳啓蒙によつて買溜、賣惜み、暴利の獲得等をなからしめようとしてゐる。

　而して、生活必需物資に關しても、日本內地に於ける如く、最低必要量を配給する反面、配給量だけを以て生活を維持せしめるといふ建前をとつてゐない。配給量を以て不足する者に於ては、それ以上の量を市場に於て自由に買ひ得るのであつて、例へば華人に對しては一人一日當り〇・四斤の米の配給を行つてゐるが、それ以上の米を必要とする者は、市場に於て、自由に買つて差支へないのである。か〻る點で、內地に於ける配給制度とはその方法並に精神を異にする。これは內地と香港との諸事情の相違に基くものであるが、內地の配給制度と香港のそれとの相違を明瞭に理解しない場合には、香港の配給制度並に物價に就て誤解を生ずる虞れがある。

　內地の配給制に於ては、配給制度の布かれてゐる生活必需物資を市場から自由に買ふことを許されない。從つて、若し配給量以上のものを市場で買ふとすれば、それは闇取引であり、その市場は闇市場、その價格は闇相場である。然し香港の配給制度は、前述の如く內地のそれと建前を異にする。從つて、配給量以上のものを市場で買つても、それは闇取引ではない。單に自由取引であるに過ぎず、その市場は自由市場、その價格は自由價格に過ぎない。もちろん、自由市場に於ける價格は配給價格よりも遙に高い。然しそれは「闇相場」ではないのである。たゞその價格が、種々の事情を考慮して法外に高きに過ぎ、餘りに暴利をむさぼるものと認められるときは、取締りを受ける。例へば周邊地區の物價及び運賃等を考慮してもなほ法外に高いもの、賣惜みの跡顯著なもの、配給物資を市場へ流すもの等は暴利をむさぼり、軍政遂行を阻害するものとして取締りを受け、處罰される。然し、さやうに法外な高價をむさぼらぬ限り、その取引は自由に許されてゐる。だから、香港でも黑市（black market）なる言葉は俗に使はれてはゐるが、然しそれは內地の如き意味に於ける闇市場を意味するものではなく、單に自由市場に過ぎないのである。

以上に述べた如く、總督部では（一）生活必需物資に就ては管理配給制をとり、（二）生鮮食料品に就ては卸小賣市場の整備を計り、（三）右以外の物資に就ては特段の物價抑制策をとつてゐないが、右の（一）及び（二）の配給制及び卸小賣市場に就ては、本章に續く第六章「交易・商業及配給」の個所で述べることとし、本章では、主要商品の物價の動きを左に示す事としよう。

こゝに示す數字は民治部商工課の調查にかかるものであつて、今日までに得られた唯一のまとまつた物價調查である。調查の時期は昭和十八年五月末で終つてゐるが、その調查範圍の廣汎に亘つてゐること及び戰前との比較を行つてゐることにより、有益な資料としてこれを利用することができる。本調査は、その調査要領に於て次の如く述べてゐる。

（一）管區內個人有力店鋪竝に百貨店數軒につき價格の提示を求め、或は該店鋪の台帳を參考に資す等の方法により、能ふ限り同一品質の物價調査に努めたるも、品質多種多樣に亘り正確を期し得ざる憾ありと雖も之を以て大體の物價動向の參考に資す。

（二）調査範圍は短期間に於て爲したる關係上日常生活必需品に重點を置き、其の品目を左の如く限定したり。

一、食料品……四七種
二、青果物……三二種
三、肉　類
　イ、豚肉……五種
　ロ、牛肉……六種
　ハ、鷄肉……四種

ニ、魚肉……七種

ホ、鹽干魚……五種

四、酒類……二一種

五、燃料……七種

六、紙類……二七種

七、綿布類……九種

八、洋服生地……一八種

九、工業藥品及漢藥

イ、工業藥品……一五種

ロ、漢藥……一〇種

十、電氣器具……一七種

十一、金屬製品……二六種

十二、雜貨

イ、化粧品及香料……三三種
ロ、石鹸……九種
ハ、シャツ類……七種
ニ、肌衣類……八種
ホ、襟飾……七種
ヘ、帽子……三種
ト、靴足袋……九種
チ、毛絲……六種
リ、毛絲製品……九種
ヌ、浴巾及手巾……一三種
ル、敷布及テーブル・クロース……一〇種
ヲ、毛布……八種
ワ、革製品……一七種

カ、洋傘……………………………五種

（三）單價は戰前圓弗爲替を基準として之を等價に換算し、昭和十六年九月末現在を一〇〇とし、圓を以て其の後の比率を求めたり。

「調査要領」の（三）に於て言はれてゐることは、第一に大東亞戰前に於ける圓對香港弗の比率が一對一であつたものとする。即ち、例へば香港弗の二十仙は我が二十錢に當るものとする。第二に、昭和十六年九月末現在の弗を以て現はされた價格を一〇〇として、その後の圓を以て現はされた價格と、十六年九月末現在との比率を求める。即ち、例へば昭和十六年九月末現在の價格が香港弗の二十仙、昭和十八年五月末の圓を以て現はされた價格が二十錢とすれば、その比率は一〇〇で變りなく、また三十錢であればその比率は一五〇となるのである。

×　×

さて本調査に基き、昭和十六年九月末、十七年三月末、同九月末及び十八年五月末のそれ〲の比較を、主要品目に就て示せば以下の如くである（×印自由市場價格、△印公定價格）。

品名	單位	昭和十六年九月末 弗	昭和十七年三月末 円	昭和十七年九月末 円	昭和十八年五月末 円	十六年九月末を一〇〇とする十八年五月末の指數
一、食料品						
白米（大米）	一斤	〇・二〇	〇・二〇	〇・三〇	（×二・〇五 △〇・三〇）	一、〇二五 一五〇
砂糖、二四號 白砂糖	一斤	〇・一八	〇・七〇	〇・五五	（×三・五〇 △〇・六〇）	一、九四四 三三三
食鹽	一斤	〇・〇五	〇・三五	〇・一三	（×〇・四〇 △〇・二〇）	八〇〇 四〇〇
食用油	一斤	〇・三七	一・六〇	一・四〇	五・五〇	一、四八六
卵	一個	〇・〇五	〇・二五	〇・三〇	〇・四〇	八〇〇
中等醬油	一斤	〇・二〇	〇・二〇	〇・三〇	一・五〇	七五〇
二、青果物（中央市場指定價格）						
ジヤガイモ	一斤	〇・一二	〇・四三	〇・七二	〇・九六	八〇〇
白菜	一斤	〇・一八	〇・一六	〇・一八	〇・二三	一九二
ネギ	一斤	〇・〇八	〇・二五	〇・二七	〇・四三	五二五

二一六

三、肉類						
豚肉	一斤	一・五〇	三・七三	三・〇二	五・三三	三五五
牛肉	一斤	一・三〇	二・四〇	二・四〇	三・六〇	二七七
上鷄	一斤	二・四〇	—	三・七〇	一〇・四〇	四三三
大魚	一斤	〇・八五	—	一・一〇	一・二〇	一四一
鹽干魚(イト)	一斤	〇・五〇	〇・七五	一・二〇	一・〇七	二一四
四、酒類						
ウヰスキー(ジヨニウオカー黑)	大瓶一本	一一・〇〇	一二・〇〇	四一・〇〇	九五・〇〇	八六四
ヂン(ゴードン)	大瓶一本	四・五〇	三・〇〇	六・〇〇	三二・〇〇	七一一
五、燃料						
薪	一斤	〇・〇二二	〇・〇〇四	〇・〇〇四	〇・〇〇八	三六四
燐寸(香港印)	十ヶ入一包	〇・二五	一・六〇	〇・四二	〇・七五	三〇〇

品名	單位	昭和十六年九月末 弗	昭和十七年三月末 円	昭和十七年九月末 円	昭和十八年五月末 円	十六年九月末を一〇〇とする十八年五月末の指數
六、紙類						
平版新聞紙	三二吋×四三吋・連	一一・五〇	一六・〇〇	二六・〇〇	一七〇・〇〇	一、四七八
模造紙	三一吋×四三吋・封度	〇・五八	一・〇〇	一・六〇	八・五〇	一、四六六
七、綿布類						
上海品細布	一二封度四〇碼	二六・〇〇	二六・〇〇	三七・〇〇	二二〇・〇〇	八四六
八、洋服着地						
英國製冬物・ドーメルツーステッド	五八吋・碼	五〇・〇〇	六二・〇〇	七八・〇〇	一二〇・〇〇	二四〇
アーサー英國製合地セル地	五六吋・碼	二〇・〇〇	二七・〇〇	四二・〇〇	一〇〇・〇〇	五〇〇
英國製白麻地	二八吋・碼	七・〇〇	八・五〇	一〇・〇〇	三〇・〇〇	四七九
九、工業藥品及漢藥						
石炭酸	一封度	一・二〇	—	五・〇〇	二七・〇〇	二、〇〇〇

二一八

硫酸	一封度	〇・四〇		〇・五〇	三・八〇	九五〇
漢藥(防風)	一百斤	七〇・〇〇	一二〇・〇〇	一八〇・〇〇	一八〇・〇〇	二五七
漢藥(大黃)	一百斤	二〇〇・〇〇	一〇〇・〇〇	一四〇・〇〇	一八〇・〇〇	九〇
十、電氣器具						
四十ワット電球(華德)	每個	〇・三〇	〇・三〇	〇・五〇	一・五〇	五〇〇
香港製三B牌懷中電燈	每個	二・八〇	二・八〇	三・二〇	三・五〇	一二五
上海南華一六吋吊扇風機	每個	三九・〇〇	三九・〇〇	四六・〇〇	六〇・〇〇	一五四
ラヂオ六球R. C. A. Q. 22	一台	九〇・〇〇	一三〇・〇〇	一七五・〇〇	二一五・〇〇	二三九
十一、金屬製品						
上海三角牌支那鍋	每個	一・五〇	一・五〇	四・五〇	六・〇〇	四〇〇
二封度魔法壜(立興)	每個	二・五〇	二・五〇	三・〇〇	七・〇〇	二八〇
十二、雜貨						
ザレット・セット	一組	二・五〇	二・八〇	四・〇〇	六・五〇	二六〇

品名	單位	昭和十六年九月末 弗	昭和十七年三月末 円	昭和十七年九月末 円	昭和十八年五月末 円	十六年九月末を一〇〇とする十八年五月末の指數
化粧石鹼（白皇）	毎個	〇・三五	〇・七〇	一・二〇	三・五〇	一、〇〇〇
香港コスモス印ワイシャツ	毎枚	四・五〇	四・五〇	八・五〇	二〇・〇〇	四四四
香港製メリヤスシャツ（金爪牌）	毎枚	二・〇〇	三・〇〇	五・〇〇	七・〇〇	三五〇
香港製ネクタイ	毎本	〇・九五	〇・九五	一・五〇	三・〇〇	三一六
帽子（英國製冬帽太子印）	毎個	一二・〇〇	一二・〇〇	一七・〇〇	二三・〇〇	一九二
上海渣華男子靴下	一足	〇・六〇	〇・六〇	一・〇〇	二・〇〇	三三三
上海製蜂巣牌四本毛絲	一封度	八・〇〇	一一・〇〇	二〇・〇〇	三〇・〇〇	三七五
英國製フラィアノ條シャツ	一枚	一二・五〇	一五・〇〇	二五・〇〇	三五・〇〇	二八〇
香港製富華興白浴巾	一枚	〇・六〇	〇・六〇	〇・八五	三・〇〇	五〇〇

英國製ベッドシーツ	一枚	七・〇〇	九・五〇	一五・〇〇	二五・〇〇	三五七
英製二封度太平白印毛布	一枚	五五・〇〇	六〇・〇〇	九〇・〇〇	一五〇・〇〇	二七三
上海製 66"x84" 寶安印毛布	一枚	二九・五〇	四三・〇〇	五八・〇〇	八〇・〇〇	二七一
中國製男子短靴	一足	九・五〇	九・〇〇	一三・五〇	六五・〇〇	六八四
啓昌トランク（三十吋）	一個	二五・〇〇	二二・〇〇	四五・〇〇	三〇〇・〇〇	五二〇

以上の如く諸物價は相當の値上りを示し、昭和十六年九月末と十八年五月末とを比較すると、例へば砂糖の市中値段は十九倍、食用油は十五倍弱、白米は十倍、紙類は十五倍弱といふ騰貴を示してゐる。だが然し、この騰貴の主たる原因は、香港周邊地區の物價高にあり、且つ上海、廣東等の物價高に比すれば、香港の物價昂騰の程度は物によつては未だ少いのである。それは、香港に在つたストック品の關係も大いに與つてゐるであらう。

第六章　交易・商業及配給

第一節　交易機構と商社

香港は、將來共榮圈內交流物資の中繼地として重大な使命を負ふものと思はれるが、大東亞戰下の現在に於ては、その其使命は主として船腹調整上の中繼的役割に制限され、交易上の中繼地としては、未だその眞價を發揮するに至つてゐない。

而して現在、香港の交易は大東亞共榮圈內諸地域との緊密綜合的な物資交流計畫に基いて行はれてゐるが、この計畫に即應するために、香港と內地、臺灣、滿洲、北中支、泰、佛印及び南方占領地との交易には、强力な統制が加へられてゐる。その統制實行のために、當局は昭和十七年十月、主として邦人商社をして香港貿易組合を結成せしめ、同組合員をして輸出入の總てを取扱はしめてゐる（無爲替輸出は原則として禁止の方針である）。

また周邊地區（厦門、廣東省、澳門、廣州灣）との交易は輸出許可制の下に一般日華貿易商により比較的自由に行はれてゐたが、昭和十八年七月十五日以降、主要民需物資以外の輸入に對して許可制が實施され、更に十月一日以降、廣州灣及び澳門よりの輸入は總て許可制となり、生活必需物資獲得資金の活用が許られてゐる。

香港貿易組合の統制機構は次の如くである。即ち組合を構成する組合員を輸移出入組合員と卸配給組合員とに區分し、輸移入物資は原則として配給組合員を經て小賣商に配給せられ、且つ配給組合員相互間の賣買は禁ぜられてゐる。而して貿易組合員は左の通りである（昭和十八年十二月末現在）。

岩井產業株式會社、伊藤商行、岩田產業株式會社、株式會社市田商會、服部貿易株式會社、日綿實業株式會社、日商株式會社、南日本音響株式會社、日本海洋漁業統制株式會社、株式會社西村商會、日扇興業株式會社、本田洋行、堀內書店、盈成商行、東洋棉花株式會社、東記洋行、東洋工業商會、中和商業公司、忠榮洋行、兆榮洋行、中香洋行、林大洋行、越智洋行、折田洋行、王永星洋行、大倉產業株式會社、渡邊產業公司、東華洋行、株式會社加藤商會、加藤物產株式會社、華昌洋行、河村洋行、開洋興業株式會社、加藤洋行、華南運舘公司、高島屋飯田株式會社、株式會社竹腰商店、泰福洋行、大成洋行、株式會社大同洋紙店、大丸興業公司、臺灣日蓄株式會社、田中洋行、大陸貿易公司、臺灣青果株式會社、武田製藥工業株式會社、竹村棉業株式會社、第一製藥株式會社、株式會社鶴谷商會、株式會社中村商會、南華商業公司、株式會社南興公司、野崎產業株式會社、山ノ內製藥株式會社、丸山商店、丸永株式會社、株式會社松坂屋、前田洋行、株式會社協同組、吉昌洋行、協元順、協榮洋行、株式會社福岡玉屋、株式會社福大公司、鄉原洋行、江商株式會社、公誠公司、興亞書店、安宅興產業株式會社、淺野物產株式會社、株會安部幸商店、三羊公司、三興株式會社、櫻商行、美豊洋行、三菱商事株式會社、三井物產株式會社、上海紙業公司、信和洋行、振山公司、鹽野義製藥株式會社、時達洋行、新興株式會社、新東貿易株式會社、白木貿易株式會社、昭和貿易公司、廣松洋行、百興洋行、平岡公司、森田洋行、森下仁丹株式會社、山口洋行、石油聯合株式會社、中華出光興業株式會社

第二節　交易の狀況

水產業の外には殆ど見るべき原始產業を持たぬ香港は、食糧、原材料その他の重要物資の總て

を共榮圈內各地に期待せねばならぬ狀態にある。例へば米を泰、佛印に、食用油を北支、滿洲及び南方諸地域に、小麥粉を中支に、絹、綿絲布を內地、中支に、護謨、錫、燃料油、木材を南方諸地域に、各種機械、原材料、藥品類を內地または中支に期待するが如きである。從つて香港よりの輸出は鮮魚、鹽干魚類を除く外、殆ど總てこれら諸地域よりの輸移入原料の加工、乃至戰前よりのストックによつて行はれてゐるが、幸に精糖、兩切煙草等を相當に輸移出し、前記輸移入資金の一部を補ひ得る狀態にある。

また廣東、澳門、廣州灣その他の地區よりは牛、豚、野菜、果實等の日常生鮮食料品を輸入してゐる。

最後に、香港が共榮圈諸地域に期待する物資、及び香港よりこれら諸地域に供給する物資を、地域別に示せば左の如くである。

一、內地・中北支・及び滿洲國

期待物資	供給物資
豆類、豆粕、食用油、小麥粉、綿糸布、板	砂糖、安平、麻袋、マニラロープ、漢藥

硝子、ライスペーパ、板紙、化學藥品、機械類、石炭、阿片

二、南方諸地域

期待物資

米、石炭、木材、薪、生ゴム、雑穀、葉煙草、パーム油、椰子油、籐、棚椒、錫、原糖、マニラ麻

供給物資

砂糖、紙巻煙草、雑貨、綿製品、燐寸、マニラロープ、支那土産紙、支那賣藥品、安平、洋紙、茶、野菜種子

三、沿岸諸地域

期待物資

ライスペーパ、安平、土産紙、土木建築材料、支那酒、葉煙草、桐油、土糖、食用油、漢藥、家畜類、家禽類、野菜類、果實類、卵類、雑穀類、木炭、薪、陶器類、鹽

供給物資

綿織物、綿製品、紙巻煙草、洋紙、ゴム製品、漢藥、鹽干魚、燐寸、籐、雑貨

第三節　商業の狀況

戰前に於ける香港の商業は、消費都市であるとともに世界貨物の集散地として活況を呈し、商人も、その資力に應じて貿易兼業者が勢力を占めてゐた。戰後に於ては、世界經濟情勢の一變と同時に、輸送の困難はこれら商人の本來の經濟活動を阻止するに至つた。また昭和十七年三月二十八日、香督令第九號により、物資の搬出入、企業營業の一切が許可制となつたことも、或る程度商業活動に影響を及ぼした。

昭和十八年九月末現在に於ける各營業の分布狀態を見るに次の如く（營業許可統計による）

許可總數	四二、〇〇〇		
商	六八％	工業	二％
農林水產業	一一％	貿易業	一％
交通業	一〇％	其の他	八％

となつてをり、右のうち邦人の進出狀況を示せば左の如くである（單位件）。

一般貿易	八七	洋服商	三
沿岸貿易	八四	五金商	三
食料品雜貨商	四二	建築材料商	二
雜貨商	一九	屑物營業	二
煙草商	七	寫眞機械材料商	二
船具商	六	洗濯業	二
菓子商	五	百貨店	二
レコード商	四	運動具商	一
物品販賣業	四	タイプライター商	一
時計商	三	電氣器具商	一
海產物商	五	葬具商	一
書籍商	三	額椽商	一
疊商	三	薪炭商	一
吳服織物商	三	計	二九七

右の數字によつて解るやうに、貿易業者が大多數を占めてゐるが、邦人商社は一部特定商社を除き、占領後二年後の今日に於ても餘り活潑な商業的活動を營んでない狀況にある。

第四節　生鮮食料品市場

香港に於ける生鮮食料品市場は蔬菜、果實、鷄、鷄卵、生牛、生豚等農產生鮮食料品の卸賣をなす香港大賣市場、鮮魚竝に鹽乾魚介類の卸賣をなす香港水產物卸賣市場、及びこれら兩卸市場からの物資の供給を受けて一般消費者の需要に應ずる公設小賣市場の三種がある。

英政廳時代の市場は、政廳衞生局主管の直營事業として衞生的設備に重點が置かれてゐた。ために露店商人等も嚴重な取締りを受け、僅かに一般需要者の便益のため、局限された區域内に於て鑑札制度による所謂門付行商人の野菜、果實の擔賣が認められたに過ぎなかつた。

皇軍占領後の變態的所產物と言ふべき露店商人に對しては、小賣市場開場と同時に布告を以て露店指定區域を設置し、取締官憲の協力を得てこれが嚴重取締をなし來つたが、昨今市場の整備に伴ひ、これら露店業者も漸次市場内に吸收されつゝある。以下各市場に就て說明しよう。

（一）大賣市場（農産生鮮食糧品）……香港攻略直後、軍政廳民政部に於て廣東とのバーター制に基く農産生鮮食料品の輸入を開始するに當り、荷受組合を組織して輸入物資の荷受荷捌をなさしめてゐたが、昭和十七年二月二十日占領地總督部が設置されるに至り、その指導監督も亦總督部に移されて、業務を續行して來た。然しその後この組合は諸種の事情により發展的解消を遂げ、昭和十八年八月一日・香港在住農産生鮮食料品取扱業者（日華人四十餘名）の共同出資による資本金十萬圓の香港大賣市場組合の結成を見た。この市場は香港側西住吉通に開場されたが、更に九龍側油蔴地に分場を設置し、蔬菜生果部、家畜部、家禽卵部の三部に分つて專屬仲買人を置き、農産生鮮食料品の圓滑な需給調整、適正なる價格の維持に當つてゐる。

（二）水産市場……攻略直後に於て水産物資獲得のため魚欄業者組合を結成したが、これを發展的に解消し、昭和十七年十月八日、日本水産會社、天草水産會社、戎克漁業者組合、魚欄團體等を組合員として、資本金五拾萬圓（共同出資）の香港水産卸賣市場組合を結成した。この市場は香港側山王台に置かれてゐるが、更に九龍側油蔴地に分場を設置し、活潑な水産物資の需給調整に應じてゐる。また近く香港側筲箕灣に分場を開場すべく目下準備を急いでゐる。

（三）小賣市場……小賣市場に就ては昭和十七年一月四日、舊英政廳時代の公設市場を香港側十一個所、九龍側九個所、合せて二十個所を復活し、民需に應へることとした。が、その後市場商人の增加と兩卸賣市場の開場その他により、漸次小賣市場數も增加して香港側十四、九龍側十三、合計二十七の市場の開設を見るに至つた。そこで昭和十八年七月三十一日、各市場每に小賣商組合を結成し、更にこれを打つて一丸として香港小賣市場組合聯合會を組織し、斯業の發展に乘り出してゐる。而して諸般の事情に鑑み、小賣市場は總督部直營を離れ、昭和十八年十月より聯合會がこれを代行經營することとなつた。

なほ大賣市場及び水產物卸賣市場の昭和十八年上半期（一月より六月に至る）に於ける一ケ月平均取扱數量並に取扱價額は、次に示す如くである。

（一）大賣市場

	取扱數量	取扱價額(円)
青果蔬菜類	二、〇二一、一八六斤	五三六、二九七
家畜類	一一四、〇〇七斤	二六六、八七七

家禽類	一七、四〇八斤	七〇、六三六
生卵類	三五二、一九五個	八六、八八七

（二）水産物卸賣市場

	取扱數量（斤）	取扱價額（円）
鮮魚類	四七一、四六三	三九二、一〇九
鹽乾魚類	四三八、五八六	三二一、六六〇
淡水魚類	一五二、三〇七	二六二、八二三

第五節　生活必需物資の配給

生活必需物資の圓滑な配給は、民生保持の必要條件である。戰前に於ける自由主義經濟機構下に於ては、各華人商社の利益計算に於て圓滑な需給の調整を行つて來たのであるが、前にも述べた如く、戰爭以來船腹關係から、華人の海外よりの物資の搬入は困難となるの情勢に立至り、總督部指導の下に、邦人商社がこれに代ることになつた。然し、以前の如く自由なる搬入は到底不可能であつて、最小限度の必要量を確保し得るに過ぎない。斯くの如き情勢下に於て物資の偏在を防止し、必要限度に於ける適正配給を行ふため、施政以來配給機構の確立を企てつゝある。現在に於ける配給機構並に配給物資は左の通りで、邦人に就ては通帳、華人に就ては切符制を採用してゐる。

（一）配給物資及び配給機構

▽白米（昭和十七年三月二十日實施）

總督部白米元賣捌組合→配給所→消費者
　　　　　　　　　　→特別增配米消費團體

▽小麥粉（昭和十七年三月二十日實施）

總督部→配給所→消費者

▽煙草（昭和十七年五月七日實施）

生產工場→元賣捌人→小賣業者→消費者

▽砂糖（昭和十七年五月三十日實施）

配給物資公價の變化（一）

一、白米（斤・錢）

昭和年・月・日	
一七・三・二〇	二〇・〇
一七・一〇・一八	三〇・〇
一八・九・一	三七・五
一九・一・一六	七五・〇

二、小麥粉（斤・錢）

一七・三・二〇	五〇・〇
一八・三・一	九〇・〇
一九・一・一	二〇〇・〇

▽總督部→糖商組合→消費者
　　　　　　　　→業務用

食用油（昭和十七年六月二十九日實施）

▽總督部→食油卸商組合→配給所→消費者
　　　　　　　　　　→業務用

鹽（昭和十八年一月二十五日實施）

▽總督部→鹽卸商組合→配給所→消費者
　　　　　　　　　→業務用

味噌（昭和十八年八月十六日實施）

▽總督部指令→生產工場→配給所→消費者

薪炭（昭和十八年八月二十六日實施）

▽薪炭組合→配給所→消費者
　　　　→大口消費者

配給物資公價の變化（二）

三、砂糖（斤・錢）

昭和年・月・日	白砂糖	赤砂糖
一七・五・三〇	五五・〇	五〇・〇
一八・五・一	六〇・〇	五五・〇
一八・一二・一	七〇・〇	六五・〇

四、食用油（斤・円）

	落花生油	椰子油
一七・六・二七		一・四〇
一八・八・六	五・〇〇	三・五〇

五、鹽（斤・錢）

一八・一・二五……………二〇・〇

一八・一〇・一……………二四・〇

六、薪（斤・錢）

一八・八・二六……………一二・〇

一八・一〇・二〇…………一八・〇

七、マッチ、味噌（二三五頁參照）

燐寸（昭和十八年九月四日實施）

▽總督部→燐寸元卸組合─┬→配給所→消費者
　　　　　　　　　　　└→特別消費者

以上のうち味噌に就ては邦人にのみ、小麥粉に就ては邦人竝に第三國人にのみ配給してゐる。

なほ邦人に對する配給物資は前記の機構によらず、別に邦人物資配給所を設置し、總督部→配給所→消費者の段階により配給が行はれてゐる。

（二）對華人配給量及び配給價格

配給量及び價格は實施以來多少の變動があつたが、昭和十九年一月末現在に於けるものは左の通りである。

品目	一人一月當り	單價（一斤當り）
白米	一二・〇斤	七〇・〇錢
砂糖	〇・五斤	白 七〇・〇錢 赤 五五・〇錢
食用油	〇・六斤	（落花生油）五・〇〇円 （椰子油）三・五〇円

鹽		○・五斤	二四・○錢
燐寸	五人迄	五箱	一箱　一○・○錢
	六人以上十人迄	一○箱	
	十一人以上	一五箱	
味噌		一・二斤	七五・○錢
小麥粉	第三國人	○・六斤	二○○・○錢
	邦人	一・○斤	
薪炭		一○・○斤	一八・○錢

なほ煙草の品名及び昭和十九年一月末現在の公定價格は左の如くである（各十本入）。

五華（四五錢）　玉葉（六五錢）　紅錫包（ルビークヰーン）（一円）　老刀（パイレイト）（一円四○錢）

第七章　工業

第一節　戰前の香港工業

香港は大東亞戰以前に於て、かなり發達した近代工業を持つてゐた。その主なるものは造船、船渠、セメント、マニラロープ、酸素、麥酒、煙草、清涼飲料水、精糖、製菓、マッチ、ペイント等の諸工業であつて、それらの大部分は英人の經營に屬した。また華人の經營する中小工業には木造船工業、小型船舶修理業、製材業、ゴム工業、織布工業その他の纖維工業、懷中電燈工業、製藥業等々があつた。

占領後、これらの各種工業を凡ゆる方法によつて活用しつゝあること言ふまでもない。今日の香港工業が生產力增强に如何に寄與してゐるかは、遺憾ながらこれを詳かにするを得ないが、然し、戰前の香港が有した工業の種類を一瞥するならば、それが決して小さなものでないことだけは、想像に難くないであらう。戰前に於ける主要工業を示せば左の如くである。

一、造船、船渠

1. 香港黃埔船塢有限公司 Hong Kong & Whampoa Dock Co. Ltd.

2. 庇利船廠 Messrs. W. S. Bailey & Co., Ltd.

3. 太古船塢公司 Taikoo Dockyard & Engineering Co. of Hong Kong Ltd.

4. 英國海軍工作部 Naval Dockyard

二、化學工業

1. 天厨味精廠有限公司香港分廠 Tien Chu Me-Tsin Manufacturing Co.Ltd.

2. 釬鐵廠（極東アセチレン會社） Far East Oxygen and Acetylene Co. Ltd.

3. 國民製煉漆油有限公司 The National Lacquer & Paint Products.

4. 國光製漆有限公司 Duro Paint Manufacturing Co , Ltd.

三、ロープ、製釘工業

1. 香港蔴索廠 Hong Kong Rope Manufacturing Co., Ltd.

2. 香港製釘有限公司 The Hong Kong Nail Factory Ltd.

四、食料品及嗜好品製造

1. 香港麥酒釀造會社 Hong Kong Brewery & Distillery Ltd.

2. 屈臣氏 A. S. Watson & Co., Ltd.

3. 太古糖房 Taikoo Sugar Refining Co., Ltd.

4. 大英煙公司 British Cigarette Co.

5. 連架喇佛公司 Lane, Crawford, Ltd.

五、マッチ工業

1. 大中國火柴股份有限公司 The Great China Match Co., Ltd.

2. 香港火柴廠 Hong Kong Match Factory.

第二節　香港の各工業部門

一、造船・船渠

戰前香港に於ては港を中心とせる工業として造船業が發達し、そのうちでも香港ドック（香港黃埔船塢有限公司）と九龍ドック（太古船塢公司）とは二大造船所として知られてゐた。香港ドックは、英商太古洋行の經營に屬し、一九〇一年（明治四十一年）に創立されたもので、創立當初は船舶の修繕を主としたが、近年は英本國から主機關を輸入し、船體をこの造船所で建造してゐた。皇軍占領當時までに建造した船舶は大小三百隻に上るといふ。九龍ドックは英商天祥洋行の系統に屬し、一八六六年（慶應二年）の設立で、九龍船渠及び大角嘴船渠を經營してゐた。

右の外、香港ドックの系統に屬する庇利船廠（庇利船渠）、英國海軍工作部の船渠、並に華人の經營する小型船及び戎克の修理工場が數十あり、これらが香港の造船、船渠工業を形成してゐたのである。皇軍占領後、これらの造船、船渠設備を活用する外、新たに幾つかの機帆船造船所を設立して、海運力强化のために役立てつゝある。

二、化學工業その他

化學工業に於ても戰前既にやゝ見るべきものがあつた。その最も大きなものは天廚味精廠有限公司の香港分廠である。これは華人經營であつて、本據を上海に置いてゐたが（大正十二年上海に設立）、昭和十二年、支那事變が上海に擴大するに及び經營困難となつたため、昭和十三年、香港に分廠を設置したのである。當地に分廠設置當時は味精（味の素）工場のみを建設したのであるが、皇軍による廣東攻略以後、鹽酸の缺乏を來し、その自給自足の必要に迫られたため、鹽酸工場を併設した。これにより鹽酸・苛性曹達・味精の一貫作業を完成するに至つてゐたのである。

次に極東酸業アセチレン會社（本社は佛國パリ所在、經營者は英國系佛國人）では、戰前に於て酸素及びアセチレンの製造を行つてゐた。また靑洲英坭公司鶴園工場（英商ジャーディン・マチソン系）のセメント製造、國民製煉漆油公司（華人經營、資本金十五萬香海弗）及び國光製漆油公司（華人經營、資本金十萬七千五百香港弗）のペイント、エナメル、ワニス、ラッカー製造等があつた。その他、香港麻索廠は英商旗昌洋行(シーワン・トウームス)の事業に屬し、比島からマニラ麻を輸入してマニラ・ロープを製造してゐたもので、その製品は船舶用ロープとして品質の優良なることを以て知られてゐた。

製釘工場としては香港製釘廠(華人經營)があつた。

三、食料品及嗜好品製造

戰前の香港に於ける食料品及び嗜好品製造加工業は、香港自體の相當大きな地場消費と南支、南洋方面にかけての尨大な市場とに惠まれて、大いに發達した。殊に中繼貿易港としての地位を利用して活潑に原料を輸入し、これを製造加工して東亞全域に販路を求め、特に精糖業の如きは英國の東亞に於ける政治、經濟攻勢の一翼として盛に活躍し、全支は勿論、滿洲、日本にまでも製品を供給してゐた。

それらの工業のうち先づ香港麥酒釀造會社は昭和八年印度人ラット・チーの主唱により當時香港に輸入されてゐた日本、昭南、上海、濠洲よりの輸入ビール及びジャワよりの酒精を防遏せんかため、資本金百五十萬弗（内拂込八十萬弗）を以て設立されたものである。然し、輸入ビール、及び輸入酒精の強烈な競爭に壓倒され、會社の業績は所期の成績を擧げ得なかつた。戰前に於ける生産能力は麥酒一ヶ月三千八百箱（四打入り）、酒精六十石程度であつた。

清涼飲料水工業も亦、戰前大いに發達してゐた。それは香港が亞熱帶に屬し、清涼飲料水の需要が大いためである。この種工場としては、ＡＳワツトソン會社の一事業部門として一八八五年に設立せられたものがあり、同會社の資本金は戰前百五十萬弗であつた。戰前の生産能力は一日六千打であり、今次戰爭前年に於ける一年間の生産高は百三十一萬九千打であつた。製品種目はオレンヂ水、コカコラ等十九種の多岐に及んだ。

精糖工業には太古糖房があつた。この會社は明治二十七年英國商社バターフィールド・アンド・スワイヤ會社系の設立にかかり、資本金は二十萬磅であつた。過去半世紀の久しきに亘り、東洋全地域に精製糖を供給して、英國の東亞に於ける政治經濟的勢力の伸張に大いに貢獻したもので、日本に於ても、台灣領有後十年くらゐの間は、依然として當廠製糖の供給を仰いでゐたのである。その後日本の精糖業は長足の進歩を見るに至り、漸次滿洲・北支方面に製品を輸出して當廠の販路を蠶食しつゝあつたが、なほ當廠は支那全土、佛印、マレー、ビルマ、印度方面への輸出を行つてゐた。而して當廠は、一ケ年約十萬噸（百七十萬擔）の生産高を示したこともある。當廠は創業以來約五十年間運轉し、その間今より約十年以前に、設備・機械等に改良を加へて大整備を行つた。

煙草業は戰前、英政廳がこれに何等の制限を加へず、自由競爭に任せた結果大いに發達し、米國、比島、南洋、印度等より原料葉を輸入して製造加工し、地場消費は言ふに及ばず、全支、比島、南洋等に輸出して、香港の重要工業の一を成してゐた。戰前、香港の煙草工場は約十を數へたが、大資本による近代的煙草工場としては、英米系資本による大英煙公司及び華人資本による南洋兄弟煙草公司の二があつた。前者は大東亞戰前、晝夜二交代で一ケ月九千箱（一箱五萬本）を生産した事もあり、ゴールド・フレーク、キヤプスタン、エムバシイ等の高級品の製造に主力を注いでゐた。後者は上海に本社を置く南洋兄弟の香港支店で（資本金は一千二百五十萬元）、戰前一ケ月の生産量は三、四千箱以上に上り、遠く南洋方面にその販路を擴張してゐた。

戰前の香港では製菓業も亦大いに發達し、英米資本、華人資本による大小各種の製菓工場があつたが、その中で最大なものは、英國系レーン・クロフォード會社（昭和十三年設立）の經營に屬する製菓工場であつた。

四、マッチ工業

戰前香港に於ける有力なマッチ製造業としては香港火柴廠と大中國火柴有限公司の二つがあり、兩者共に華人資本で、優秀な成績を擧げてゐた。兩者合計して一ケ月約三、四千箱の製造をなしてゐたが、香港の人口を百萬、一人一ケ月當りの消費量を小函三個と假定すれば、香港の地場消費量は一ケ月四百二十箱で足りる。つまり、香港のマッチ工業は他の加工々業と同樣、總ての原材料を海外に仰ぐと共に、その製品の殆ど全部を海外へ輸出してゐたのである。原料の輸入先は米國、靑島、上海、昭南、歐洲等で、それらの方面から藥品類、木材、紙その他を輸入し、これを製造加工して、廣く南洋、比島、馬來、英國、米國等の諸方面に輸出してゐた。

第三節　華人工業の現狀

民治部商工課の調査によれば、香港の華人經營工場數は、昭和十八年十月末に於て八百五工場の多數に上つてゐる。その內譯は後に示す如くであるが、そのうち最も多數を占めるのは織布業の三百四十で、これに絲織業（絹織物業）の五、タオル製造業の十四、ガーゼ織布業の一、羊毛毛布肌着織物業の八、靴下製造業の七、染布業の二十二、ハンカチ製造の二を加へると、纖維工業關係の工場數は三百九十九に上り、全工場の半ばを占める。次で多いのは五金業（金屬工業）で製造修理・製造販賣を合せて七十九工場ある。次で酒造業五十一、電氣器具關係（電器業、電池業の合計）三十二、樹膠業（ゴム工業）二十といふ順序になつてゐる。

將來香港が大東亞交易の中心として復活するときには、これら華人工業も亦大いに發展繁榮するに違ひないが、ただここで考慮を要することは、一般に華人工業の技術及び設備の水準が低いといふことである。從來低廉にして豐富な勞働力に惠まれたことは香港華人工業の强味であつたが、その反面、技術及び設備の向上が阻まれて來た。將來、華人工業が發展するためには、その點の改善を行ふことが必要である。

華人經營工場調

（民治部商工課調査、昭和十八年十月三十一日現在）

業種別	工場數
絲織業（絹織物業）	五
織布業	三四〇
羊毛毛布肌着織物業	八
靴下製造業	七
油漆業	五
糖薑業	九
皮革業	一七
樹膠業（ゴム工業）	二〇
釘鉄業	七
衣針紐扣業	六
染布業	一二
タオル製造業	一四
ガーゼ織布業	一
徽章紐製造業	一
印刷業	一二
電器業	三三
電池業	一〇
ランプ製造業	二
牙刷（歯ブラシ）業	三
錳鉛炭精業	五
糖菓餅干業	五
調味品業	六

砂糖製造業	一
五金（製造修理）	四八
五金業（金屬金具製造販賣）	三一
ブリキ製造業	二
金庫製造業	二
時計バンド製造業	一
蚊香（蚊取線香製造）業	一
薬品業	七
玻璃業	三
搪瓷業	一
涼菓業	一
落花生油製造業	六
サイダー製造業	二
燐寸製造業	二
活字鑄造業	五
酒造業	五一
石鹸製造業	一二
罐頭（罐詰）食品業	三
化粧品業	七
線轆業	一
製罐業	一
文具業	三
煉油業	九
板紙草紙（チリ紙）製造業	二
醬油製造業	一二
精米業	六
酸梅湯製造業	一
ハンカチ製造業	二

工業原料製造業……二
煉炭製造業……三
洋傘製造業……一
マーヂヤン製造業……一
樽結製造業……一
燈油製造業……五
勞務供給……五
人力車製造業……一
豆粕業……二
魔法壜製造業……二
陶器製造業……二
精油業……三
麻袋製造業……一
ロープ製造……一
銅鉄ブラシ手工製造業……一

タワシ、ブラシ手工製造業……三
籐線製造業……一
楊枝製造業……一
ピアノ製造修理……一
齒磨製造業……一
滅火栓製造業……一
パン菓ヱ製造業……三
麵製造……六
腐竹黄豆沙河粉製造業……二
礱穀業……二
抓毛製造業……一
機製綿繩……二
總業者數……八〇五

第八章　水產・農林及牧畜業

第一節　水產業

水產業は香港の土着產業として最も重要なものの一つであり、軍政施行以來これが振興發達に力を注いだことは勿論である。由來香港は四面環海である關係上至る所良港があり、好碇泊所に惠まれてゐる。のみならず、天與の好漁場に富み、且つ魚族は多種多樣で豐富である。漁業こそ重要產業の一つとして、將來の發展を約束されてゐるものと謂はねばならない。

魚類は、眞鯛、連子鯛、ロ美鯛、絲撚等の鯛類の外、石斑、グチ、タチウオ、ニベ、ハモ、マナガツオ、烏賊、蝦、貝類等で、その種類は十種を越えてゐる。季節によつては鰮、鰆等の漁獲も亦少くない。漁期は十月より翌年三月迄を最盛期として、釣漁業、地曳網漁業、刺網漁業、流網漁業、打瀨網漁業、焚寄網漁業等が盛に行はれてゐるが、定置網漁業も亦有望である。

漁港としては、香港島に筲箕灣の一港と九龍及び新界地區に油蔴地、荃灣、青山及び大埔の四港、島嶼に長州島、大澳、蒲台の三港があり、漁業基地として重要な役割を果してゐる。

漁民は蛋民と稱せられ、漁船、戎克を住家として家族と共にこゝに起居し、一種の浮小屋生活を營む南方特有の漁夫であるが、一般に知識低く商賣は不得手であるから、狡猾な魚欄、𨻶家に瞞され易い。漁撈は前述の通り、日本のそれと近似した方法によつて行はれてゐるが、極めて原始的方法に近い。

水産加工の過程もなほ單純幼稚なるにも拘らず、鮮鹽魚合せて年漁獲高約二千萬斤に上り、香港百萬市民に不可缺の副食物を供給するの外、乾魚と鹽魚は貿易資源として、廣東その他の方面に輸出されてゐる。

熱帶漁業の特殊性として漁獲物の大半は保藏及び加工に鹽を使用してゐるから、製鹽業は必然的に一つの産業として發達を見るべきだが、從來、その需要の大部分を海南島よりの輸入に依存してゐた關係上、鹽田として見るべきものはなく、年産約五百萬斤を産出してゐるに過ぎない。

養殖では新界地區の一部で牡蠣と草魚、鰱魚、鯔等の養殖が行はれてゐるが、戰時下飼料、魚苗の輸入困難のため、淡水魚は不振の狀態である。

以上香港に於ける水産業の概要を述べたのであるが、英政廳時代には他の產業と同様に水產業の保護發展には何等の施設とてもなく、たゞ課税の對象として眺められてゐたに過ぎない。而も漁民の智識淺薄にして貧困なるに乘じ、富裕なる魚欄、晒家は漁船、漁具または資本を供與して暴利を貪ることを常とした。

斯る惡習に對處し、戰時下水產食糧品の增產確保を目指すためには、戎克漁業を一元的に整備統合する必要があるので、施策の第一步として前述の八漁港を漁業根據地に指定し、漁民自體の團體として各根據地每に戎克漁業組合を設立せしめた外、漁業取締規則を公布して漁業權の保護取締を行つたのである。

漁獲物の集荷と併行して魚價の維持、取引の適正を司る魚市場の設置、漁業の指導、漁業資材の獲得、漁民の福利施設を目的とする戎克漁業組合聯合會の設立等の施策を行ひ、五萬の漁民と五千五百餘隻の戎克を完全に把握しつゝ、年產三千萬斤の漁獲を目標として、水產開發の段階に達しつゝある。また鹽田の復興、養殖の奬勵、製造加工の改善等、凡ゆる指導助成の方策を講じて、漁民の生活の安定、香港水產業の振興に努力しつゝある。

第二節　農業

香港は氣候溫暖で氣象はほゞ臺灣中部地方のそれと類似し、作物の栽培に適する。だが、土壤は主として花崗岩と石英斑岩土壤より成り、新界地區の一部を除く外は全般的に有機質に乏しく肥沃度は極めて瘠薄である。加ふるに農民は農事知識に疎く、殊に施肥の觀念に乏しい結果、耕地の瘠薄を更に一層深刻化してゐる。

香港に於ける耕地總面積は約一萬二千町步で、その九四%は新界地區によつて占められてゐる。水田面積は總面積の八七%で、農作の大半は水稻作であり、畑作は一部分に過ぎない。從つて畑作物としては水田裏作と畑を通じ、甘藷と各種野菜の栽培が周年行はれるのみで、小麥、黍、玉蜀黍等の雜穀の生產上見るべきものは極めて少い。

全水田は所謂看天田で、水稻の栽培は天水による以外給水の途がない。水稻栽培に必要な降雨量は四月以降に於て漸く得られ、十月以降は全く水の不足を來す狀態である。にも拘らず水稻は二毛作が強ひて行はれてゐるが、耕作の粗放と相俟つて收量は極めて少い。二毛作を通ずる町當り收量は約八石で、臺灣蓬萊種の二十九石、在來種の二十六石に比較し、その差の大いのに驚く外はない。

天水によつて水田を經營するが如きは、凡そ現代の集約農業の本質とは懸隔せる思想である。香港に於ける農業の開發は、先づ水利施設の整備が急務であると共に、挿秧期の適正を期するため水稻二毛作を一毛作に改めるとか、水の缺乏を訴ふる地帶の水田はこれを畑作に轉向せしむる等、種々なる施策を行はねばならぬ。と同時に、肥料不足も亦香港に於ける米作不振の原因の主なるものだから、この點をも改善せねばならぬ。現在の施肥量は町當り窒素約三貫乃至五貫、燐酸及び加里約二貫乃至三貫程度に過ぎない。これを臺灣の標準施肥量たる町當り窒素二十貫前後に比べれば、約七分の一乃至四分の一であつて、殆ど無肥栽培と稱しても過言ではない。

然し、戰時下香港の實情としては、金肥その他肥料の獲得は相當困難であり、今直ちに農民に多量の施肥を求むるは容易な事ではないので、綠肥の栽培、鋤込或は堆厩肥の增産施用により、地力の增進維持に努むる方策を講ずる外はない。綠肥の栽培により肥料の不足を補ひ、挿秧期の適正を得れば、町當り三千乃至五千斤の籾收量を獲るは、さして難事ではない。即ち一毛作を以て、從來の二毛作の總收量の五割乃至十五割の增收をなし得るわけである。

米に次ぐ重要食糧作物は甘藷であるが、挿植期の遷延と水稻挿秧期の切迫による斗取りが因を成し、收量は極めて寡少で、臺灣の町當り約二萬斤に對し、六千斤乃至七千斤程度に過ぎない實情である。總督部直營養豚場に於て臺灣改良品種たる臺農三號を栽培し、約一萬五千斤の收量を擧げてゐる點に徵し、品種の改良も亦看過し得ない重要案件である。

要するに、前述の如く農產施設皆無の香港に於て、農事知識の極めて低い農民を對象とし、而も施用肥料の補給困難なる現在、直ちに低位生產を脫却して大量自給生產を望むは、至難な事業であるには相違ない。だが、急速に食糧增產を計畫せねばならぬ香港の實情としては、先づ農村中堅人物の養成に重點を置く必要が認められる。そこで農事指導所を設け、更に農事傳習所をこれに附設し、農事知識の普及と勸農精神の喚起に努め、急速に農事改良の第一歩を踏出すことになつたのである。

この外にも、金融關係、小作關係等、農村問題として今後研究對處さるべき案件は山積してゐるが、指導の對象となり得る農事團體はこれを急速に結成する必要があり、これが具現と農事施設の整備により、戰時下に於ける香港農業の革新を企圖せねばならない。

第三節　林　業

管區內地域面積の殆ど全部は山嶽地帶であるが、大部分は禿裸地である。英政廳時代、造林を本格的に計畫實施したのは近々三十年を出でないやうである。その造林は、香港島の庭園樹、深水灣方面の風致植栽、貯水池附近の砂防植林等に始り、その他は部落附近の比較的植栽に便利で土地の肥沃な處を選んで植栽せるものの如くである。一般には無林地が多く、大部分遊休未利用のまゝ殘されてゐる。

然し、言ふまでもなく、灌漑用水の培養、飲料水源の涵養、魚族の蕃殖、薪炭の自給等諸產業の母體的施設として、將來香港に於ける林業の有つ使命は極めて重大である。然らば如何なる樹木が香港の植林に適するかと言へば、バビセウ、サウシジユ、モクマワウ、ギンネム、カユプテ等は、既往の造林實績に徵し成長比較的順調で、造林樹種として最適なものである。香港に於ける森林整備は凡ゆる角度より見るも重要問題であるので、軍政施行以來專ら山林の保護に努むると共に、禿山の綠化を目指し、着々造林計畫實施中である。

第四節 牧畜業

香港に飼育されてゐる畜類は牛、馬、豚、鷄等であるが、從來海南島、廣州灣その他より肉の供給を仰いでゐた關係上、元來畜産は盛ではない。畜産の中で主位を占めてゐる豚にしても、農家一戸當り一頭弱と云ふ貧弱な狀態である。現在のところ、牧畜業を專業としてゐるものは、乳牛と直營の養豚（後述）位のもので、その他は農民がその副業としてゐる程度に過ぎない。而して、飼料關係からも今後餘り增産は望めないが、香港の實情としては、農民の副業的畜産として農村の餘剩勞力と粗飼料の補給を考慮し、農業と併行して畜産奬勵を行ふ以外には方法はないやうである。

なほ、香港占領地總督部は邦人會社に委託して香港牧場及び九龍牧場を經營せしめてゐるが（舊デイリー・フアーム）兩牧場を合せて現在相當多くの乳牛、豚及び家禽が飼養されてをり、軍需、民需、酪農用及び哺育用の牛乳並に肉類が、これによつて供給されつゝある。これら牧場に於ても亦、飼養頭數の增加が計畫されてゐる。

香港牧場は明治十九年、英人化學者パトリック・マンソンの提唱によつて創立され、大正九年に香港製氷冷藏會社を合併して牛奶氷廠公司（英名The Dairy Farm, Ice and Cold Storage Co., Ltd）となつたもので、その後も牧場、冷藏庫、製氷室等を擴張して資本金は大正十四年以後二百二十萬弗となつてゐた。皇軍占領後、當牧場はその冷凍工場、冷藏庫、製氷室等とともに昭和十七年三月、邦人會社に經營を委託されて今日に至つてゐる。而してその冷凍、冷藏設備は單に牛乳及び乳製品（クリーム、バター、チーズ）の貯藏に供されるのみでなく、むしろ魚介類の冷凍、冷藏のためにより多く使用され、香港水產食糧供給の上にも大きな寄與をなしつゝある。

第九章　鑛業

南支一帶は夙にウルフラムの產出を以て知られ、大東亞戰前に於て香港はその中心集散地をなしてゐた外、ウルフラム、鉛、モリブデン、鐵鑛、マンガン等の埋藏あることが知られ、英國系マースマン會社 Marsman's Mines、香港鑛山會社 Hong Kong Mines & Ltd. その他の會社によつて、これら鑛物資源の採掘が試みられてゐた。

例へば鉛は十數年前華人により發見採掘せられ、後英系米人ニールソンの經營するところとなつてから本格的採掘が行はれるに至つたが、成績不良のため經營困難となり、昭和十五年七月以來休山してゐた。

ウルフラム鑛山としては、英系マースマン會社の經營するものの外に、土民による盜掘も行はれてゐた。

鐵鑛に於ては英人技師により發見せられ、華南製鐵公司の手により開發せられてゐたものがあり、彝土に於ては英商マクペインによつて經營採掘されてゐたものがある。

戰前に於ては、右の如き鑛山經營が行はれてゐたが、香港の鑛業は、概して餘り振はなかつた。然し皇軍占領後、これらの鑛物資源は生產力增强のために適宜利用されつゝあるものと想像される。

第十章　勞務

從來香港では、勞務對策の如きものは殆ど見られず、僅に國際勞働局、上海共同租界、中華民國、他の英領クラウン・コロニー規定の諸法規に追隨したものが散見するに過ぎない。支那事變以後、上海その他中國各地より多數勞働者の遷移があり、勞働問題は重大性を加へて來たため、一九三八年十一月には勞工司署 Labour Office が設けられ、四一年には綜合的勞働立法の立案にまで進んだ。以下今後の我が香港統治の參考に資するため、やゝ詳細に英政廳時代の勞務對策と勞務者の狀況とを概觀することとしよう。

第一節　英政廳の勞務政策

一、結社取締

一八四五年香港政廳は三合會その他秘密結社取締の殘虐な則例（オーディナンス）を發布し、

違反者には烙印刑を課することとなつた。烙印刑は翌年廢止されたが、この則例の後身が一九一一年及び一九二〇年の結社則例である。省港罷工以後一九二七年、最初の勞働組合取締に關する則例が通過したが、同罷工以後香港の組合は概ね單なる親睦機關となり了せてゐる。一九二〇年結社則例により解散された結社は二二年から四〇年までに中華海員工業聯合總會（中華海員工會）以下十三、一九二二年非常章程 Emergency Regulations により解散された結社は一九二七年から三八年までに僑港工團總會（香港總工會）以下三である。支那事變以後上海から遷移し來つた工場はそれ自體の勞働組織をも搬入し來り、過去十年以上沈滯してゐた組合の復活を促し、上海式の勞働爭議を齎した。一九三八年中華書局紙幣印刷部の罷工の如きがある。一九三九年初頭現在では香港の結社約三百、社員十一萬で、內勞働組合八十四、組合員四萬四千、手工業組合二十八、組合員一萬二千であり、最大の結社は客家族の宗族團體（崇正總會）で會員二萬を擁した。

二、社會立法史

一九二一年香港幼年勞働調査委員會が組織され、英人の誇る極東最初の華人勞働調査が行はれた。翌年十歳（數へ年、以下同）未滿の兒童の工場使用が禁止された。一應工場法規が統合發布されたのは遲れて一九三七年の工場則例 Factories and Workshops Ordinance (同年一八號)によつてであるが、それが如何に不滿足なものたるかは、衝に當つた英人官吏自身が認むる所である。翌三八年には阿媽の最低年齡が十二歳とされた。一九二〇—三〇年代を通じ英政廳がこの分野で最も力を用ひたのは「妹《むい》仔《ちやい》」（少女賣買）問題であつた。かくの如く單に人身賣買を禁ずると云ふやうな社會立法こそ、最もイギリス資本の大勢に係り無くして人道を誇示し得る方法だつたのである。そして成年男子の勞働には何らの保護規定もなかつた。

英政廳內で勞働問題を取扱ふものとしては、一九二〇年代以降次の三つがあつた。第一は華民政務司署で、一九三七年までこの華民政務司は「勞働保護官」Protector of Labour を兼任してゐた。後に設置され、これと同一の職務を扱ふ工廠調査處も亦同署に屬し、一九四一年に及んだ。一九二七年には Labour Sub-department が同署に設けられた。第二は市政衞生局 Urban Council で、一九三六年衞生局（サニタリ・ボード）を本稱に改めたもので、定例局（レジスラティヴ・カウンシル）の權外權能として細則設定權を有する。三七年以降局長は「勞働保護官」を兼任した。第三は「勞働諸問局」Labour Advisory Board である。

更に一九三八年以降には勞工司署が設けられ、分掌管轄は繁雜であつた。更に新界鑛山の苦力「野堡」（lines）のみは醫務總監の所管に屬した。しかも市政衞生局は全く變則的立場にあるもので、三七年工場則例發布以後細則を設定したこと無く、また勞働諸問局は政府部局及び英人資本家代表のみより成るもので、裝飾以上の何ものでもなかつた。

三、勞働の取締

一八六五年制定され占領の時まで存續した人格則例 Person Ordinance（一八六五年二號）第三十七條には「賃銀率引上げのため非法なる團結又は陰謀に從事し……人に非法暴行を爲せしものは凡て輕犯罪者の罪に問はるべく、二年未滿の有期監禁に處す」とある。（註）これ所謂一八七一年以前の英本國立法の一である。その他非常時期にのみ適用される一聯の立法があり、罷工、ボイコット等の場合に發動された。即ち、一般に重大事は正規の法律によらず、非常立法を以て緊急的に處斷する方針であつた。强制調停に關する規定は遲れて一九四一年四月公布された。

（註）最低賃銀則例は一九三二年に發布されたが、これは全く實權を有しないもので、英人官吏によつてすら、立法的ジエスチユアに過ぎないとされてゐる。

第二節　英國統治下の工場勞働者

次に英國統治下の工場勞働者の狀況に就て述べると、先づ工場法規の適用を受ける工場（機械を使用するもの）及び仕事場（手勞働にして二十名以上の工人を使用するもの）は登錄を要するとされてゐた。その工場及び仕事場數は一九三九年二月現在で香港側三百三、九龍及び新界五百五十四、計八百五十七であつた。以上の所に概算二萬八千四百七十名の男工、二萬六千二百二十名の女工、計五萬四千六百九十名の工員がゐた。勿論中國におけると同じく、勞務者一人當りの生産量は歐人に比し遙に劣り、造船所鋲打工では華人四名で歐人一名の仕事をすると言ふ。この場合、直接的空腹及び榮養不良による身體不十全が最大原因であるが、このことは賃銀の劣惡なことと相關々係を持つ。榮養不良・無教育・集團的連帶性による勞働の散漫性は、勞働の生産性は元より、强度をさへも稀薄ならしめる。

雇傭制には直接契約と親方《おやかた》制との二種があり、親方制を採用してゐる最大のものが造船所である。この制度は道路建設の場合に見られる如く全契約の轉賣・又貸しが行はれる時、最も苛酷なものとなつてゐた。工場内諸條件は一般に劣悪であり、殊に支那事變以後簇生した群小華人資本工場で甚しかつた。工場の大部分は支那の大中都市と同じく住宅を改造したものである。一九三九年初頭、香港側では工場式工場百十三に對し、住宅改造式工場四百九、九龍側では百八十對千四十一であり、そして九龍側の八〇%が深水埗、大角咀、旺角にあつた。

工場一般勞働時間は午前七時より十二時まで、午後一時より五時までであり、種類によつては午後六時より八時までの時間外勞働が普通であつた。時間外は、一般に三分の一日の給與を受ける。休暇は歐人管理の所で毎日曜、華人管理の所で一年七日が慣例であつた。一九三九年初頭に於ける實收賃銀の三例を擧げると左の如くである。

イ、造船及び造機(engineering)工場

電氣技工……………………日額一・〇〇——一一・四〇弗

銅鍛冶職……………………一・〇〇——一一・六〇

取附工……〇・八〇―一・五五
大型機械鋸工……〇・七〇―一・二五
ボイラー工……〇・九五―一・二〇
帆縫工……一・〇〇―一・四〇
鉄鍛冶職……〇・七五―一・二〇
旋盤……一・〇〇―一・四〇
模型製造工……一・〇〇―一・四〇
人夫……〇・七〇―一・〇〇

(備考)時間外は一倍半、夜間勞働は二倍。

ロ、メリヤス工場

永續的男工……月額一五―八〇弗。賄及び住居附
徒弟……二―　八弗。同　右
出來高拂ひ女工……日額〇・二〇―一・〇〇弗(等級性)

初心者……〇・二〇弗

シングレット製造女工、六時ー八時の時間外共……一・〇〇弗

ロ、苦力

運搬苦力……日額六〇ー七〇仙

石炭苦力……五五仙

人力車苦力……六〇ー七〇仙

(註)右三例の賃銀表は三九年初頭發表のものであるが、政廳發表の三九年度計數(Hong Kong Blue Book 及び Administration Reports 所載)がイ及びハに關して全く同じ數字を揭げてゐる。

而して米穀一斤の小賣價格は一九三八年に七・三仙、三九年に七仙であつた。

他方、一九三八、九年調査の通常勞働者の平均月別生計費を示すと左の如くであつた(後出バッタースの計算による。平均とは香港島中部、東部、西部、九龍油蔴地四ケ所の平均である。數字は少し錯誤があるやうだが、原文のまゝとする)。

		獨身者	夫婦	子供一人
		弗仙	弗仙	弗仙
食費	夏	五・四〇	九・五〇	二・〇〇
	冬	五・九〇	一〇・二〇	二・五〇
住居及照明費	夏	四・五〇	六・七五	〇・六〇
	冬	四・五〇	六・七五	〇・六〇
衣料費	夏	〇・九五	一・八〇	〇・三七
	冬	一・八五	三・二〇	〇・四七
合計	夏	一〇・八五	一八・一〇	二・九七
	冬	一二・二五	二〇・二〇	三・五七

また、一九四〇年の一般生計調査では（註）、一家族當り四・一人、平均家當り週間收入一三・四弗（即ち一人當り三・二七弗）、內週間食費五・九五弗（即ち一人當り一・四五弗）と發表されてゐる。

（註）榮養研究委員會 Nutrition Research Committee の第二回年次（一九四〇年度）報告による。

South China Morning Post 一九四一年二月六日に發表。本調査は香港大學醫學部三年生を動員して行つたもので、調査家族は九二三、内二家族が街上睡眠者、一七家族が獨立家屋居住者であり、寢台居住者（bed space のみを借りて居住する者）が僅か二四四家族（全體の二六・四%）であることは、一般勞務者の生活水準がこれより遙に低いことを察知せしめる。

以上勞務者生活費中間代（レント）の占むる部分が實に高いが、これは香港の地價（ランド・チャージ）がロンドン郊外の三倍であり、不動産税は當時從價一七%（英獨戰後更に五%增徵）の高率であり、更に住宅飢饉によつて促されたためである。のみならず當地の勞務者は交通費の負擔を避け、殆ど凡てが工場周邊に蝟集してゐる。一九三一年の國勢調査に於てすら香港市街に一エーカー當り千七百人以上といふ區域があつたが、四一年人口調査では旺角に十一萬、深水埗に十七萬三千、油蔴地に十四萬八千の人が密集してゐた。勤勞者の食事は朝晩の二食で、晝は一杯の茶と菓子とを攝取するのみであつた。支那事變後薪代騰貴のため外食が盛となりつゝあつた。一般住居は單に一寢台（bed space）を借りてそこに寢るだけで、二人で一寢台を共用する場合も普通であつた。更にフラット及び寢台の零細な又貸しも盛である。そして一般四階建支那家屋の一階平均人口は三八年度に十八人から六十人となつた。衣料は夏は半裸で十分だが、冬季はやはり一應の冬着を要する。なほ賃銀取得階級の主要食物（及薪炭）の小賣價格は左の如くであつた。

		一九三八年	一九三九年	一九四〇年八月	一九四一年九月
米（三等米）	一斤	七・三仙	七・〇仙	九・三仙	二〇仙
鮮魚	一斤	二四・四仙	二八・四仙	三九・三仙	八五仙（大魚のみ）
乾魚	一斤	二五・二仙	二三・九仙	二七・八仙	五〇仙
牛肉	一斤	三七・六仙	三四・九仙	——	一三〇仙
豚肉	一斤	四九・七仙	五四・四仙	九〇・〇仙	一五〇仙
油	一斤	二二・二仙	二三・八仙	三二・三仙	三七仙
薪	一斤	一・四仙	一・八仙	二・二三仙	二・二仙

次に勞働に附隨する災害は、造船所以外では極く少かつた。殆ど工業の全部が輕工業であること、及びベルト防柵が既に完備した事から當然である。寧ろ問題となるのは災害以外の勞働疾病

即ち結核と脚氣とである。前者は職場及び住居における驚異的人口過剩、後者は榮養不足に起因する所最も大なる如くである。一九三六年の結核死亡者は約二千であつたが、四〇年には五千七百五十一（全死亡者の九・五％）となつた。四〇年の結核患者は三萬名を下らぬとされた。更に榮養不良も甚だ多く、一九三九年届出された華人乳兒（滿一歲未滿）死亡者のみで一萬六千、その死亡率は三四・三％で非華人の六倍に當る。勞務醫療に關しては大體慈善事業以上のものではなかつた。英國にとつては社會政策を必要としなかつたのである。

（附記）以上本項は、Report by the Labour Officer Mr. H. R. Butters on Labour and Labour Conditions in Hong Kong. Sessional Paper No. 3/1939. を參照した。香港の勞務については唯一の纏つた報告である。

第三節　現下の勞務問題

現在香港の各種工場は相當復活し一部は擴大增設をすら來し、工場の門前を通る人は勞務員募集の張紙を餘りにも多く見る。而も町にはただ無爲にしてゐる大の男を見かけるであらう。一面勞務者を求め、一面疏散を斷行する。これは決して矛盾ではない。墮落し切つた英國都市文化の惡の花は容易に勤勞に目覺め得ないのである。この二面性は實に一朝一夕にしては除去し得ない。他面最近の物價高は職場苦力よりも自由苦力の方が收入多く、爲に一部では苦力飢饉さへ感じて來るやうになつた。

次に賃銀の點を見ると、最近の新聞紙上に現れた勞働賃銀は左の如くである。（イ）ドック勞務者……毎日二圓餘、外に工米（勞務者用配給米）の配給あり、半島の一ドックでは晝食を給する。（ロ）土工……忠靈塔・香港神社御造營の勞務者は最下等のものでも一圓前後である。（ハ）人力車夫……人力車の租賃を除き一日四、五圓となる（ニ）裁縫職人……衣服裁縫費は甚だ高く大豆大の穴を一つ綴るのが三十錢である。現在この從業者の數は減少してゐる。（註）

（註）華僑日報、民國三十二年十一月二日

勞働力の管區外供給としては僅に海南島及びボルネオに對するものが見られる。

勞務團體は方針として健全なものを育成せしめることとなつてをり、香九總工會、香港海員公會以下各種組合が見られる。結社及び集會（多衆運動）は悉く香港憲兵隊長の許可を要する。

第四　文化篇

第一章　文化政策

占領地總督部の文化政策の根本方針は、中心目標を專ら東洋文化の昂揚に置き、住民をして速に歐米物質偏重の觀念より脫却せしめんことを期するにある。この點は、他の占領地諸地域の文化政策と聊かも異るところはないが、然し多年に亘つて住民に浸み込んだ歐米物質思想、就中住民の大部分を占める中國人のそれを一朝にして拂拭することは甚だ容易でなく、またこれを性急且つ强制的に行はうとすることは、決して效果を擧げ得るものでない。從つて香港に於ては、右の根本方針を實行するに當り、住民をして徐ろに自覺せしめるといふ方法をとり、住民の文化生活に對して直接干涉を加へることを避けてゐるやうに見受けられる。

即ち、東洋道德を根基として文化を刷新振起することは總督部文化政策の標榜するところであり、これは飽くまでも文化政策の根本を貫くものである。然しその實行に當つては、右に述べた如き注意が拂はれてゐるのであつて、例へば歐米物質偏重の文化はこれを揚棄するが、然し採長補短、特に科學の振興に就では特別の考慮が拂はれてゐる。

また住民に對する日本語の普及徹底に關しても、緩嚴宜しきを得るやうに注意し、日本語の使用を强制することによつて、却つてこれに對する嫌惡の念を抱かせることのないやうにしてゐる。言語の相互疏通は彼我の理解の捷徑であり、住民統治上の緊要事であつて、住民に日本語を普及せしめることは極めて重要なのであるが、然しその實行に當つては、右の如き愼重な態度をとつてゐる。そしてかゝる態度の故に、住民の日本語熱は愈よ旺盛となりつゝあるのであつて、後に教育の項に述べる如く、日本語の教育、普及は着々その效果を擧げてゐる。

宗教に關しても原則として信教の自由を認め、特に我が意圖に反しない限り敢て干涉を加へない。のみならず、世界的禍亂に伴ふ民心不安定の匡救に寄與すると認められるものに就ては、できる限りこれに支援を與へる方針をとつてゐる。

社會教育に就ても同樣である。社會教育は社會風教刷新のためこれを振起せねばならぬし、特に香港に於ては從來華美、安逸、遊惰の氣風が滿溢してゐたから、特にその振起が必要である。從つて敦厚、純朴にして勤勞愛好の東洋精神を中心とする社會教育、就中靑年の再教育につき特段の努力を拂ふ方針が樹てられてゐる。而してかゝる意味から、例へば娯樂の面に於ては、昭和十七年七月以來ダンスホールその他不健全な娯樂機關を閉鎖する等の手段がとられてゐるが、然し他方、住民の頗る愛好する映畫、演劇、競馬等の娯樂機關に對しては、昭和十八年一月に敵性映畫の上演を停止した以外、格別の干渉を加へてゐない。

その他慈善事業に就ては英政廳その他に於て從來相當の施設を行つて來た成績に鑑み、我が施政に於ても、これが十全を期さうとしてゐる。たゞ然し戰爭遂行中の現段階に於ては、單なる憐憫施設に墮すことのないやうに留意するとされてゐる。

最後に、香港をして南支、南方文化の中心たらしめようとする努力の現はれの一つとして、香港大學の復興が企圖されてゐる事は、ここに特筆しておかねばならない。香港大學は一九一二年創立され、醫科（六年）、工科（四年）、文科（四年）があり、一九三九年中の在學者は醫科二百三十六名（內女子二十二名）、工科百六名、文科百四十五名（內女子七十一名）、師範研究院二十名（內女子六名）であつた。また支那事變以來は廣東の嶺南大學が香港大學內に移轉して學業を續けてゐた（學生五百）。この香港大學は大東亞戰以來閉鎖されてゐるが、香港の地理上に占める地位並に香港が從來南方華僑交通の要衝であつたことに鑑み、できるだけ速に香港大學を再開し、これをして南方教育文化の淵叢たらしめようとする準備が進められてゐる。また香港大學の附屬圖書館として著名な馮平山圖書館（中國文献を藏す）も現在閉鎖されてゐるが、これが公開に就ても準備が進められつゝある。

社寺・學校・圖書館案內

	所在地	電話
香港神社		三一五頁參照
香港忠靈塔		三一五頁參照
國民學校神社	國民學校內	
南海神社	艦隊司令部內	
西本願寺	灣仔道一一七號	二〇六九三
東本願寺	東住吉通六四號	三三五七一
日本山妙法寺	禮頓山上（佛舍利塔建立中）	
日蓮宗身延山	東住吉通六七號	

	所在地	電話
香禪寺	九龍加拿芬道一六號	五七七五九
金光教香港教會	洛克道三四號	三二一二五
天理教香港教會	竹居台一及二號	二七一八一
香港國民學校	—	二六二六一
香港幼稚園	摩里臣山道	二七一八八
東亞學院	—	三三七六一
馮平山圖書館	西大正通九四號	二一六三五

第二章　教育・宗教・社會事業

第一節　學校教育

香港には古くより日本人小學校が存在した。それは明治四十二年八月一日、日本人慈善會によつて創立されたが、大正九年一月、日本人會の創設と共にその經營に移され、昭和三年四月、六學級編成を完成した。昭和十六年二月一日現在の本科、正教員數は七名、兒童數は三十七名であつた。

香港占領以後、總督部は邦人子弟教育のため、昭和十七年九月一日より勅令第百四十八號國民學校令に準據して香港總督部香港國民學校を設立し、九月七日より授業を開始した。開校當初の收容兒童數は九十七名であつたが、その後漸次增加し、昭和十八年末現在に於ては、男女兒童數合計三百七十五名に達してゐる。十八年末に於ける香港國民學校の現況は左の通り。

學級數	職員數 男	女	計	初等科兒童數 男	女	計	高等科兒童數 男	女	計	兒童數 合計
九	八	二	一〇	一七七	一八七	三六四	五	六	一一	三七五

なほ今後必要に應じ、國民學校の増設、邦人子弟を收容すべき中學校、高等女學校及び青年學校令に準ずる青年學校の設立を期さうとしてゐる。

中國人子弟を收容すべき學校の設立に就ては、昭和十七年香督令第十六號を以て香港占領地總督部私立學校規則を制定し、これに據つて認可を與へる事としてゐる。この種學校には小學校、男子中學校、女子中學校の三種があり、中學校はいづれも小學校と併置するを原則としてゐる。

昭和十八年末現在に於ける小學校數は二十七校、兒童數は一萬四千六百、男子中學校數は九校、生徒數一千、女子中學校は六校、生徒數六百である。詳細左の通り。

		學校數	生徒數 男子	女子	計	職員數 男	女	計
小學校		二七	九、六五七	四、九八九	一四、六四六	一二八	二五九	三八七
中學校	男子中學校	九	一、〇九五	六〇五	一、七〇〇	八一	三〇	一一一
	女子中學校	六						

幼兒の保育施設たる幼稚園に就ては、昭和十七年香督令第十七號を以て私立幼稚園規則を制定し、これに據り許可を與へることとしてゐる。昭和十八年末現在に於ける幼稚園數八（うち邦人經營のもの一）、園兒數四百八十四名である。

次に中國人中堅青年の敎育のため、官立香港東亞學院が設けられてゐる。これは昭和十八年四月一日の設立にかゝり、香港總督部管內に居住する中國人中堅青年に對し、東洋精神に則り、日本道德を基調とする師範敎育竝に實務敎育を施し、新事態に則應する優秀な敎員竝に事務員を養成することを目的とする。

香港東亞學院は普通科と高等科とを置き、高等科を分けて第一部及第二部とする。普通科は簡易な事務に從事するに必要な敎育を施し、下級事務員の養成を圖る。高等科第一部は、師範敎育を施し、中國側學校敎育者の養成を圖る。高等科第二部は實務敎育を施し、中堅實務員の養成を圖る。普通科は高級小學校卒業者を收容し、修業年限一ケ年、高等科は高級中學校卒業者を收容し、修業年限は二ケ年である。

昭和十八年末現在に於ける香港東亞學院の生徒數は次表に示す如く、普通科百三名、高等科二十三名となつてゐる。

	學級數	生徒數 男子	生徒數 女子	生徒數 計	職員數 教員	職員數 事務員
普通科	四	一〇三	ナシ	一〇三	一四	三
高等科	三	七	一六	二三		

第二節　社會教育

社會教育本來の領域は一般社會の風紀振作、家庭若は大衆の啓蒙教育に存する。從つてその方策を樹立するに當つては、徒らに機械的に陷ることなく、學校教育と表裏一體の關係に於て社會環境の全面的整理に努め、以てその振作を期せんとする。その要領は左の如くである。

（一）官廳その他の諸機關と連絡を密にし、政策の徹底に努めること

（二）淳風美俗を助長するため、調査竝に宣傳啓蒙の方策を樹てること（映畫、パンフレット、紙芝居、展覽會等）

（三）日本語の普及促進に努めること
（四）既存社會教育團體の再檢討を行ひ、その運營を有效適切ならしむること
（五）漸次健全娯樂の普及獎勵を圖ること
（六）民衆體育運動の普及獎勵を圖ること（運動場の開設、兒童遊園地の建設等）
（七）日本に對する認識を深め、日華親善の實を擧げるため、日本內地への觀光團を組織すること
（八）將來香港青年團を組織し、青年層の指導訓練に努めること

以上の趣旨に則り社會教育を施す方針であるが、現在では特に日本語の普及徹底に力を注ぎつゝある。即ち昭和十七年香督令第十五號を以て日語講習所規定が制定されてゐるが、この規定に則つて設立された日語學校數は十六、その生徒數は二千九百八十四名、日語講習所數は四十三、その生徒數は三千五十八名に上つてゐる。而して日語學校及び日語講習所修了生は累計二萬一千三百六十五名に及ぶ（以上いづれも昭和十八年末現在）。

また總督部公示第五十五號を以て日本語檢定實施要項を制定し、等級を定めて學習者の實力を

檢定し、各自の日本語に對する自信と向上心の喚起を圖らうとしてゐる。なほ、前述の中國人小學校並に中學校に於ては、正課として每週四時間以上の日語教授を行はせてゐる。

民衆體育運動の普及奬勵に就ては、香港及び九龍市內に散在せる運動場を整備し、これを一般市民に開放して體育の奬勵を期さうとして、これが準備を進めつゝある。

第三節　宗教

當地に於ける宗教は大別すれば佛教、基督教、印度人宗教（回教、ヒンヅー教）及び中國の舊慣による寺廟齋堂の四種となるが、このうち佛教、印度人宗教、寺廟齋堂は現在極めて少く、指導監督上には別して支障がない。たゞ基督教はその內容複雜多岐であつて、信徒にも各國人があり、且つ當地宗教の大部分を占めるので、基督教對策に就ては特に愼重を期してゐる。堅實なる日本佛教その他の宗教に就ては、能ふ限りその進出を助成する方針である。

また在留日本人は固より、香港住民敬神の中心となるべき香港神社並に南支方面に於ける支那事變、大東亞戰の戰歿勇士の英靈を祭る忠靈塔をそれぐ建設中であつて、目下これが竣成を急いでゐる。

第四節　社會事業

當地に於ける社會事業（孤兒院、養老院、盲院等）は主として宗敎團體の手によつて行はれ、その內容も複雜多岐である。然るに大戰以來經濟界の變動のため篤志家有志の寄附その他の收入が急激に減少し、各社會事業團體とも經營上の困難に逢着してゐる。よつてこれら團體を根本的に調査し、これが整理統合を行ふと共に、必要と認むるものには施設、經營上の助成を行ふこととしてゐる。社會事業の現況は左の通りである（昭和十八年末現在）。

	孤兒院	養老院	盲院
院數	九	二	一
收容人員	一、一四四	一九六	三二

これらの施設に收容する者に對しては努めて職業指導を行はしめ、將來産業戰士として社會に貢献し得るやう指導し、單なる憐憫救濟に墮することなきを期してゐる。なほ慈善醫療施設に就ては衞生の項參照。

第三章　新聞・雜誌・印刷

第一節　新聞

香港には現在六つの地元新聞社があり、うち一社は邦人經營、他の五社は華人經營に屬する。邦人經營の香港日報社は邦文香港日報、華文香港日報及び英文 Hongkong News を發行する他、印刷事業をも經營してゐる。香港日報社は明治四十二年の創立にかかり、邦文「香港日報」は同年九月一日に創刊せられた。華文「香港日報」は、昭和十二年十二月以來邦文「香港日報」の第四面に掲載されてゐた中文版を獨立して、昭和十三年六月末發刊されたものである。華文「香港日報」は發刊以來日なほ淺いが、支那事變下に於て唯一の日本系華字紙として獨自の役割を果し來つた。Hongkong News は昭和十四年六月、週刊英字紙として發刊され、これまた大東亞戰勃發に至るまで獨自の報道、宣傳活動を續けて來た。大東亞戰勃發と同時に、香港日報社は英國官憲の押收するところとなり、首腦者は逮捕監禁されたが、皇軍占領と共に復活し、今日に至つてゐる。なほ Hong Kong News は現在は日刊紙となり、第三國人及び英文のみを解して華文を解しない華僑を對象として編輯されてゐる。

華字紙には前記の華文「香港日報」の外に、華人經營にかゝる「華僑日報」「香島日報」「南華日報」「東亞晩報」の日刊紙と隔日刊紙たる「大成報」があり、いづれも特色ある經營及び編輯振りを示してゐる。

元來大東亞戰前の香港は南支に於ける英國の宣傳基地であると共に、支那事變以來は重慶の反日宣傳基地となつて、重慶側言論機關の大部分が香港に集中されてゐた。と同時に、國民政府指導下の言論機關の若干も亦香港に在つて、香港は一大國際宣傳場となつてゐた。

即ち通信社には英國のルーター、米國のA・P及びU・P、重慶の中央社の外に日本の同盟通信、南京の中華社等があり、地元新聞としては、左の如く四十に上る英國系、重慶系、和平派系等大小硬軟とりどりの新聞があつた。

英字紙――　サウス・チヤイナ・モーニング・ポスト、香港テレグラフ、香港デイリー・プレス、香港

ウイクリープレス、フォートナイトリー、チャイナ・メイル、サンデー・ヘラルド

華字紙――大公報、星島日報、星島晨報、星島晩報、華僑日報、華字日報、華字晩報、國民日報、國家社會報、國華報、立報、成報、工商日報、工商晩報、循環日報、循環晩報、香港朝報、中國晩報、自然日報、南强日報、南中報、天光報、現象晩報、星報、晶報、先導

和平派華字紙――南華日報、自由日報、天演日報、大光報、新晩報

小型新聞――中發白、黄色新聞、探海燈、天文臺、掃蕩、時報、硬佈、民聲報

皇軍の香港占領後、敵性新聞は勿論一掃され、日本との協力を熱望する新聞に對してのみ逐次發行が許されて來たが、昭和十七年六月一日、華字紙の統合が行はれて、香港日報の外には前記の四日刊紙及び一隔日刊紙が残ることとなつたのである。

當地華字新聞の特色は各新聞社が個人資本によつて經營され、從つて小規模であることで、發行部數の如きも、最大のもので二萬乃至三萬に達するに過ぎない。然し各紙ともその紙面には個人的色彩が強く、各々紙面に特色を持つてゐる。

「華僑日報」は昭和十七年六月一日、大衆日報を合併して今日に至つたもので、純然たる商業

的立場から經營されてゐる新聞である。然しその編輯方針は、大東亞戰爭完遂のための日華提携、香港總督部政治施策への協力に置かれてゐること言ふまでもない。

「香島日報」は當地有力華僑胡文虎氏の經營するところで、昭和十七年六月「星島日報」と「華字日報」とを合併したものである。その標榜するところは「華僑日報」と變りないが、胡文虎氏個人の色彩の强すぎることは否定できない。

「南華日報」は昭和十七年六月一日、「自由日報」「天演日報」及び「新晩報」を合併して今日に至つてゐるが、「南華日報」は大東亞戰前から中國々民黨中央黨部宣傳部の機關紙として、香港に於て活動してゐた。同社は大東亞戰勃發と同時に「香港日報」同樣、英政廳によつて閉鎖され、同社總司理陳少翔氏は逮捕投獄せられた。「南華日報」は、政治的色彩强く、當地華僑には必ずしも歡迎されてゐないやうである。從つて、その發行部數も他の諸新聞に比較して遙かに少いやうである。

「東亞晩報」は唯一の夕刊紙である（華文「香港日報」「華僑日報」「香島日報」「南華日報」はいづれも朝刊紙）。その上趣味に重點を置く編輯方針をとつてゐるため相當の讀者數を持つてゐる。またこの新聞は、日本の有名人物の紹介に力を入れるなど新機軸を出さうと努力してゐる。

「大成報」は小型隔日刊紙であつて、以上の諸日刊紙とは餘程趣きを異にし、半ば新聞、半ば趣味的讀物といふ性質を持つてゐる。

これら華字新聞に對する指導方針を見るに大要次の如く言へるであらう。即ち總督部では在香中國人をして眞の中國人たらしむるといふ方針に則り、各華字紙が眞の中國人の讀む新聞として恥しからぬものである限り、これに特別の干渉を加へることを避けてゐる如くである。新聞に對する一般民衆の信頼を失はしめず、而も華字紙をして大東亞戰遂行に協力するといふ使命を果させるべく努力してゐるのだが、かかる新聞指導方針は當を得たものと言ひ得るであらう。

第二節　雜誌及印刷事業

邦人の手になる雜誌には、報道部宣傳班の編輯する「寫眞情報」(隔月に一回發行)がある。民間の邦人雜誌社としては香港東洋經濟社があるのみで、これは東洋經濟新報香港支社と表裏一體の關係にあつて、日文の月刊經濟雜誌その他の出版物を刊行してゐる。

華人經營の雜誌には「大衆週報」（華文）及び「亞洲商報」（華文）の二つの週刊雜誌があるに止まる。前者は在香一流中國人文士の編輯するもので、文藝に重點が置かれてをり、後者は當地華僑小商店主等を讀者層としてゐる。

香港の雜誌事業は今のところ餘り見るべきものがないが、香港經濟の復興伸張に伴ひ、その雜誌文化も亦今後に發展の餘地を持つものと見られる。

次に印刷に關しては、大東亞戰前、重慶系言論機關の香港集中に伴つて、商務印書館香港印刷所、中華書局印刷所、大東亞書局印刷所の如き大印刷工場が建設され、香港は南支、南方印刷文化の中心地となつてゐた。占領後これらの印刷工場は內閣印刷局の進出によつて香港印刷工場とされ、各種印刷に活用されてゐる。その他の民間邦人經營の印刷事業としては香港日報社の印刷課、日東印刷、中京印刷、東光社等がある。

第四章　藝術・娛樂

第一節　映畫

大東亜戰前に於ける香港映畫界は、アメリカ映畫に風靡されてゐた。即ちワーナー、メトロ、パラマウント、二十世紀フォックス、ユニバーサル、ユーナイテツト、アルケーオー、コロンビアの八米國映畫社が香港に支社を置いてアメリカ映畫を配給し、中國映畫はアメリカ映畫に壓倒されてゐた。戰前香港には大小十三の粤語（廣東語）映畫撮映所があり、また北京語映畫の撮映も若干行はれてゐたが、配給及び興行の方面では、粤語映畫はアメリカ映畫の敵でなかつた。映畫館の數は香港側十六、九龍側（大埔を含む）二十二、合計三十八であつた（演劇専門館を含む）。

香港占領後に於ては、我が手により右の狀態は一變せしめられた。先づ占領直後に於ては、報道部によつて映畫工作が行はれ、昭和十七年一月一日、九龍好世界戲院を開館せしめて、日本文化映畫及び宣傳映畫の無料公開を行つたのに續き、三月五日までに三十四館が再開されるに至つた。また昭和十七年一月、報道部監督の下に香港電映救濟會を設立、同年六月には電映救濟會を香港電映協會と改稱して、これに配給業務を實施させることになつた。また同年六月五日には、香督令第二十二號により、映畫演劇檢閱規則が制定された。

然しこの當時はまだ敵性映畫の上映が禁止されるまでに至つてゐなかつた。敵性映畫の上映が停止されたのは昭和十八年一月以後である。即ち昭和十七年九月十四日附陸軍省報道部の陸軍南方占領地映畫工作處理要領により、社團法人映畫配給社が香港に進出することとなると共に、昭和十八年一月一日付總督部公示（第八十七號）を以て、同社香港支社が總督部管內に於ける映畫の統制配給機關として公認されるに至つた（香港電映協會は解消）。これ以後、香港に於ける映畫の配給及び興行部門が本格的活動を開始するに至つたが、それと同時に同年一月報道部立會の下に開かれた映畫關係代表者の會合に於て、一月十六日を期し敵性映畫の上映停止を審議、決定したのである。

米英映畫の上映停止は南方占領地諸地域のうち香港に於て最初に實行されたものである。香港には多數の中國語映畫のストックがあつたといふ如き特殊の事情がその實行を容易ならしめたこともあるが、とも角これが實行に移され、この政策は成功を納めた。爾來內地より直送の日本映畫、中華映畫社提供の北京映畫竝に廣東映畫のみによつて香港、九龍全館の番組が編成されるに至つた。昭和十八年中に封切られた映畫の種類及び本數は左の如くである。

日本映畫	五七	廣東語映畫	九
現代劇	四二	獨逸映畫	三
時代劇	七	佛蘭西映畫	一
記錄映畫及漫畫	八	ソ聯映畫	一
北京語映畫	五八	合計	一二九

現在の映畫館數は香港側十二、九龍側十五、合計二十七館で、そのうち封切館は娛樂戲院と明治劇場の二つ（ともに香港側）、二番館は利舞台、中央戲院、新世界（以上香港側）、大華戲院、平安戲院（以上九龍側）の五つである。收容定員數の最も多いのは平安戲院の千七百八十一であるが、香港、九龍を通じて千人以上の收容力を持つ映畫館は十一ある。封切館及び二番館の觀客

層は日本人、智識階級の廣東人、北京人で、それ以外の館は中流以下の廣東人觀客である。

昭和十八年中の映畫觀覽者數（有料者のみ）は五百七十五萬九千人に上り、一ヶ月平均觀覽者數は四十八萬人となる。その內譯は左の如くであるが、人口數を九十萬とすれば、一ヶ年一人當りの觀覽回數は六・四回となり、香港住民の映畫愛好熱を察することができる。

日本人	二一、九七三
中國人	四五七、〇五八
第三國人	八四〇
合計	四七九、八七一

なほ映畫製作の方面に於ては、香港攻畧戰前後に多數の映畫製作者、演出者、俳優、撮映技手等が離散した外、資材その他の關係で、劇映畫の製作は現在なほ（昭和十八年末）停止されたままである。現在在香せる映畫人には次の如きものがあるが、それらは演劇その他にそれぐ轉業してゐる。

演出……汪福慶、馮志剛、文恨飛、畢虎、梅凌霄、湯德培、霍然俳優……鄺山笑、張活游、曹綺文、曹達華、陸梅、北平李麗、白駒榮、陳倩如、葉仁甫、黄壽年、胡美倫、朱普泉、周志誠、黎灼灼、朱劍琴、鄭寶燕、胡蝶麗、鄭孟霞

撮影技手……周詩祿、湯劍廷、黄傑、伍華

ただニュース映畫及び文化映畫に關しては、社團法人日本映畫社の香港支局により、今日までに「香港造船所」「香港消防隊」「香港牧場」等の撮影が行はれた。

第二節　演劇

大東亞戰勃發前に於ける香港は、日支事變からの中國人の逃避地となり人口稠密を極めたため、娛樂事業も亦相當な成績を示しつゝあつた。就中演劇に於ける粤劇（廣東劇）は一般の人氣を集めてゐた。また一部の俳優は遠く瓜哇、馬來方面の南洋華僑または米國方面の華僑を對象として巡業を行ひ、相當な成績を擧げてゐた。京劇（北京劇）は香港に於ては人材のないため劇團が組織されるに至らなかつた。京劇の名優梅蘭芳は香港に住んでゐたが、然し劇場に出演することはなかつた。潮劇（潮州劇）は老正興の一座があり一部潮州人の觀覽に供されたが、地元廣東

人は言語の相違等のため、これを觀賞するものが少かつた。

當時に於ける粤劇の演劇專門館には香港に高陞、太平、利舞台（映畫兼營）があり、九龍側に普慶、北河、東樂（映畫兼營）があり、粤劇の劇團には覺先聲、太平、錦添花、勝利年、興中華があつた。

次に香港攻畧後の劇壇に就て述べると、攻略戰直後には演劇は一時停止したが、皇軍入城の翌年（昭和十七年）一月、報道部の監督下に、九龍普慶戯院を皮切として覺先聲、錦添花、勝利年等の劇團が復活した。然し、當時は未だ民生竝に民心の不安定のため、成績は香しからぬ狀態であつた。一方、映畫畑の粤劇俳優等も生活のため劇團に身を投じ、ために新劇團が簇出し、鳳凰、昇平、明星、共榮、新中華、平安等の粤劇團、中華大衆歌舞劇團、新華京劇團、老正興潮劇團が前後して成立した。然し、これらの劇團は組織が不完全のため、成績も惡く、劇團の維持は困難を極めた。そのため覺先聲劇團の薛覺先、錦添花劇團の陳錦棠、勝利年劇團の廖俠懷が離香し、これら三劇團もこれに伴つて解散する等、劇壇は甚だ振はなかつた。

然し、報道部監督下にある粤劇八和會、及び香港電影協會の支持を受けて全香九の演劇人材を新に分配し、新香港、大東亞、大江山、共榮華の四粤劇團及び北京語による新劇旅港影人劇團、上海映畫人による築地小劇場的新劇及び地元映畫人による南華話劇（廣東語の新劇）が成立し、上演を開始すると共に、他方市民生活も漸次安定を取戻すに及び、演劇事業も亦、やうやく活況を呈するに至つた。

次で昭和十八年に入るや一月に香港電影協會が解散し、これに伴つて影人、南華の兩劇團も人材不足等のために解散した外、粤劇としては新香港、大東亞の兩劇團を殘して他の劇團はいづれも種々の事情から解散するに至つた。その後大亞洲劇團の成立、次で全劇團の再改組による中華、光華、新時代の三劇團の成立等の變遷を經て、最近（昭和十八年十二月末）に於ける劇團上演成績は好調を示すに至つてゐる。

昭和十八年十二月末に於ける粤劇團の演劇專門館には、高陞（香港）、普慶（九龍）、東方（香港）の三戲院、外に映畫を兼ねたものとして、中央（香港）、東樂（九龍）、利舞台（香港）の三があり、劇團には光華、義擎天、新中國及び銀星の四劇團がある。

男優の主なものとして羅品超、白駒榮、靚次伯、李海泉、陸飛鴻、顧天吾、張活游があり、女優の主なものには余麗珍、區倩明、蝴蝶女、鄒潔雲、秦小梨がある。

なほ各地に散在せる粤劇俳優としては、廣東に陳錦棠、新馬師曾、王中王、衛少芳、譚玉珍、譚秀珍があり、澳門に廖俠懷、白玉棠、曾三多、上海妹、半日安、廣州灣に譚蘭卿、馮俠魂、楚岫雲がゐる。

第三節　歌壇

ここに言ふ「歌壇」とはダンスホール、キャバレー等を除く中國特有の歌壇を指すもので、飲茶をやり料理（簡單なもの）を食しつゝ粤曲又は時代曲等を聞く場所のことである。その全盛時代は昭和七、八年頃であつた。當時張月兒、徐柳仙、小明星、蕙芳等の女流粤曲名歌手が出現しそれぞれ獨得の持ち味によつて聽衆を集めてゐた。また當時に於ては映畫館も少く、ために娛樂を求める一般民衆は歌壇に集つたのであるが、その後漸次衰へ、大東亞戰の一年前頃には極度に衰微してゐた。

即ち當時開場せるものとしては香港側に蓮香、添男、先施天台、冠海等の歌壇と、九龍側に於ては一定好、雲來の二歌壇があつたのみで、中華百貨公司天台、雲香の如きは停止の狀態であつた。當時に於ける歌壇の營業時間は午後七時から午後十一時迄の四時間で、四回に分け一回に女流歌手一人が出演してゐた。茶代(即ち入場料兼)は各歌壇共十五仙(香港弗)であつた。歌手は全部女歌手で、戰前はラヂオ放送及び個人獨唱會以外に男の歌手が歌壇に出場することは皆無と云つてよかつた。

戰前一年間に於ける歌壇衰微の主なる原因として、各歌壇とも新味なく、また歌手の顔觸れに變化のなかつたこと、戰前二、三年間に二、三流の映畫館續出し、廣東語映畫の製作が隆盛を極め、入場料等の問題で客が映畫館に吸收された事等を擧げ得る。

香港占領後に於ては、攻略後四ケ月目に始めて九龍側に純茶樓歌壇が出現した。それまでの占領後一、二ケ月間は街の至る所に賭博場が出來、九龍側の各賭博場では客を集めるために場内に音樂を設け、歌手を出演させてゐたのである。當時に於ける出演者は全部三、四流の歌手であつた。次で攻略占領後五ケ月目頃、香港側に歌壇として添男、蓮香が出現し、後に華南、銀流、新亞、冠海が開場した。

その後華人、襟江が生れ、次で香港側の儷園、陶園、四海春、九龍側の大觀、大華、得如等の歌壇が相續いで開場し、最近は歌壇十餘ヶ所に及び、斯界の全盛期とも言ふ事ができる。その主な原因は、失業音樂家が生活維持のため歌壇を組織したこと、男歌手が出現し戰前に見られぬ新味が加つたこと、住民も生活が安定し歌壇に於ける慰安を求めたこと等であらう。

戰後の女歌手には小明星、奔月（共に病死）、劉碧雲、劉倩蘭、冼劍勵、李淑霞、辛賜卿、李燕屏、黃少英、林燕薇、白雪仙、江映雪、林雪兒、張碧玲、梁群英、邱丹鳳、盛秀珍等があり、男の歌手としては阮有進、曾沛生、鍾雲山、冼幹持、李向榮、麥慶申、畢永剣、陳世昌、李錦昌、司徒森、鄭卓夫、陳伯璜、彭少峰、蔡滌凡、孫師馬、湯劍廷、葉夢魂、黃俠魂、楊桂芬がある。

映畫社・劇場案内

	所在地	電話
日本映畫社香港支局	中明治通一五	三三八七二
映畫配給社香港支社	中明治通九號	三二三七三
中華映畫香港出張所	中明治通九號	二八二七二
娛樂戲院	中明治通三四	二五三三二
明治劇場	中明治通三一	三一四五三
高陞戲院	西明治通一一七	二七一三八
普慶戲院	香取通三八〇	五七二七六

第五章　衞生

香港は比較的氣候溫暖で生活し易く、また一見街衢も整つてゐて衞生的な感じを持つたところである。にも拘はらず、戰前は口經傳染病の巢窟として知られてゐた。英政廳時代に於ても衞生關係の機構は相當組織的に整へられてはゐたが、然しその運營は歐米人中心で、中國人方面に對しては全く放任主義をとつてゐた。たゞ僅かに華人經營の醫局、または慈善團體で醫院を經營してゐる或者に對し、幾何かの年金を與へることによつてこれを醫事行政の觸手たらしめ、或は英政廳の行はんとする防疫行政の外廓團體たらしめてゐたのである。これを當時の衞生狀態から見ると、彼等歐米人の集團地區の中心及び居住地域は極めて淸潔であつた反面、一步中國人居住地域に入ると軒並に行旅病人があり、汚物の淸淨は不徹底極るまゝに放置してあつた。

然るに、皇軍が香港を占領するや、總督部は衞生行政、特に中國人に對するそれに意を用ひ、住民の大部分を占める中國人も亦我國の眞意を解して當局の施策に協力し、占領後半歲ならずして衛生施策は着々成果を擧げつゝある。

第一節　醫務行政

一、醫　事

醫務行政を便宜上醫事、藥事、保健、配給に分けると、先づ醫事方面では醫師の登錄制と醫療機關の整備を行つた。從來香港の醫師には西醫、中醫、牙醫等があり、西醫とは公認の醫學を修めた者で、その內には英國政廳に登錄したものと登錄しないものとがあつた。中醫とは正式の學業を終へず、多年の經驗で任意開業してゐる所謂漢法醫で、官廳に登錄してゐない者である。牙醫とはやはり正式の學業を終へず登錄もしてゐない齒科醫のことである。戰前英政廳は西醫に對しては相當の取締りを行つてゐたが、中醫及び牙醫はこれを放任してあつた。占領後總督部は彼等のために香港占領地總督部醫師齒科醫師令を公布して、彼等の身分を確保せしめると共に醫療者の質的向上を期したのである。本令によれば、從來の西醫のうち日本に留學し正規の課程を卒へたものに對しては、これを甲種として無期限の開業資格を與へて登錄し、それ以外の者は乙種として一箇年を限り開業資格を與へ、醫師の資格を明瞭ならしめた。また中醫、牙醫はこれを療術行爲者として認め、醫師または齒科醫師の業務に亘らない範圍の療術のみを許した。これによつて曖昧な醫療行爲者の跳梁を掣肘したのである。その他産婆、看護婦に對しては目下その資格檢定の手續を行ひつゝあるが、産婆は取り敢へず條件を附して業務を行はせてゐる。昭和十八年十一月末に於ける醫師その他の數は左の如くである。

醫師……二四七名（甲種二八名・乙種二一九名）
齒科醫師……二一名（甲種六名・乙種一五名）
中醫……一、四七五名
牙醫……二五九名
産婆……五一名（うち邦人六名）

次に醫療機關に就ては、總督部は一般市民の醫療を對象とした綜合醫院及び醫局並に傳染病、精神病、及び癩病の療養を目的とした特殊醫院を直營してゐる他、邦人を目標とした博愛會醫院及び貧民救濟を目標とした慈善團體經營の醫院中主なるものを委託經營せしめ、或はこれに補助金を交付して經營させる等、醫療機關の確立を期してゐる。昭和十八年十一月末現在に於ける總督部直營醫院及び醫局は左の如くである。

香港市民醫院外來診療所、同第一醫院、同第二醫院（以上は内科、外科、小兒科、皮膚科、產科、眼科、耳鼻咽喉科を持つ）、香港產院（產婦人科）、香港精神醫院、香港癩醫院、香港傳染病院、九龍傳染病院、大埔醫局、元朗醫局、元香港醫局、赤柱醫局、灣仔醫局、青山醫局、筲箕灣醫局、荃灣醫局、上水醫局（以上九醫局は內外科一般）。

二、藥事

從來香港で製造販賣されてゐた醫藥品には嚴密な檢査等も行はれてをらず、ために有害危險なものが多かつた。その上、藥事技術者、例へば藥劑師の如きは極めて少數で、而も日本の藥劑師に比すれば遙かに智識の水準が低い。そこでこの方面の取締りを行ふことが必要なため、日本藥局法による藥品または新藥を取扱ふ者は正規の藥劑師に限ることとした他、日本領土內に於ける藥種商の資格を有する者、及びこれに準ずる者の履歴經驗を斟酌して、これらに藥種商を開業せしめてゐる。而してこれら藥劑師及び藥種商をして香港藥業組合を組織せしめ、輸入、卸、小賣の各部門からなる自治活動をなさしめ、その統制を計つてゐる。然しこれら以外の中藥業者即ち漢法藥を取扱ふ藥種商の相當あるのに鑑み、これらを中藥業者として團體を組織せしめ、この方面の統制を行つてゐる。この組合は輸移出入、小賣及び總配給の三部門に亘る業務を遂行するが、これは從來の慣習を取入れて組織せしめたもので、南北行、參茸行、生藥行、熟藥行、膏圓丸散行の五系統別に團體を作らせてゐる。この五系統はそれ〴〵その取扱ふ種別によつて古くから出來てゐるもので、多年の取引關係から各系統内に親分子分的な結合を持つてゐる。

以上の他、藥品取締り並に指導の完璧を期するため香港化學試驗所を設置し、藥品鑑定、藥品試驗、小分封緘等の業務に當らしめつつあるが、これらの施策は占領後我が手によつて始めて行はれたところである。昭和十八年十一月末に於ける香港の新藥々種商は百五十六（うち日本人十五）、中藥々種商は一千四百十八である。

三、保　健

清浄保持、埋火葬、墓地及び火葬場の管理、汚物處理等に對しては、表面的なものであるだけに英政廳當時から相當な組織機構を有してゐたが、然しその運營は請負制度によつて行はれ、またここでも歐米人中心主義がとられて、全香港の保健衞生といふ點では徹底を欠いてゐた。占領後は從來の組織機構をできるだけ保持すると共にこれを直營とし、請負制による中間的存在を除くと同時に指揮監督の徹底を計つた。これらの業務は昭和十八年十一月一日、民治部衞生課から各地區事務所に移管された。

全香港九龍に於て毎日排泄される糞便の處理に就ては、從來香港に三、九龍に二、合計五つの團體があつてこれに當つてゐたが、占領後これを統合して香九糞務公司とした。また英政廳時代には蒐集した糞便を海中に投棄ててゐたが、これは水上生活者（蛋民）の衞生、港內漁業等から見て寒心すべきものがあるので、新たに殺菌池を築造し（將來は增設の方針）殺菌の上肥料組合を通じて農家に配給しつゝある。これは防疫上の一大改革とも言ふべきである。

マラリアは戰後彈痕凹地整理の不徹底、各人の不用意、治療藥の不足等により一時的には增發の傾向があつたが、マラリア防遏事務所の指導監督と地區事務所の活動により逐次減少し、現在では殆どその跡を見ないが、來るべき發生期への對策として、蚊族の發生狀況調査、服藥等の努力を續けてゐる。

四、配　給

傷病者並に乳幼兒に對する牛乳を確保するため、昭和十八年に入つて一般民需用牛乳の配給制を實施し、醫師の證明と衞生課長の承認を得たものに對してのみ配給を行ふことになつてゐる。また醫藥品に對しては、これが敵地に流入することを防ぐため、昭和十八年に入り醫藥品の配給統制を實施した。醫藥品はこれを第一種、第二種、第三種に區分し、軍官用を除く第一種藥品の配給は許可制、第二種は醫師の證明書を持つものにのみ配給することとし、第三種は自由販賣を認めることにしてゐる。

第二節　防疫

英政廳時代に於ける防疫行政は、歐米人への傳染病の浸入防遏を主目的としてゐたので、この方面の機構は全く申譯的のものが多かつた。故に戰前多數の傳染病患者が發生したのも當然であるが、占領後は防疫に特別の努力を拂つてゐるため、傳染病患者は左の如く激減を示してゐる。例へばコレラ患者の發生數の如きは、昭和十二年の千六百九十から昭和十八年には百六十四となり、約十分の一に減じてゐる。また天然痘の發生は最近二年間には全然ない。（昭和十六年は統計不完全につき除く）

	コレラ	天然痘	ヂフテリア	腸チブス	赤痢	流行性腦炎	猩紅熱
昭和十二年	一、六九〇	一二九	三〇八	四六四	八三一	一五七	八
昭和十三年	五四三	二、三二七	三一九	五三九	一、〇七一	四八三	四
昭和十四年	七〇八	一九八	二三二	三九四	八五三	四八八	四
昭和十五年	九四五	三三五	一八九	四一〇	一、三四三	二六八	二二

昭和十七年	三八〇	〇	三四	七七七	二三〇	一三	〇
昭和十八年	一六四	〇	四三	二四六	一六九	二	一

以上によつても明かな如く、戰後に傳染病の發生が低下しつゝあることは事實である。これが全住民を對象とした豫防注射、檢便、消毒、淸潔法實施等による防疫活動の現れであることは明瞭であると同時に、一般民衆の覺醒及び難民疏散等にもよるものと言つて良いであらう。

防疫活動には特に努力が拂はれ、香港大學醫科に籍を置いた中國人(看護婦を含む)を集めて防疫團を組織し、檢疫、豫防、調査、消毒の四班を主體として總員三百餘名を香港、九龍の主要な場所に配置し、街頭活動を繼續して來た。或る期間には博愛會の應援により三十餘名の邦人醫師及び看護婦の配置を受けて全市民に對する檢病、注射等を行ひ、コレラ撲滅を期すると共に衞生思想の普及に努めた。現在では一年三回の豫防注射及び必要時に於ける檢便を實施しつゝある。

防疫團に次で海港檢疫所の整備を期し、船舶による傳染病の船載防止に努力し、現在は民間船の往來に對し嚴重な檢疫を行つてゐる。必要と認めたときは出入船舶の乘船者に對し檢便を實施し、或は必要期間防疫停船を命じ、襤褸の輸移入を一定地域に對し禁止する等がそれである。昭和十八年一―十一月間の檢疫人員は二十一萬七千三十九名である。

以上の各機關竝に民間開業醫より差出された可檢物は、香港細菌研究所で菌檢索の上、傳染病の決定をなし、患者は直に傳染病院に入院せしめ、屍體は燒却せしめてゐる。その他、香港細菌研究所では豫防接種液の作製等を行つてゐる。

また行旅病屍體の處理に關しては、香港及び九龍に各々一ケ所の屍體檢案所が設けられ、行旅屍體はこゝに收容して死亡原因を檢索し、傳染病の有無を確かめた上で火葬に付してゐる。

なほ火葬場は從來邦人用一ケ所を除き香港側に一人用一ケ所があつたのみだが、香港、九龍及び新界に新たに火葬場を築造し、傳染病屍體は原則として燒却することを中國人に對して指導しつゝある。

衛生及醫療機關案內

	所在地	電話
香港衛生課事務所	—	三一一二〇
香港診療所	—	二三二〇四
海港檢疫所	—	三三二四五
檢便部	—	三一二一七
九龍診療所	—	五七七〇八
香港市民病院	—	一二〇二九
博愛會香港診療所	東昭和通亞力山打行	二五三六六
博愛會九龍分院	鹿島通三二七	五六〇五一

第五　附錄篇

一、香港神社・香港忠靈塔・戰蹟
二、人口統計・物價統計
三、邦人主要商社・事業所一覽
四、香港軍政主要日誌
五、地圖＝大東亞と香港・南支と香港・香港全圖

附錄（一）　香港神社・香港忠靈塔及び戰蹟

一、香港神社

香港神社は大東亞共榮圈の大親神として、また香港の守護神として、廣大無邊なる御神德を讃へ奉り、香港香ケ峰の中腹眺望絕佳清明の地域をトして天祖天照大神の永遠の御鎭座を仰ぎ奉りたる神社である。目下銳意建設が急がれてゐる。

二、香港忠靈塔

香港九龍全地域は勿論、港內に出入する船舶、竝に遠く南方海上を航行する艦船よりも、直ちに敬仰し得る香港島要部の略々中央、金馬倫山西側二軒屋高地上（將來忠靈塔の高地と命名される豫定、標高約三三五米）に、陸海軍協同して各方面有志の寄附金をも加へ工費百四萬圓を投じ支那事變、大東亞戰爭を通ずる南支作戰地域唯一の忠靈塔を建設し、同作戰間戰歿せる軍人軍屬の全遺骨を納めて、永く其遺烈を顯彰すると共に、聖戰の意義を明徵にせんとするもので、目下工事中である。

三、香港攻略戰々蹟

航空部隊敵機盡滅の跡……九龍啓德飛行場格納庫東側
○○部隊敵トーチカ陣地奇襲奪取の跡……九龍城門貯水池東端堰堤南側
○○○部隊敵前上陸の跡……香港島銅鑼灣東北方北角附近
○○○部隊奮戰の跡……香港島青葉峽（舊稱黄泥涌）五叉路附近
若林隊爆破の跡……香港島青葉峽上掩蔽部附近
○○部隊勇戰の跡……香港島ニコルソン山東南麓二つ石高地附近
増島將校斥候行動の跡……香港島太古造船所東方トーチカ附近
岸隊奮戰の跡……香港島鯉魚門南岸探照燈陣地附近
△△部隊激戰の跡……香港島南岸大潭篤貯水池南端四叉路附近
○○部隊夜襲の跡……香港島南岸赤柱半島入口不正三叉路附近
○○部隊激戰の跡……香港島南岸綠ケ濱ホテル玄關附近

附錄 統計(一) 香港戶數人口調 (1)

區別	日本人			
	戶數	人口		
		男	女	計
香港島				
中區	403	603	294	897
西區	37	51	16	67
水城區	33	50	20	70
藏前區	5	6	3	9
山王區	25	29	16	45
東區	458	649	566	1,215
春日區	140	250	125	375
青葉區	314	423	250	673
銅鑼灣區	146	361	95	456
筲箕灣區	35	164	26	190
元港區	37	38	3	41
赤柱區	2	2	0	2
合計	1,635	2,626	1,414	4,040
九龍				
鹿島區	158	252	113	365
元區	22	42	12	54
青山區	33	68	14	82
大角區	14	19	12	31
香取區	100	135	88	223
湊區	486	818	514	1,332
山下區	15	139	22	161
荃灣區	5	7	7	14
啓德區	1	4	0	4
西貢區	0	0	0	0
合計	834	1,484	782	2,266
新界				
大埔區	10	10	0	10
元朗區	1	1	0	1
上水區	5	10	2	12
沙頭角區	13	13	0	13
新田區	3	3	0	3
沙田區	1	1	1	2
合計	33	38	3	41
總計	2,502	4,148	2,199	6,347

（備考）昭和十八年十月末現在、民治部調査。本表は管區内未調査區域の人口—長洲島（推定人口一八、七一六人）坪洲島（一、三五六人）大澳（九、七八〇人）梅窩（五三一人）を含まず

附錄 統計(一) 香港戶數人口調 (2)

區別	中國人			
	戶數	人口		
		男	女	計
香港島				
中區	26,139	47,187	41,955	89,142
西區	12,666	23,131	19,212	42,343
水城區	11,733	19,434	19,460	38,894
藏前區	6,499	9,201	10,718	19,919
山王區	3,047	5,283	5,440	10,723
東區	18,997	30,338	32,243	62,581
春日區	7,917	12,825	14,795	27,620
青葉區	2,011	3,457	5,176	8,633
銅鑼灣區	4,531	8,532	10,297	18,829
筲箕灣區	10,073	21,174	20,255	41,429
元港區	4,310	8,863	8,895	17,758
赤柱區	839	1,998	2,036	4,034
合計	108,762	191,423	190,482	381,905
九龍				
鹿島區	1,501	2,403	3,076	5,479
元區	9,838	17,155	19,106	36,261
青山區	26,218	45,174	46,405	91,579
大角區	18,447	30,854	31,132	61,986
香取區	27,781	51,373	51,285	102,658
湊區	3,213	5,202	5,469	10,671
山下區	7581	12,586	11,749	24,335
荃灣區	3,244	5,796	5,577	11,373
啓德區	2,791	6,594	6,904	13,498
西貢區	2,120	5,164	5,657	10,821
合計	102,734	182,301	186,360	368,661
新界				
大埔	3,905	9,512	9,931	19,443
元朗區	8,615	17,020	18,397	35,417
上水區	3,052	6,327	7,003	13,330
沙頭角區	2,487	5,912	6,330	12,242
新田區	1,447	2,604	3,092	5,696
沙田區	1,210	2,605	2,920	5,525
合計	20,716	43,980	47,673	91,653
總計	232,212	417,704	424,515	842,219

（備考）昭和十八年十月末現在、民治部調查。本表は管區內未調查區域の人口—長洲島（推定人口一八、七一六人）坪洲島（一、三五六人）大澳（九、七八〇人）梅窩（五三一人）を含ます

附録 統計(一) 香港戸數人口調 (3)

區別	其ノ他ノ外國人			
	戸數	人口		
		男	女	計
香港島				
中區	588	728	474	1,202
西區	19	21	7	28
水城區	108	133	109	242
藏前區	85	112	60	172
山王區	30	37	25	62
東區	451	488	163	651
春日區	128	207	178	385
青葉區	78	249	396	645
銅鑼灣區	147	177	178	355
筲箕灣區	151	159	36	195
元港區	29	46	5	51
赤柱區	143	159	45	204
合計	1,957	2,516	1,676	4,192
九龍				
鹿島區	185	237	219	456
元區	94	127	26	153
青山區	176	223	128	351
大角區	83	104	108	212
香取區	288	354	229	583
湊區	402	592	411	1,003
山下區	137	173	23	196
荃灣區	33	34	0	34
啓德區	24	7	19	26
西貢區	0	0	0	0
合計	1,422	1,851	1,163	3,014
新界				
大浦	18	15	9	24
元朗區	34	38	1	39
上水區	3	3	4	7
沙頭角區	21	22	0	22
新田區	2	0	4	4
沙田區	5	16	4	20
合計	83	94	22	116
總計	3,462	4,461	2,861	7,322

（備考）昭和十八年十月末現在、民治部調査。本表は管區内未調査區域の人口—長洲島（推定人口一八、七一六人）坪洲島（一、三五六人）大澳（九、七八〇人）梅窩（五三一人）を含まず

附錄 統計(一) 香港戶數人口調 (4)

區別	合計			
	戶數	人口		
		男	女	計
香港島				
中區	27,130	48,518	24,723	91,241
西區	12,722	23,203	19,235	42,438
水城區	11,874	19,617	19,589	39,206
藏前區	6,589	9,319	10,781	20,100
山王區	3,102	5,349	5,481	10,830
東區	19,906	31,475	32,972	64,447
春日區	8,185	13,282	15,098	28,380
青葉區	2,403	4,129	5,822	9,951
銅鑼灣區	4,824	9,070	10,570	19,640
筲箕灣區	10,259	21,497	20,317	41,814
元港區	4,376	8,947	8,903	17,850
赤柱區	984	2,159	2,081	4,240
合計	112,354	196,565	193,572	390,137
九龍				
鹿島區	1,844	2,892	3,408	6,300
元區	9,954	17,324	19,144	36,468
青山區	26,427	45,465	46,547	92,012
大角區	18,544	30,977	31,252	62,229
香取區	28,169	51,862	51,602	103,464
湊區	4,101	6,612	6,394	13,006
山下區	7,733	12,898	11,794	24,692
荃灣區	3,282	5,837	5,584	11,421
啓德區	2,816	6,605	6,923	13,528
西貢區	2,120	5,164	5,657	10,821
合計	104,990	185,636	188,305	373,941
新界				
大埔	3,933	9,537	9,940	19,477
元朗區	8,650	17,059	18,398	35,457
上水區	3,060	6,340	7,009	13,349
沙頭角區	2,521	5,947	6,330	12,277
新田區	1,452	2,607	3,096	5,703
沙田區	1,216	2,622	2,925	5,547
合計	20,832	44,112	47,698	91,810
總計	238,176	426,313	429,575	855,888

（備考）昭和十八年十月現在、民治部調査。本表は管區内未調査區域の人口―長洲島（推定人口一八、七一六人）坪洲島（一、三五六人）大澳（九、七八〇人）梅窩（五三一人）を含まず

附錄 統計(二) 香港在住外國人登錄人員調

昭和十八年十一月三十日現在　總督部外事部調査

國籍	香港		九龍		計
	男	女	男	女	
アフリカ	2	—	—	1	3
アルバニア	1	—	—	—	1
安南人	9	17	3	2	31
アルメニア	2	1	1	—	4
ビルマ	—	—	6	1	7
チエコスロバキア	12	9	2	3	26
丁抹	5	6	1	3	15
エストニア	2	2	1	—	5
歐亞混血	170	250	91	116	627
歐洲人移民元オーストリヤ籍	1	2	1	1	5
中國籍歐洲人	—	7	—	9	16
比律賓	17	12	27	35	91
芬蘭	—	1	—	—	1
佛蘭西	24	36	8	10	78
獨逸	4	5	3	3	15
洪牙利	3	4	3	2	12
印度人	1,755	648	945	314	3,662
愛蘭	29	27	6	6	68
伊太利	32	63	6	20	121
ラトビア	1	2	1	2	6
リスアニア	1	—	—	—	1
馬來人	30	33	22	27	112
パレスタイン	—	—	1	2	3
波蘭	4	2	4	1	11
葡萄牙	190	321	225	282	1,018
白系露人	40	42	48	46	176
蘇聯人	8	—	1	2	11
西班牙	23	5	13	19	60
無國籍人	4	7	7	9	27
瑞典	1	3	4	7	15
瑞西	30	18	1	5	54
泰國	6	7	8	9	30
土耳古	5	1	—	—	6
ウクライナ	—	—	1	1	2
其ノ他	74	242	170	239	725
總計	2,485	1,773	1,610	1,177	7,045

附錄 統計(三) 昭和18年中日用品月別價格表 (單位圓)

7月	8月	9月	10月	11月	12月	高低	單位	品別	類別
2.70	3.60	3.40	3.00	2.90	3.00	高	斤	白米（上）	穀類
2.00	2.50	2.60	2.30	2.30	2.75	低			
2.50	3.30	3.20	2.60	2.50	2.80	高	斤	白米（中）	
1.80	2.20	2.30	2.20	2.00	2.50	低			
5.50	6.50	6.50	6.40	5.80	5.80	高	斤	麥粉	
4.30	4.50	6.20	5.80	5.50	5.20	低			
2.60	3.00	3.50	3.50	3.20	2.50	高	斤	白豆	
2.30	2.60	3.00	2.60	2.50	2.20	低			
0.55	0.80	0.90	白 1.20	0.60	0.60	高	斤	野菜（莧菜）	生鮮食料品
0.25	0.40	0.50	菜 0.50	0.25	0.30	低			
0.60	0.75	0.80	0.60	0.55	0.45	高	斤	野菜（冬瓜）	
0.20	0.25	0.30	0.50	0.25	0.25	低			
—	—	—	—	—	—	高	斤	野菜（菜心）	
—	—	—	—	—	—	低			
—	—	—	—	—	—	高	斤	野菜（芥菜）	
—	—	—	—	—	—	低			
3.55	4.00	5.50	6.20	5.80	5.30	高	斤	鮮魚（鱠魚）	
2.80	3.50	3.60	3.50	3.80	4.50	低			
3.00	3.00	3.80	紅 3.70	3.80	4.20	高	斤	鮮魚（墨魚）	
2.20	2.50	2.40	彩 2.40	2.50	3.00	低			
10.00	15.00	20.00	19.00	17.50	17.50	高	斤	豚肉	
7.50	11.00	15.00	16.00	15.00	17.00	低			
6.80	9.50	10.00	9.60	9.60	9.60	高	斤	牛肉	
6.40	8.00	9.00	9.00	9.00	9.00	低			
3.80	—	—	—	—	—	高	斤	羊肉	
3.50	—	—	—	—	—	低			
0.55	0.90	1.20	1.10	1.10	0.90	高	個	鷄卵	
0.42	0.55	0.90	1.00	1.00	0.85	低			
7.00	7.70	12.80	12.00	11.60	15.60	高	斤	落花生油	調味料
5.60	7.00	7.70	11.20	10.40	10.80	低			
0.50	0.40	0.50	0.50	0.50	0.50	高	斤	食鹽	
0.30	0.40	0.40	0.50	0.50	0.50	低			
3.60	4.00	4.50	4.80	4.50	4.50	高	斤	白砂糖	
3.20	3.50	4.00	4.50	4.50	4.50	低			

附錄 統計（三） 昭和18年中日用品月別價格表（單位圓）

類別	品別	單位	高低	1月	2月	3月	4月	5月	6月
穀類	白米（上）	斤	高	1.20	1.40	1.20	1.20	2.20	2.40
			低	0.85	1.05	0.90	0.90	1.20	2.00
	白米（中）	斤	高	1.10	1.00	1.00	1.00	2.00	2.10
			低	0.75	0.90	0.825	0.825	1.00	1.80
	麥粉	斤	高	1.50	1.60	1.60	1.70	2.80	5.00
			低	1.35	1.50	—	1.60	1.60	2.80
	白豆	斤	高	0.55	1.00	1.00	1.10	1.80	2.20
			低	0.55	0.55	1.00	0.90	1.00	1.80
生鮮食料品	野菜（莧菜）	斤	高	—	—	—	—	—	—
			低	—	—	—	—	—	—
	野菜（冬瓜）	斤	高	—	—	—	—	—	—
			低	—	—	—	—	—	—
	野菜（菜心）	斤	高	0.175	0.250	0.200	0.40	0.40	0.30
			低	0.138	0.150	0.750	0.20	0.175	0.275
	野菜（芥菜）	斤	高	0.150	0.200	—	—	0.30	0.30
			低	0.138	0.125	—	—	0.175	0.25
	鮮魚（鱠魚）	斤	高	1.30	2.40	1.80	1.60	2.00	3.80
			低	1.05	1.20	1.30	1.10	1.10	1.80
	鮮魚（墨魚）	斤	高	0.90	1.40	1.40	1.10	1.40	3.00
			低	0.65	0.80	0.70	0.70	0.70	1.40
	豚肉	斤	高	3.00	4.00	3.80	4.50	5.80	8.50
			低	3.00	3.00	3.00	3.20	4.20	5.50
	牛肉	斤	高	2.35	4.00	3.50	4.25	5.10	6.50
			低	2.00	2.35	2.875	3.00	3.20	4.20
	羊肉	斤	高	2.50	4.00	3.50	4.00	5.10	4.80
			低	2.00	2.50	3.00	3.00	3.20	3.10
	鷄卵	個	高	0.225	0.375	0.275	0.275	0.350	0.50
			低	0.175	0.225	0.200	0.225	0.250	0.35
調味料	落花生油	斤	高	2.00	2.00	3.75	3.75	5.20	7.20
			低	1.875	—	2.00	2.75	3.50	5.20
	食鹽	斤	高	0.65	0.50	0.40	0.35	0.35	0.35
			低	0.50	0.325	0.35	0.35	0.35	0.35
	砂糖（白）	斤	高	0.80	0.80	0.85	1.60	3.50	3.50
			低			0.80	0.85	1.80	3.20

附錄 統計(三) 昭和18年中日用品月別價格表 (單位圓)

7月	8月	9月	10月	11月	12月	高低	單位	品別	類別
2.50	2.50	2.77	2.70	2.70	2.70	高	斤	茶(紅茶)	嗜好品其他
2.20	2.20	2.55	2.70	2.70	2.70	低			
1.60	2.60	2.77	2.70	2.70	2.70	高	斤	茶(六安)	
1.40	1.60	2.60	2.70	2.70	2.70	低			
2.20	2.30	2.40	2.40	2.40	3.00	高	封度	パン	
2.20	2.20	2.40	2.40	2.40	2.40	低			
4.50	8.50	8.70	8.70	8.50	8.70	高	罐	牛肉罐詰	
3.50	4.50	8.50	8.50	8.50	8.70	低			
0.20	0.26	0.35	0.30	0.30	0.35	高	斤	薪	燃料
0.075	0.20	0.26	0.30	0.30	0.35	低			
0.90	0.90	1.00	1.60	1.80	1.80	高	斤	木炭	
0.50	0.90	0.90	1.50	1.60	1.80	低			
32.00	32.00	35.00	37.00	39.00	39.00	高	百斤	石炭(上)	
25.50	32.00	32.00	35.00	37.00	37.00	低			
22.00	22.00	24.00	—	—	—	高	百斤	石炭(中)	
14.00	22.00	22.00	—	—	—	低			
4.50	4.80	9.00	9.60	10.80	11.00	高	斤	石油	
4.00	4.50	4.50	9.60	9.60	10.40	低			
0.85	1.00	2.30	2.50	2.70	2.70	高	包	燐寸(紅葉印大)	
0.85	0.85	1.00	2.30	2.50	2.50	低			
0.50	0.65	1.60	2.00	2.00	2.00	高	包	燐寸(紅葉印小)	
0.50	0.50	0.65	1.80	2.00	1.80	低			
4.80	4.00	4.50	4.50	4.50	5.80	高	碼	綿布(上)	衣料品
4.00	4.00	4.00	4.50	4.50	4.50	低			
3.00	3.00	3.30	3.50	3.50	3.80	高	碼	綿布(中)	
3.00	3.00	3.00	3.50	3.50	3.50	低			
4.80	4.80	5.00	5.50	5.50	5.80	高	碼	キヤラコ(上)	
4.80	4.80	4.80	5.50	5.50	5.50	低			
4.00	4.00	4.20	4.50	4.50	4.80	高	碼	キヤラコ(中)	
4.00	4.00	4.00	4.50	4.50	4.50	低			
160.00	130.00	160.00	130.00	120.00	120.00	高	捲	更紙	紙類
115.00	80.00	80.00	120.00	120.00	120.00	低			
260.00	230.00	210.00	200.00	200.00	200.00	高	稔	印刷紙(上)	
210.00	170.00	150.00	200.00	200.00	200.00	低			
50.00	45.00	110.00	70.00	65.00	65.00	高	稔	印刷紙(中)	
40.00	30.00	30.00	70.00	65.00	65.00	低			

三二四

附 錄 統計(三) 昭和18年中日用品月別價格表 (單位圓)

類別	品別	單位	高低	1月	2月	3月	4月	5月	6月
嗜好品其他	茶(紅茶)	斤	高	0.75	0.85	0.85	0.85	2.00	2.25
			低	0.75	0.75	0.85	0.85	0.85	2.00
	茶(六安)	斤	高	0.65	0.75	0.75	0.75	1.20	1.60
			低	0.65	0.65	0.75	0.75	0.75	1.20
	パン	封度	高	0.80	1.00	1.00	1.20	1.60	2.20
			低	0.75	0.75	1.00	1.00	1.20	1.80
	牛肉罐詰	罐	高	2.50	3.50	3.50	2.75	3.00	3.50
			低	2.50	2.50	2.50	2.50	2.75	3.00
燃料	薪	斤	高	0.075	0.075	0.075	0.075	0.075	0.075
			低	0.075	0.075	0.075	0.075	0.075	0.075
	木炭	斤	高	0.40	0.40	0.40	0.40	0.40	0.40
			低	0.40	0.40	0.40	0.40	0.40	0.40
	石炭(上)	百斤	高	10.00	10.00	10.00	10.00	11.00	14.00
			低	10.00	10.00	10.00	10.00	10.00	11.00
	石炭(中)	百斤	高	—	—	—	—	—	—
			低	—	—	—	—	—	—
	石油	斤	高	2.50	2.50	2.50	2.50	2.50	3.50
			低	2.00	2.00	2.50	2.50	2.50	3.20
	燐寸(紅葉印大)	包	高	0.75	0.75	0.75	0.75	0.75	0.85
			低	0.75	0.75	0.75	0.75	0.50	0.80
	燐寸(紅葉印小)	包	高	0.50	0.40	0.375	0.40	0.50	0.50
			低	0.40	0.40	0.370	0.375	0.40	0.50
衣料品	綿布(上)	碼	高	2.00	2.00	2.00	2.50	3.20	4.00
			低	1.50	1.20	2.00	2.00	2.50	2.80
	綿布(中)	碼	高	1.20	1.50	1.50	2.00	2.70	3.00
			低	1.20	1.50	1.50	1.50	2.00	2.20
	キヤラコ(上)	碼	高	2.00	2.50	2.50	3.00	3.30	4.80
			低	2.00	2.00	2.50	2.50	3.00	3.20
	キヤラコ(中)	碼	高	1.50	2.00	1.50	2.50	2.80	4.00
			低	1.50	1.50	1.50	2.00	2.50	2.80
紙類	更紙	卷	高	30.00	30.00	52.00	90.00	190.00	190.00
			低	30.00	30.00	30.00	50.00	90.00	140.00
	印刷紙(上)	稔	高	62.00	62.00	100.00	170.00	320.00	320.00
			低	62.00	62.00	62.00	98.00	170.00	260.00
	印刷紙(中)	稔	高	—	—	—	—	—	—
			低	—	—	—	—	—	—

附錄(二)　主要邦人商社・事業所一覽

名稱	所在地	電話番號
一、銀行		
橫濱正金銀行香港支店	東昭和通六	二三八一八
同　九龍分店	疎利士巴利道	五六五八七
台灣銀行香港支店	中明治通二	二一八二四
二、保險會社		
安田生命	東昭和通六	二一三三六
千代田生命	畢打街於仁行	二六二六五
共同火災海上	東昭和通一	三三七八九
明治火災海上	東昭和通十	二五六二五
日本火災海上	中明治通一五	三三〇八四
日本海上火災	中明治通九	三三二七一
東京火災海上	東昭和通六	二五一二五

名稱	所在地	電話番號
三、貿易・商事（香港貿易組合員・但し他の場所に擧げたものを除く）		
岩井產業	東昭和通六	二八六八八
伊藤商行	中住吉通六五	二三三四六
岩田產業	東昭和通六	二五二六二
市田商會	中住吉通於仁行	三〇五五〇
服部洋行	東昭和通十	二八五〇九
日綿實業	東昭和通十	二五八三〇
日　商	東昭和通十	二五二〇二
南日本海洋漁業統制株式會社	中住吉通二十	二八〇三七
日本音響會社	中明治通三一華人行	三一一三三
西村商會	東住吉通五六	二六三三八
日扇興業	雪廠街十	二五三一二
本田洋行	八幡通四十	二〇七二〇

名稱	所在地	電話番號
盈成商行	東昭和通十二	三三九八一
東洋棉花	雪廠街太子行	二六五一五
東記洋行	西住吉通二二	二三一〇七
東洋工業商會	東昭和通六	二五四六八
中村商店	中明治通九	三三七四二
忠榮洋行	雪廠街太子行	二一〇一一
中和商業公司	中明治通 興亞會館三階	二〇七〇六
中華出光興產	雪廠街三	二四三八五
兆榮洋行	東昭和通十	二四九五五
中香洋行	東昭和通二六	三四三四九
林大洋行	東昭和通十	二〇五六一
越智洋行	遮打道 舊ヨークビル	三一六一六
折田洋行	東昭和通 亞力山打ビル	二五二三五
王永星洋行	西昭和通五七	三三二六五
大倉產業	必打街畢太ビル	二四六四二
渡邊產業公司	畢太街畢太行	三二五六〇

名稱	所在地	電話番號
東華洋行	中住吉通十八	三一六一三
加藤商會	中明治通一一	三四四一一
加藤物產	東昭和通六	二五七一八
華昌洋行	雪廠街十經記行	二五四五一
河村洋行	中明治通三七	三〇一七〇
開洋興業	東昭和通十二	三一一〇四
加藤洋行	中明治通十六	二二四二四
華南運銷公司	中明治通三一	二〇四三三
高島屋飯田株式會社	東昭和通十	三一三一四
竹腰商店	中明治通十	三三六六二
泰福洋行	中明治通二四	三一一七五
大成洋行	中明治通十五	二八四三九
大同洋紙店	中明治通九	三二一六一
大丸興業公司	中住吉通於仁行	二五〇五〇
台灣日蓄	中明治通十	三一一三三
田中洋行	西住吉通四一	三〇四一九
大陸貿易公司	東昭和通十四	三二八五八

名稱	所在地	電話番號
台灣青果	中明治通十	二五九五九
武田製藥工業	雪廠街十	二五〇四三
竹村棉業	東昭和通六	二五〇六〇
第一製藥	遮打道亞力山打行	二五五七〇
鶴谷商會	遮打道セントヂョウジビル	二一三二九
南華商業公司	東昭和通亞力山打行	二六六九五
南興公司	東昭和通十二	三二二二七
野崎產業	雪廠街太子行	二六四四七
山ノ內製藥	雪廠街太子行	二二二一三
山口洋行	車打道洗行	二〇七六三
丸山商店	東昭和通十六	二〇八五九
丸永株式會社	東昭和通十	二五〇一〇
前田洋行	遮打道太子行	三一〇六二
株式會社協同組	中住吉通於仁行	三一八一三
吉昌洋行	中住吉通於仁行	三三九〇五
協元順	文咸東街二一	三一四〇四

名稱	所在地	電話番號
協榮洋行	東昭和通十	二五八〇五
福大公司	遮打道セントジョウジビル	二八〇〇一
鄉原洋行	遮打道セントジョウジビル	二三八四二
江商株式會社	東昭和通六	二三九〇八
公誠公司	東昭和通二六	二二一四四
安宅產業	畢太街於仁行	二八三八二
淺野物產	東昭和通十	二五一一五
安部幸商店	中明治通公主行	三一〇三三
三羊公司	東昭和通十六	二二二七〇
三興株式會社	中明治通九	二〇六八八
櫻商行	東昭和通二十	二三〇五五
美豐洋行	東昭和通太子行	二六五二八
三菱商事	中明治通十二	二六五八八
三井物產	中明治通七	三〇二七三
上海紙業公司	東昭和通六	二七二七三
信和洋行	西昭和通七五	二三八一八
振山公司	畢打街一號	二三五二五

名稱	所在地	電話番號
鹽野義製藥	遮打道舊ヨークビル一階	三一〇二二
時達洋行	中明治通四	二七一七三
新興株式會社	東昭和通二一	二〇一一〇
新東貿易	中明治通興亞會館	二五四三五
白木貿易	雪廠街三	二五一七七
昭和貿易公司	畢太街十二	二〇〇八〇
廣松洋行	東昭和通六九	三一九八八
百興洋行	中明治通十六	二〇〇三九
平岡公司	中明治通二四	二二四四二
森田洋行	中明治通公主行	五六二八〇
森下仁丹	東區駱克道二五五號	二一一四四
石油聯合	九龍加連威老道一八號	五〇六七七
四、海運業		
日本郵船	中住吉通十	三〇二九一
大阪商船	中住吉通七	二八〇八三
東亞海運	中住吉通四	三一一七六

名稱	所在地	電話番號
山下汽船	中住吉通五	二五五六〇
昭和海運公司	東昭和通十	二五二二三
大連汽船	畢打街遮打道角	二四〇七三
廣東內河運營	中住吉通十四	二七七二一
國際運輸	中住吉通四	二四九八五
日東鑛業汽船	中住吉通二	三二六五〇
五、港灣荷役業		
台灣運輸	中住吉通於仁行	三〇九七四
廣東荷役倉庫	雪廠街三	二五三五三
中盛公司	中住吉通六二	二三三五八
五、海上貨物運搬業		
穎川洋行	西住吉通二七	二〇〇〇七
太洋帆船	中住吉通七	三一〇五九
前田洋行	東昭和通十	二一〇六二
建成行	西住吉通二〇	三〇八三六
裕興航運公司	西住吉通	二〇一一九

名稱	所在地	電話番號
萱商行	利源東街二八	四四五六〇
林本源興業公司香港支店	青葉區山村道五	三二九八四
南亞商行帆船運輸部	東昭和通三〇一三二	三一五九一
宏發公司（戎克貿易業）	中住吉通二二	三〇五五九
香港赤帽社（船客手荷物配達業）	中住吉通六〇	三〇九一二
六、造船、船渠、製鐵		
香港造船所	—	三〇八二三
九龍造船所	—	五七〇七七
圖南造船所	—	五六五七六
南了造船所	—	二八〇〇一
同大機器廠	—	二〇六五六
敬記船廠	—	二〇三〇七
廣長興造船所	—	五七〇三四
大日造船所	—	五六八四六
福井船廠	—	五七九二〇

名稱	所在地	電話番號
大興鋼廠	東昭和通十	二四七七三
六河溝製鐵公司	—	二五七一一
七、化學工業		
香港セメント工場	—	五九八七七
香港化學工業廠	—	五九四六四
香港第一ペイント工場	—	三〇六〇一
香港第二ペイント工場	—	二〇八六五
香港酸素工場	—	五六二六二
八、其他の事業所		
香港精糖廠	—	三一二三二
香港製菓工場	—	二〇九五九
香港煙草廠	—	二〇八九七
香港麥酒酒精興業廠	—	二八五三七
香港飲料水工場	—	二四四三九
香港マニラロープ工場	—	二六四六四
香港製釘工場	—	二〇六八六
香港燐寸廠	東昭和通	二五九七一

名稱	所在地	電話番號
香港護謨織布工場		
第一工場	—	五〇二七〇
第二工場	—	五〇二六〇
自動車修理工場	—	二七七七八
香港鑛山事務所	東昭和通一四 交易行	二三五三三
日本製鐵	東昭和通十二	二七四九七
台灣拓殖	雪廠街一〇號	二五二八一
南日本海洋漁業統制株式會社		
香港支店	—	二八〇三八
香港牧場	—	二八〇七七
香港冷凍工場	—	二四九一六
天草水產興業	中住吉通於仁行	三一一一八
滿鐵香港支所	東昭和通十號	二八二八三

九、新聞・雜誌・書店

名稱	所在地	電話番號
香港日報社	中住吉通二號	三一二四三
同盟通信社	中明治通九	二三五八九
朝日新聞	東昭和通一〇	二三八四九
每日新聞	東昭和通五	二八四九八
讀賣新聞	麥當奴道五四	二〇二五二
西日本新聞	雪廠街一〇	二三〇五一
東洋經濟新報	東昭和通二〇	三二七七八
香港東洋經濟社	東昭和通二〇	三二五五六
東亞研究所	必打街一八番	二三三三六
堀內書店	必打街一二號	二八一七一
興亞書店	東昭和通 亞力山打行	二五三一五

十、案內所・ホテル・食堂・百貨店

名稱	所在地	電話番號
東亞公通公社	東昭和通一六	二三四四〇
松原ホテル	東昭和通一六	二八一四一

名稱	所在地	電話番號
香港ホテル	必打街四號	三〇二六一
東亞ホテル	九龍疏利士巴利道	五八〇八一
海員ホテル	九龍漆咸道六ノ一	五九一九一
横山ホテル	九龍漢口道二	五八〇〇八
香取旅館	九龍香取道	五〇〇六八
東亞ホテル	東住吉通六七	三〇三八一
松坂屋	東昭和通一四	二八一五一
玉屋	東昭和通二〇	二〇〇九二

十一、組合・市場

名稱	所在地	電話番號
香港貿易組合	東昭和通六號	二八五一一
香港薪炭需給統制組合	東昭和通六七	三二六一四
薪炭卸商組合	東住吉通四三號	三三七五一
香港水產物卸賣市場組合	山王台加多近街	三二六三九
香港煙草元賣捌人組合	東昭和通一二	三三四八三

名稱	所在地	電話番號
香港帆船運輸組合	必打街於仁行	二二八〇二
香港肥料配給組合	雪廠街一〇	二四八一五
香港藥業組合	雪廠街一〇	二一四七九
海防專輸組合	中住吉通一二號	三一三六二
香九公設市場組合聯合	——	三三六三〇
香港大賣市場組合	西住吉通	三一三四八
同九龍分場	窩打老道	五九二二五

十二、其他

名稱	所在地	電話番號
香港大和會	東昭和通六	二八六三八
日本倶樂部	中住吉通	二六八六三

附錄(四) 香港軍政主要日誌 (自昭和十六年十二月 至昭和十九年二月)

昭和十六年

十二月

△二十五日=香港完全占領
△二十六日=軍政廳設置さる
△二十九日=軍佈告を以て軍票と竝んで當分のうち十弗以下の香貨の使用を認めらる
△三十日=香港側の瓦斯供給開始
△三十一日=九龍に軍票交換所を開設、一人一口十圓を限度として香貨の軍票交換に應ず。交換比率は軍票一圓對香貨二弗

昭和十七年

一月

△一日=九龍側の水道及電氣供給開始さる
△四日=憲兵隊長命令を以て敵國人の收容發令さる。香港放送局復舊、放送開始。香九二十ケ所の公設小賣市塲復活再開
△五日=香港側に軍票交換所開設
△六日=人口疏散工作開始
△十日=九龍側の瓦斯供給開始。九龍側バス一部運行開始
△十一日=映畫館の一部再開
△十二日=軍佈告を以て香貨二十五弗、五十弗百弗、五百弗を十弗以下の小額券同樣に一律

通用を許可さる、但し十弗以上の香貨の軍票交換は依然認めず

△十五日＝香港側の電氣供給開始。香九間の海上交通及香港・廣東間の運航再開

△十六日＝九龍船渠作業開始

△十七日＝香港・九龍の電話局開設。香港製菓工場復舊

△十八日＝公認錢莊二十八軒開業

△十九日＝香港占領地總督部を設置、總督に磯谷廉介中將親補せられたる旨、大本營より發表。本日より三日間を限り、一人當り五十弗までの預金拂戻許可

△二十日＝香港側水道供給開始。香港煙草工場作業開始

△二十二日＝郵便業務開始

△二十三日＝銀行預金五十弗までの第二次拂戻許可さる

△二十四日＝正金、臺銀の兩支店銀行業務開始

△二十五日＝香港造船所作業開始

△二十六日＝香港側バス運行再開

△二十七日＝市內電車一部開通

△二十八日＝香港・廣州灣間復航

二月

△一日＝香港電報局一般業務開始

△三日＝告示を以て日銀券、臺銀券、鮮銀券、中聯券、儲備券、滿銀券、蒙銀券、丁號及戊號軍票の使用を禁止し、乙號及丙號軍票並に香貨（軍票一對香貨二）を通貨とする旨規定

△八日＝公認錢莊として十一軒追加さる

△十一日＝香港放送局正式放送を開始

△十二日＝沙田・深圳間の鐵道暫行運轉開始

△十七日＝英、米、蘭、佛、白の諸國銀行の預金拂戻許可

△二十日＝磯谷總督着任、香港占領地總督部開廳、軍政廳解散。即日「軍律令」「軍罰令」「刑事審判規則」「刑事緊急治罪條例」「民事令」「民事審判規則」「刑務所規則」「香

港占領地總督部軍律會議所管轄既判決及未判決囚犯拘禁辦法」（香督令第一號乃至第八號）公布施行

△二十一日＝總督告諭を發す

△二十四日＝中國側銀行復業

三　月

△二日＝香港・汕頭航路再開

△四日＝市內百貨店一齊開業

△五日＝正金、臺銀兩支店送金爲替業務開始

△六日＝公認錢莊として二十一軒追加さる

△十日＝香港占領地總督部軍法會議、軍律會議及民事法廷設置

△十五日＝白米の切符制配給を實施、一人一日〇・四斤、價格一斤二十錢

△十七日＝電車賃改正、一等（階上）十五錢、三等（階下）十錢

△十八日＝銀行預金一人當り百五十弗迄の拂戾許可（第三次）

△二十日＝總督部公報發刊。小麥粉の配給制實施

△二十一日＝二月中旬軍票交換所閉鎖に伴ひ軍票香貨の交換中絕しゐたるも、總督部財務部命令を以て軍票買のみの軍票交換所（正金、臺銀支店）設置、交換比率は軍票一對香貨二。上環南便市場（魚類、蔬菜類）再開

△二十二日＝本日より三日間香上銀行九龍分行預金の一部拂戾許可（中立國人及び敵性ならざる中國人に限る）

△二十四日＝廣九鐵道（九龍・羅湖間）開通式擧行

△二十七日＝市內電車全通

△二十八日＝「總督部管區內に於ける出入、居住、物資の搬出入、企業、營業、商行爲等取締令」（香督令第九號）公布施行。華民の軍政協力機關に關して規定せる「華民代表會規程」（香督令第十號）、「香港華民各界協議會規定」（香督令第十一號）公布施行

四　月

△一日＝ソ聯を始め中立歐洲諸國宛通常郵便物の取扱開始。九龍郵便局に於ける電報受付開始。內地の郵便料金改正に伴ひ管區內よりの郵便物に關する料金改正（香督令第十二號）

△七日＝左記銀行は敵國銀行として清算に附せらる、香港上海、チャーータード（渣打）、マーカンタイル（有利）、白耳義（華比）、ナショナル・シティ（萬國通寶）、チェーズ（大通）、米國運通、アンダーライター（友邦）、蘭印商業（安達）、和蘭商業

△十日＝總督部廳舍を九龍東亞ホテルより現廳舍に移轉

△十六日＝從來民治部管轄下に香港、九龍、大埔の三派出所を設置し之を下部行政機關と成し來つたが、地區事務所に關する規定を公布施行（香督令第十三號及び第十四號）、管區を香港、九龍、新界の三地區に分ち、各地區に地區事務所を設置。「私立日語講習所規則」（香督令第十五號）公布施行。この日より市民の通行時間を午前五時より午後十一時迄に延長（公示第十一號）

△十七日＝「私立學校規則」（香督令第十六號）公布施行

△十八日＝「私立幼稚園規則」（香督令第十七號）公布施行

△二十日＝一部街路は本日より日本名に改稱さる。本邦・澳門間發着郵便物の繼越を開始

△二十一日＝大日本航空及び中華航空、連絡所を開設

△二十八日＝「電話規則」（香督令第十九號）公布、二月二十日に遡及して施行

△三十日＝管區內治安平常に復したるを以て、諸自警團體は總督部より解散を命ぜらる

五　月

△一日＝香港・新界間の海上交通正式に回復。

私立學校二十校復校許可され、授業開始。郵便物發送上の制限に關する香督令第十八號施行さる

△二日＝支那大陸和平地區各大都市間との普通爲替、電報爲替の取扱開始、送金は一人當り軍票五百圓まで

△六日＝麻袋、黄麻、ヘシヤン布及び安平の管區內に於ける自由なる賣買移動禁止（公示第二十號）

△十一日＝香港占領地總督部分析所設立、分析所規定（香督令第二十號）公布施行

△十五日＝帝國占領南方諸地域中比島、ジヤワ、スマトラ、マライ、ボルネオ在留日本人宛郵便物の取扱開始。煙草販賣組合成立

△二十日＝次の銀行は敵性銀行に追加指定、清算に付せらる、通濟隆、新沙宣洋行、義品放款銀行

△二十二日＝煙草販賣價格を公定

△三十日＝香港警察犯處罰令（香督令第二十一號）公布施行。砂糖の配給制實施さる

六　月

△一日＝ビルマ在留邦人宛の郵便物取扱開始。香港・澳門間郵便物は兩地間直接交換となる（從來は廣東中繼）。華字新聞の整理統合行はる

△三日＝六醫院、二醫局を總督部醫院並に醫局として設置

△五日＝「映畫演劇檢閲規則」（香督令第二十二號）公布施行

△十二日＝「醫師齒科醫師令」及び同施行規則（香督第二十三號及二十四號）公布、八月一日施行

△十五日＝左の重慶系四銀行は營業を停止、清算に付せらる、中央、中國農民、廣東、中國國貨

△十八日＝白米の配給價格を一斤二十錢（軍票）より三十錢とす

△二十五日＝登山電車運轉開始

七　月

△一日＝ジャワ方面宛の電報取扱開始。「帆船登記臨時措置令」（香督令第二十五號）公布、六日施行

△三日＝香港・廣東經濟聯絡會議、三四兩日に亙り開催、この會議に於て香港・廣東貿易協定成立（第一回協定、十七年八月より十月に至る三ケ月間）

△四日＝香九帆船運輸組合設立

△八日＝香港・廣州灣間航路復活

△十五日＝マライ、スマトラ宛電報業務開始

△十六日＝食用油の配給制實施

△二十日＝管區に區制實施、香港島十二區、九龍九區、新界七區（香督令第二十六號及二十七號）

△二十二日＝舞踏場、麻雀遊技場、各種の不正當なる倶樂部結社集會禁止。新炭卸商組合本日より業務開始、薪公定値卸一斤三錢二厘、小賣四錢。「通常郵便の種類及郵稅規定」（香督令第二十八號）、「第三種郵便物規則」（香督令第二十九號）公布、二十五日施行

△二十四日＝「管區內通貨竝に同交換規定」（香督令第三十二號）及公示第十四號公布施行、その要領次の如し、（一）管區內通貨を軍票及び香貨とす、（二）租稅公課は軍票を以て納入すべきこと、（三）二百圓を超ゆる軍票の搬出入、一千元を超ゆる儲備券の搬入、香貨及び法幣の搬入は凡て要許可とす、（四）軍票交換所（正金、台銀）を設置し交換所をして軍票を對價とする香貨の賣、百弗を超えざる香貨を對價とする軍票賣、實需に基くことを證明し得る場合に於ける香貨を對價とする軍票賣、一千元を超えざる儲備券を對價とする軍票賣を自由に行はしむ、（五）交換比率は軍票は軍票一對香貨四、軍票一八對儲備券一〇〇、（六）禁止事項——軍票又は儲備

券を對價とする法幣の賣買、軍票以外の圓系通貨を對價とする香貨、儲備券又は法幣の賣買、香貨を對價とする儲備券の賣買

△二十五日＝所有權不明の家屋整理、家屋所有權の認定のため「家屋所有權登記令」（香督令第三十號）公布、「家屋稅徵收令」（香督令第三十一號）公布、共に八月一日施行。在庫貨物所有權申告方法及び管區內倉庫一覽表公示さる

△二十八日＝次の中國側三銀行を臨時軍票交換所に指定、交通、東亞、華僑（交換限度香貨百弗）

△二十九日＝總督部援助の市民免費第一次歸鄉者出發

△三十一日＝左記中國側銀行を臨時軍票交換所に追加指定、康年儲蓄、永安、中南鹽業（同時に交換限度を香貨二百弗に引上ぐ）

△三十一日＝香九の糞尿處理を香九糞務公司をして實施せしむ

八月

△一日＝マニラとの電報取扱開始・約束郵便の取扱開始（香督令第三十三號）。香港・大澳島間の定期航路大澳まで延長

△七日＝私立九小學校復校許可

△十日＝磯谷總督は七日香港出發、廣東に南支軍最高指揮官、海軍機關、廣東省政府を訪問歸香。米、食用油、薪、砂糖等の配給は本日より軍票購買

△十四日＝昂船洲島（ストーン・カッタース）を向島と改稱

△十七日＝華僑への南方占領地域、泰國及び佛印よりの送金復活に關する規則公布

△二十日＝「管區外貿易帆船取締規則」（香督令第三十四號）施行

△二十一日＝磯谷總督へ答禮のため廣東省主席陳耀祖氏來香。

△二十五日＝「帆船登錄臨時措置令」一部改正

實施（香督令第三十六號）
△三十一日＝總督部の「管理不動產賃貸借規則」（香督令第三十七號）公布施行

九月

△一日＝總督部香港國民學校開設。華人學校で新學年開始、既設二十五校、新設十校。「水道使用規則」（香督令第三十七號）、「屠場規則」（香督令第三十八號）施行
△四日＝管區內第一回戶口調査實施（十八日迄）
△九日＝大埔墟の鐵道修築完了、開通式を舉行。石塘咀及深水埗を娛樂區に指定、各種遊興機關は十月三十一日までに該地域への移轉を命ぜらる、區域外營業は禁止
△十日＝啓德飛行場擴張工事地鎮祭執行。管區內各島嶼間の郵便物取扱開始
△十三日＝「土地稅令」（香督令第四十一號）公布施行
△十七日＝「漁業取締規則」公布施行、管區內に於て漁業に從事せんとする者は總督の許可を要す（香督令第四十二號）
△十八日＝「貿易取締令」（香督令第四十三號）公布施行、日滿北中支、佛印、泰國及び南方占領地との貿易は香港貿易組合員に限る事となる。「戶口規則」（香督令第四十號）施行
△二十二日＝第二次香港・廣東經濟連絡會議廣東に開催、第二回香港・廣東貿易協定成立（十月一日より十二月末日まで）

十月

△一日＝香港・海南島間、香港・汕頭間の電報取扱開始。乘合自動車會社、タクシー及びトラック業者を統合して香港自動車運送會社設立さる
△三日＝香港藥業組合成立
△八日＝香港貿易組合正式成立・香港水產卸賣市場組合結成
△十日＝澳門向電報取扱開始

△十五日＝交通事故發生防止のため「陸上交通取締規則」（香督令第四十四號）施行
△十九日＝帝國領土、滿洲國及び我が作戰地域を空襲して我が權內に入れる敵航空機搭乘員は、軍律會議に付し處罰される事となる（香督令第四十五號施行）
△二十四日＝香港・中支間の電報取扱開始
△二十五日＝敵機空襲、二機擊墜
△三十日＝短波放送の聽取及び聽取可能なる受信機の所持を禁止せらる（香督令第四十六號十一月一日實施）

十一月

△一日＝比島との物資交流協定成立。滿洲國、蒙疆及び北支との電報取扱開始。南方占領地向け郵便物は日本人に限る旨の制限を廢止
△二日＝防空警報發令中に於ける燈火管制に關する布告發せらる
△十日＝「貸地使用令」（香督令第四十七號）公布施行、總督部所有地の使用に關する事務は貸地事務所が取扱ふ事となる。香港・ラングーン間の電報取扱開始
△十二日＝重要施設用材等盜犯防止令公布
△二十日＝渡船及び貨物運搬船に對する專用棧橋指定さる

十二月

△一日＝日本內地との間に郵便爲替及び書留郵便取扱開始。香港放送局東京中繼放送の時間を擴大。「印紙稅令」（香督令第五十號）施行さる。空襲時に於ける在港一般船舶臨時措置要綱發表。官設種痘所設置、種痘を開始
△七日＝總督部醫局七局を追加指定
△八日＝香港忠靈塔地鎭祭執行。「總督部委託經營事業會計監督實施規定」（香港令第五十二號）制定さる
△十一日＝「遊興飲食稅令」（香督令第五十一號）公布、十五日施行

△十二日＝第三次香港・廣東經濟連絡會議當地に開催、香港・廣東第三同貿易協定成立（昭和十八年一月より三月まで、廣東よりの輸出は月額八十萬圓、香港よりは月額四十萬圓）。昭和十八年一月一日より總督部の支拂及び收入は凡て軍票本位とする旨發表。薪の公定價格を一斤四錢より五錢に引上ぐ

△十五日＝香港神社御造營奉贊會成立、總裁は總督、會長は參謀長。香九渡船は手荷物以外の貨物搭載を禁止せらる

△十六日＝〇〇で建造中の〇〇船進水

△二十四日＝「娯樂税令」（香督令第五十三號）公布（十八年一月一日施行）

△二十八日＝香港・厦門間電報取扱開始

△二十九日＝印紙税令中第二條改正施行（香督令第五十五號）

昭和十八年

一月

△一日＝香港・北ボルネオ間の電報正式開通・管區內映畫の配給は映畫配給社をして實施せしむる事となる

△五日＝市民の夜間通行時間を午後十二時迄延長。香港最初の機帆船〇〇丸進水

△十日＝總督部刑務所規則改正（香督令第一號）

△十五日＝香港・大阪間の電報直通す

△十六日＝米英映畫の上映停止

△二十一日＝煙草公定價格値上げ、五華十錢より十五錢、玉葉十五錢より二十錢、紅錫包（ルビークヰン）二十錢より三十五錢、老刀（パイレイト）二十五錢より四十錢に

△二十三日＝阿片吸飲禁止のため「阿片取締規則」施行、吸食し得べき一日最大量を一匁とし、阿片を所持せる者は二月二十八日以前に阿片元賣捌所に賣渡すべき事となる、阿片値段一兩（十匁）四十三圓五十錢と公定（香督令第二號、公示第三、第四號）

△二十五日＝食鹽の配給制實施。銃砲火藥其の他の武器の私藏禁止（布告第二號）

△二十六日＝フイリツピン諸島宛の電報取扱地擴大さる

二月

△一日＝機帆船〇〇丸進水

△六日＝帆船登錄臨時措置令改正せられ、船體の改裝若くは解撤をなし又は檣若くは錨鎖其の他金屬製艤裝品の處分を爲さんする者は港務局長の許可を受くべき事となる（香督令第二號）

△七日＝食鹽指定小賣店八十四軒發表され本日より營業を開始、一人一月當り配給量は〇・五斤、一斤二十錢

△十日＝「水道指定工事人規程」制定

△二十日＝「刑事審判規則」（香督令第五號）「改正民事審判規則」（香督令第六號）、「改正刑事緊急治罪條例」（香督令第七號）施行、昭和十七年香督令第三號「刑事審判規則」は廢止。「律師令」（香督令第八號）、「律師名簿登錄規則」（香督令第九號）を施行、戰前の律師（辯護士）制度を復活

△二十五日＝「軍律令」（香督令第四號）施行、昭和十七年香督令第一號「軍律」及び同第二號「軍罰令」は廢止

三月

△一日＝小麥粉公定價格を一斤五十錢より九十錢に引上ぐ

△三日＝「官立東亞學院規程」（香督令第十一號）公布施行

△二十日＝「艀船登錄臨時措置令」（香督令第十二號）施行され、積載量五噸以上の艀船は登錄を要する事となる

△二十二日＝香港・廣東第四次貿易協定廣東に於て成立（四月一日より九月末に至る六ケ月間、廣東よりの輸出月額百萬圓、香港より五十萬圓）

△三十一日＝「家屋稅令」（香督令第十三號）及び「特別家屋稅令」（香督令第十四號）施行、昭和十七年香督令第三十一號「家屋稅徵收令」廢止さる。大澳、坪洲、長洲各島向け物資搬出に關する制限規則公布、四月一日施行（香督令第十五號）

四月

△一日＝三月十一日南京に於て開催の中國各地船舶運輸力懇談會の決議に基き本日より香港附近各地貨物の香港中繼輸送實施、從來廣東に入港しつゝありし內地、北中支等よりの航洋船は凡て香港止りとなる（但し實現は五月より）。中南支に於ては本日より儲備券を中心通貨とし新規軍票發行は停止せらるゝも、香港の通貨政策には何等の變化なし

△八日＝香督令第十六號及び公示第二十一號を以て「管區內通貨竝に同交換規定」（昭和十七年香督令第三十二號）及び昭和十七年公示第十四號の一部改正施行、從來は儲備券の自由搬入限度一千圓とされてゐたが、今後は軍票二百圓相當額の儲備券と改めらる、また軍票交換所は一千圓以下の儲備券を對價とする軍票の賣を自由に行ひ得るとされてゐたが、これを軍票二百圓相當額の儲備券を對價とする軍票の賣買と改正

△十日＝「重要物資授受制限規則」（香督令第十七號公布施行）、管區內重要物資の賣買、授受は凡て要許可事項となる

△十二日＝「營業利益稅令」（香督令 第 十八號）施行

△十四日＝香港・汕頭昭和十八年度貿易協定成立（五月一日より實施）

△十六日＝軍票交換所の軍票賣買限度撤廢さる（香督令第十九號）、これにより軍票と香貨の交換が無制限に行はれる事となる

△十七日＝香督令第二十號により「重要物資授受限制規則」改正施行

△十九日＝「特定地域向無爲替輸移出取締規則」（香督令第二十一號）公布施行、日滿支（澳門、廣州灣を除く）に對する無爲替輸移出は原則として禁止さる。

△二十日＝「酒精含有飲料税令」（香督令第二十號）公布施行

△二十六日＝香港・海南島貿易協定成立の旨發表、期間昭和十八年四月より十九年三月末まで、香港仕出物資は燐寸、漢藥、運動靴、綿製品等八百五十萬圓、海南島仕出物資は鹽を主として八十六萬圓。香港・廈門貿易協定成立の旨發表、期間十八年三月より六月末日まで、香港仕出物資は綿織物、運動靴、煙草、燐寸等五十萬圓、廈門仕出物資は酒、紙、漢藥、乾果其他土產品等五十萬圓。財務部長談を以て、管理倉庫物資は凡て總督部に於て買上げ現金を所有者に交付すべき旨方針決定すと發表

五月

△一日＝砂糖配給價格は五月配給分より一斤當り五錢の値上となる、白砂糖は一斤五十五錢より六十錢へ、赤黑砂糖は五十錢より五十五錢へ

△八日＝第二回戶口調查實施

△十日＝香督令第二十六號「香港占領地總督管區內通貨規則」、公告第十四號「軍票對香貨交換の件」、公示第二十八號「臨時軍票交換所追加の件」、公示第二十九號「通貨規則施行に關する件」公布施行、要領は次の如し、（一）六月一日以後管區內通貨は乙號、丙號

竝に五十錢以下の丁號、戊號軍票に限定、香貨の使用は禁止、(二)香貨を所持する者は五月三十一日迄に其所持する香貨を軍票交換所に於て軍票に交換すべし、銀行に香貨預金を有する者は五月三十一日までに之を軍票預金に振替ふべし、(三)其他一般債務の六月一日以後に於ける辨濟は軍票による、(四)以上の交換及決濟比率は軍票一につき香貨四の割合とす、(五)從來の軍票交換所及び臨時軍票交換所の外に上海商業、中國、國華、中國實業、廣西、廣東省、國民商業、香港汕頭、福建省の九銀行を臨時軍票交換所に指定、(六)其他管區外通貨(香貨を含む)の賣買又は交換、通貨の搬出入、儲備劵交換所、等に關する規定及び罰則。

五月より電氣消費規正實施、電燈は本年一—三月平均使用量の七〇%を割當量とし其の料金一單位二十六錢とし割當超過分には一圓、電力は一—三月平均使用量の八五%、電熱は五〇%を割當量とし、割當超過分には一單位四十錢の料金を徵收すと。瓦斯厰も亦五月分より瓦斯の消費規正を行ふ旨發表、本年一—三月平均瓦斯使用量の八割を割當量とし、割當超過分には普通料金(百立方呎六十六錢)の三倍を徵收すと

△十三日=廣東總領事談として、廣州海關當局は爾後香港を中繼とする輸出入貨物には輸出入稅を課せざる意嚮を明かにせりと發表

△二十二日=瓦斯消費節約のため午後十一時より翌午前六時に至る時間の瓦斯供給を停止する事に決定すと

△二十五日=中南支との書留郵便取扱開始

△三十一日=公示第十七號を以て香九市內は六月一日迄、市外は六月四日迄香貨の軍票交換に應ずる事とす。同日「家屋讓渡等取締規則」(香督令第二十七號)公布施行、家屋の賣買讓渡等に許可制を布き、家屋價格の不當なる値上りを防止する事となる

六　月

△一日＝本日以後香貨の流通禁止、軍票一色化實現。軍票以外の通貨の賣買交換は禁じられたるを以て錢莊は廢業乃至轉業の已むなきに至る
△九日＝「對敵國或は敵國人負債處理辨法」（香督令第二十八號）公布施行
△二十二日＝香港・中支間に貿易協定成立せる旨發表さる、期間自昭和十八年四月一日至十九年三月末、中支よりの輸出二千四百三十萬圓、香港より一千六百八十萬圓
△二十六日＝香港税務所及び九龍税務所の設置竝に兩税務所の管轄區域に關する香督令第二十九號公布施行
△二十八日＝防空のため毎夜十二時以後早朝に至る期間燈火管制を實施する事となる

七　月

△一日＝泰國（當分のうち盤谷のみ）との電報取扱開始。地元新聞紙の一部賣値五錢より十錢に値上げ
△九日＝「物資搬出入取締規則」（香督令第三十二號）及び公示第四十八號を公布、指定物資（穀類、粉麵類、豆類、獸鳥肉類、卵類、鮮魚類、牛、豚、羊、家禽類、果實、野菜類、動植物油脂類、燃料類）以外の物資の搬入は要許可、搬出は凡て要許可とされた（十五日施行）
△十九日＝ガソリン値上りのためタクシー及び貨物自動車の運賃値上げ
△二十一日＝香港及び廣州灣當局間に香港向生獸定期輸送船に關する協定成立すと發表
△二十五日＝香港自動車運送會社は燃料節約のため近く一部バス路線を短縮する旨發表
△二十八日＝午後五時十五分敵機六機來襲せるも防空砲火に擊退せらる
△二十九日＝午前九時十五分敵機六機來襲、被害なし

△三十一日＝香港小賣市場組合聯合會組織さる

八月

△一日＝香港大賣市場組合結成。香港・蒙古間の書留及普通郵便取扱開始
△十日＝比島宛電報の差立地域擴大さる
△十一日＝邦人銀行の貸出に關し總督の許可を受くべき旨の通牒總督部より發せられ、資金統制積極化す
△十二日＝廣東省銀行八月一日以降預金の拂出を停止、清算に付さる。今日配給開始分より食用油配給價格改訂、落花生油一斤五圓
△十五日＝北支宛の書留郵便取扱開始
△十六日＝味噌の配給制實施
△二十一日＝內地、朝鮮、台灣、南洋群島、關東州向電信爲替の取扱開始
△二十四日＝香港・厦門交易協定の更新發表さる、第一回香港・厦門貿易協定（三月—六月協定額五十萬圓）期限滿了となりしため第二回協定を締結した、期間七月一日より十月末日迄、香港仕出物資は綿布、綿製品、ゴム底運動靴、兩切煙草、燐寸其他七十五萬圓、厦門仕出物資は柑類、支那酒、乾果（龍眼肉、茘枝乾）、土產紙、漢藥其他七十五萬圓
△二十五日＝午前九時四十分敵機十三機來襲、被害輕微なり、同日午後六時八分敵機七機來襲、被害なし
△二十六日＝薪炭配給制實施

九月

△一日＝總督部は司法部を新設し一般刑事、民事及び非訟事件に關する事項、一般刑事及民事令の立案に關する事項其他を處理せしむる事とす。食米配給價格を一斤三十錢より三十七錢五厘に引上ぐ、主たる理由は輸入價格の昂騰。電力消費規正强化さる、九月一日以降の割當量は、電燈は六月の使用量の三五％減、電熱は二〇％減、電力は一〇％減、但し

エレベーター、扇風器等贅澤用電力は三〇%減、廣告及び裝飾用電燈、ネオンサイン、アイスクリーム及びアイスキャンデー製造用機械等の電力は使用禁止。節電のため香九映畫館は本月より一ケ月四回休館する事となる。渡船一等料金十錢より十五錢に値上げ
△二日=敵機約十機來襲せるも我が防禦砲火に擊退せられたり
△五日=ガソリン節約のため當分のうち香九市內等の乘合自動車の運轉中止さる
△十一日=伊太利降服に關聯して報道部長談を發表、在香伊太利人にして敵性なき者は必要なる保護を加ふべき旨述ぶ
△二十二日=「物資搬出入取締規則」の一部改正され、指定物資(七月九日參照)に就ても厦門及び廣東省(澳門、廣州灣を除く)以外の地域よりの搬入には事前許可を要する事となる(十月一日實施)
△二十七日=煙草公定値引上げ、五華十五錢より二十五錢、玉葉二十錢より三十五錢、紅錫包三十五錢より六十錢、老刀四十錢より七十五錢に
△三十日=長洲、大澳、青山、蒲台、荃灣、大埔、油蔴地、筲箕灣の八戎克漁業組合を一丸とする香港戎克漁業組合聯合會成立

十月

△一日=在香邦人を打つて一丸とする香港大和會結成。燐寸の配給制本月より實現、配給量一人以上五人迄の世帶は一ケ月大五個(小箱の場合は七個)、六人以上十人大十個(小箱の場合は十五個)、十一人以上大十五個(小箱の場合は二十三個)、配給價格大箱(九十本入)一個十錢、小箱(六十本入)八錢。鹽の配給價格一斤二十錢より二十四錢に値上げを發表。正金、台銀兩行支店の預金利子引上げ、定期預金年二分五厘より三分、特別當座預金日步三厘より五厘に

△二日＝邦人銀行の貸出は大藏省並に總督部の二重許可制であつたが、今後は總督部の許可のみで差支なき旨總督部より通達

△三日＝布告十三號を以て十月五日以降一般支那型帆船（戎克）の港內に於ける運航碇泊に關する規則を公布、戎克の夜間航行禁止其他を規定、目的は密輸盜難の取締、交通の整理磁氣雷の警戒、夜間防空强化

△四日＝布告第十四號を以て防空警報を制定（十日施行）

△五日＝第五回香港・廣東貿易協定成立せる旨發表、期間昭和十八年十月より十九年三月、月額輸出額概ね廣東百五十萬圓（前回百萬圓）香港七十五萬圓（前回五十萬圓）

△十五日＝總督部は軍律審判規則（香督令第四十二號）、法院令（第四十三號）、刑事令（第四十五號）刑事審判規則（第四十六號）、刑事即決處分例（第四十七號）等を公布施行、司法制度の整備を行ふ

△二十五日＝薪配給價格一斤十二錢より十八錢に値上げ

十一月

△五日＝敵性銀行保有擔保不動產處分規則（香督令第五十號）公布施行、淸算中の敵性銀行に對し不動產を擔保に供し債務を負ふ者は十二月末日迄に其の債務を辨濟し擔保の解除を受くべく、然らざるときは淸算委囑銀行に於て擔保物を處分す

△八日＝國民學校九龍分校開校

△十一日＝香港防衛隊は南支軍と協力、廣九鐵道沿線肅正作戰を開始。佛印（サイゴン）との電報取扱開始

△十二日＝香港・南支兩軍完全なる連繫を確保「廣九作戰の意義は廣九鐵道沿線治安攪亂の禍根を芟除し我が治安圈を擴大し以て大東亞共榮圈建設の一環として香港並に南支方面の飛躍的發展を招來せんとするにある」（南支

軍發表）
△十四日＝十二月より疏散工作による歸鄉地點九ケ所を增し、歸鄉手續を簡略にする旨發表
△十五日＝午後十時五十分敵機香港を盲爆せるも、重要施設に何等の損害なし
△十六日＝磯谷總督前線視察。この日午後零時四十分、戰爆聯合の敵機香港爆擊を試みたが二機を擊墜、我方の損害極めて輕微
△二十三日＝總督部農事指導所（粉嶺）開所す
△二十八日＝胡文虎氏八大米商を招き中僑公司設立につき懇談。本公司は資本金一千萬圓（中國人資本を糾合）を以て各地より米及び雜糧を輸入し、香港のみならず中國各地の食糧問題解決に寄與せん事を目的とする

十二月

△一日＝白糖、赤黑糖とも砂糖配給價格を一斤につきそれ〴〵十錢宛引上ぐ。阿片公定價格を一兩七十圓より九十圓に引上ぐ。九龍の乘合自動車路線一部運轉再開。本日午後三時香港空襲を企圖せる敵機のうち七機擊墜
△八日＝香港忠靈塔鎮物埋納の儀執行
△十一日＝香港民食協助會（中僑公司）成立
△十三日＝廣九沿線肅正作戰は所期の目的を達し第一段階を終了せる旨南支軍發表
△二十二日＝瓦斯の消費規正は十二月より實績主義を廢し、家族數を基準とする旨瓦斯廠より發表、家族數を基準とし得ざる會社工場等にありては六—九月平均使用量の二割減を割當量とす
△二十五日＝香港攻略二周年行事行はる。「營業等取締規則」（香督令第五十二號）、「出入等取締規則」（香督令第五十三號）公布、昭和十九年一月一日施行。それと同時に香督令昭和十七年第九號は廢止。營業等取締規則は香督令第九號中の企業、營業、商行爲に關する規定を獨立の規則とすると共に之に全面的改正を加へ、中國人の行ふ各種營業の中軍政に

直接關聯あるもの、公益上の檢討を要するもの、警察保安の觀點より取締を要するものを除き（それらは從來同樣許可を要す）、營業の自由を認めて單に屆出登錄を以て足る事とした。出入取締規則は香督令第九號の出入に關する規定を抽出して獨立の規則としたもの

△二十八日＝深圳・石龍を結ぶ鐵道七十餘キロ復舊成り、廣九鐵道全區間開通。支那派遣軍總司令官畑大將來香、磯谷總督と會見

昭和十九年

一月

△十日＝九龍に總督部資金取扱銀行（正金）の出張所開設

△十一日＝同文電報の取扱廢止。南方占領地電報取扱地名改正

△十三日＝機帆船第〇船「荒尾丸」進水

△十四日＝徵兵適齡低下に關する公示公布

△十六日＝配給米價格を一斤三十七錢五厘より七十五錢に改訂、原價昂騰のため

△十七日＝兵役法改正に關する公示公布

△二十三日＝香港來襲を企てた敵機三機を擊墜

△二十五日＝「船舶信號符字點附規則」（香督令第一號）、「汽船登錄臨時措置令」（香督令第二號）公布施行

二月

△一日＝香九倉庫寄託貨物代金の第一回配分開始さる（十六日まで）。香港・海南島交易協定の締結發表さる。電話規則一部改正、保證金五十圓を百圓に。香九渡船料金一等十五錢を二十五錢に改正。電氣基本料金改正

△五日＝「酒精含有飲料稅令改正」、酒類、食酢等の釀造は許可制となる

△十一日＝來襲の敵機四機を擊墜

△二十日＝總督部開設二週年記念日、總督施米

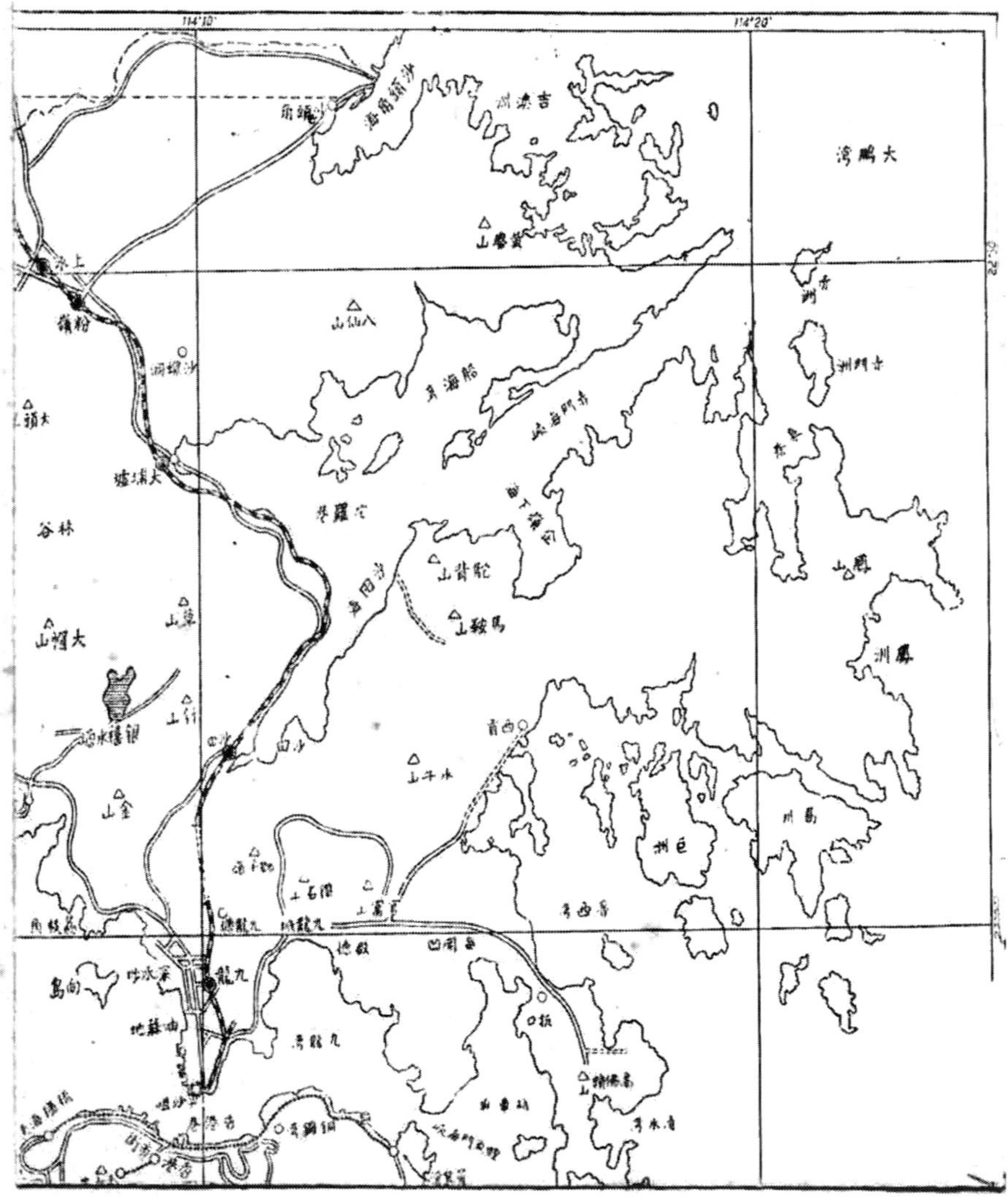
114°10'
114°20'
大鵬湾
吉澳洲
八仙山
馬鞍山
大帽山
九龍

第一圖　大東亞共榮圈と香港

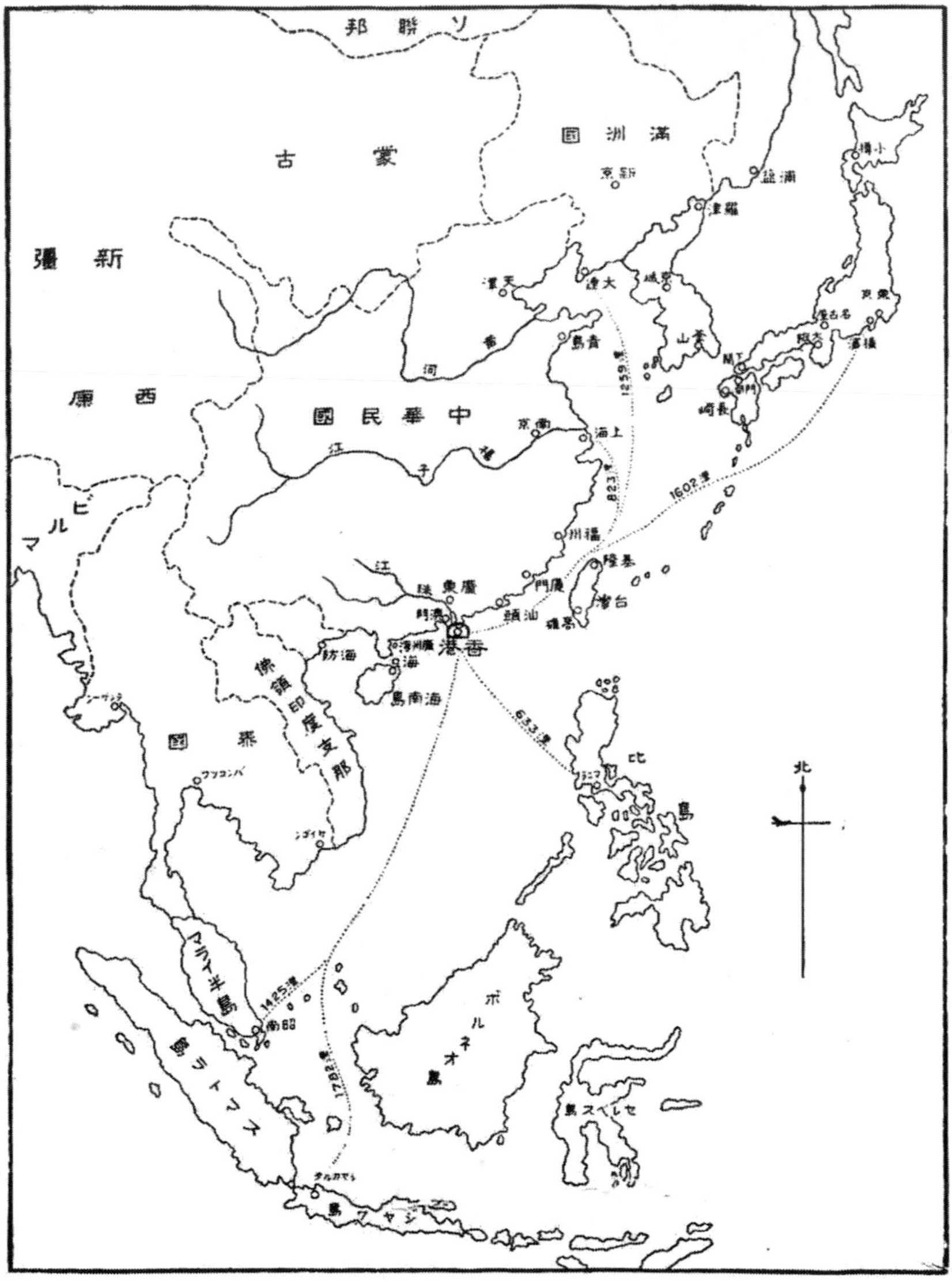

（香港憲兵隊本部檢閱濟）

第二圖　西南支那ニ於ケル香港

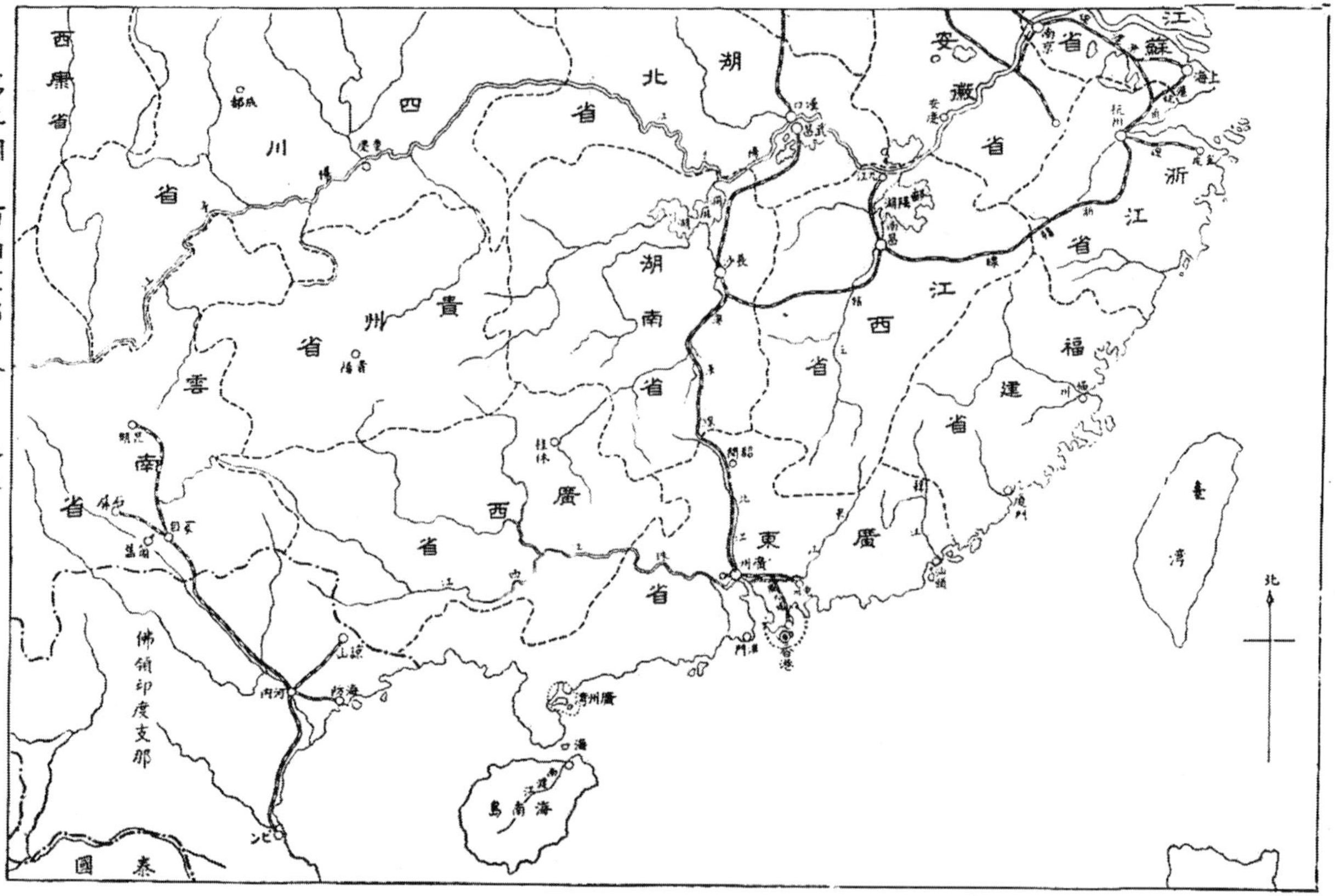

（香港憲兵隊本部検閲濟）

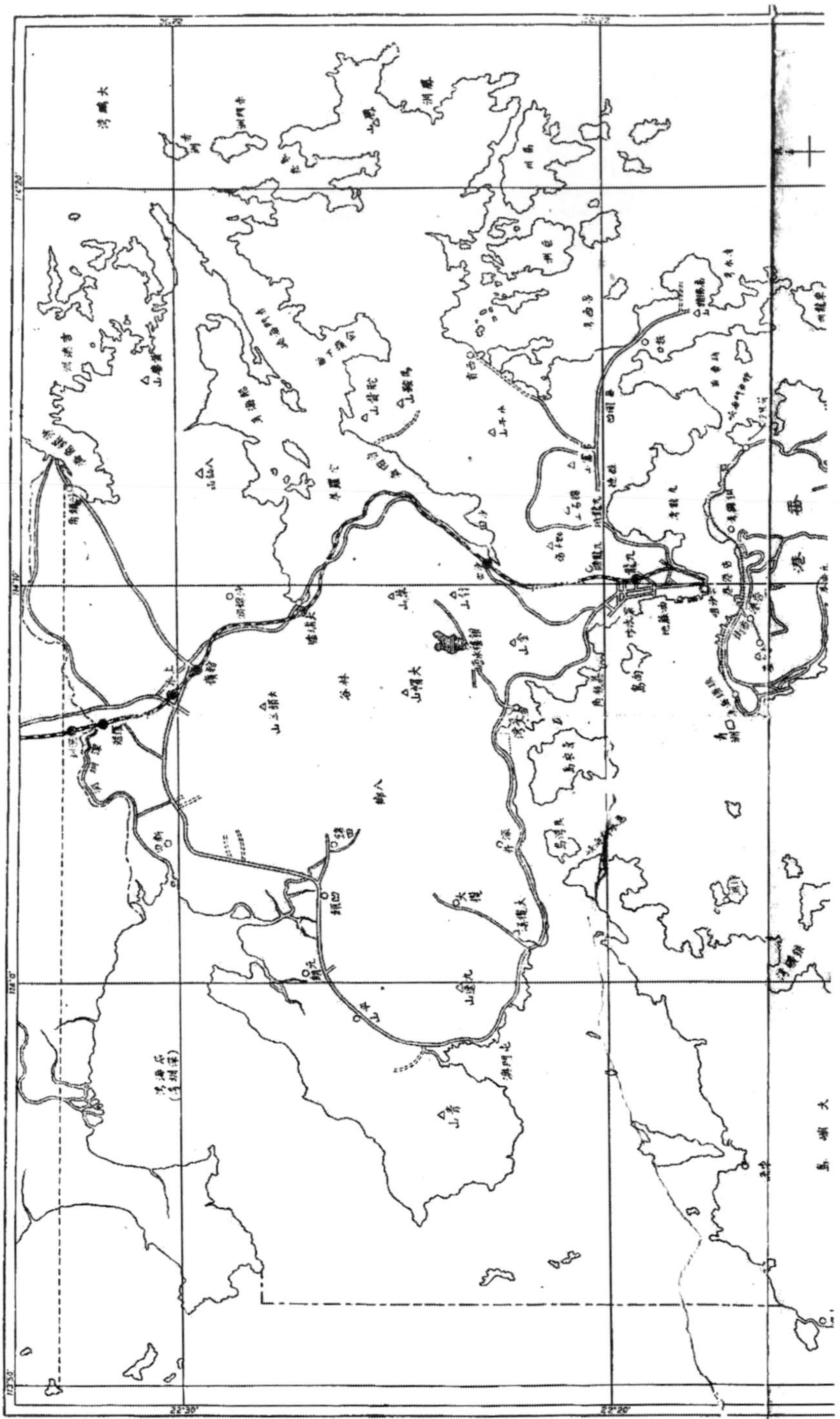

第三圖　香港占領地全圖

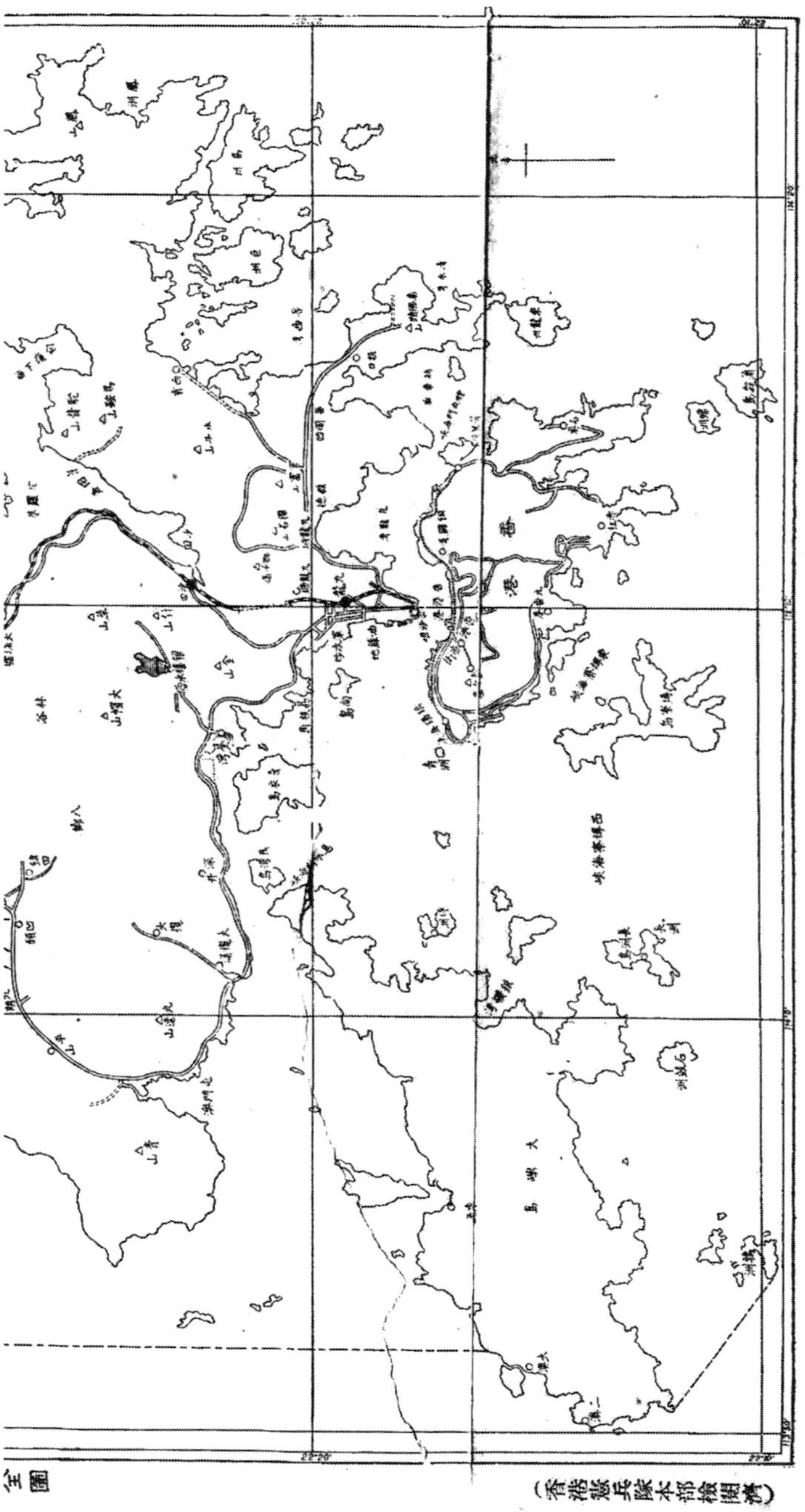

全圖

（香港憲兵隊本部檢閲濟）

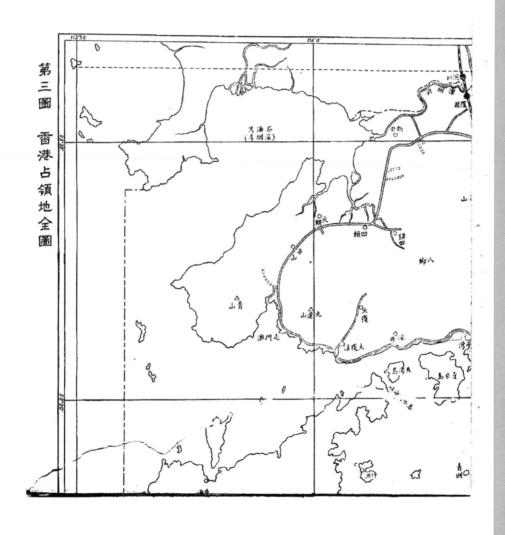

第三圖　香港占領地全圖

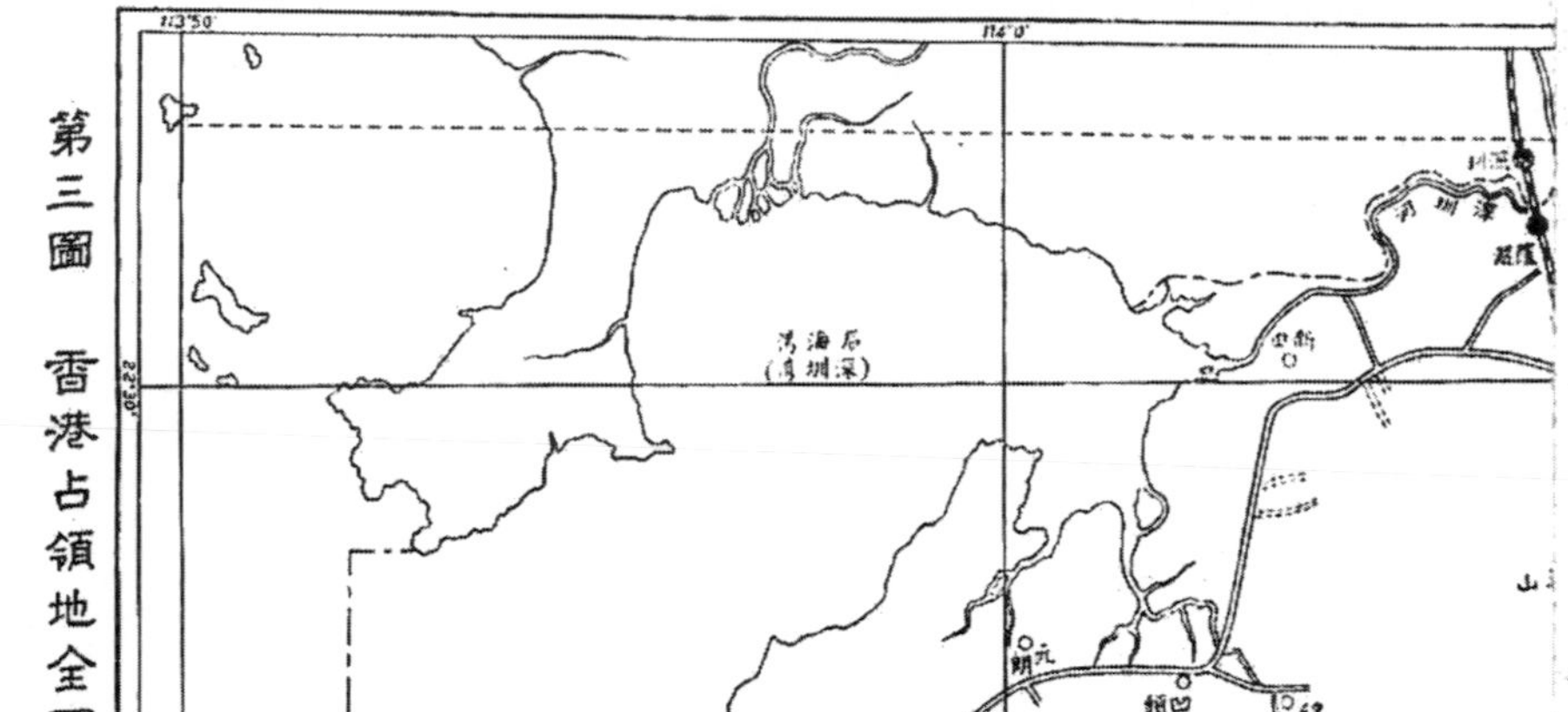

昭和十九年二月十七日印刷
昭和十九年二月二十日發行

軍政下の香港
（定價四圓）

著者兼發行者　齋藤幸治　香港東昭和通二〇號

印刷所　香港日報社　香港雲咸街一－三號

兼印刷者　衛藤俊彦

發行所　香港東洋經濟社　香港東昭和通二〇號　電話三二五五六・三二七七八

元賣捌　堀内書店　香港必打街一二號　電話二八一七一

（香港憲兵隊本部檢閲濟）

東洋經濟新報社
責任編輯

月刊

香港東洋經濟新報

香港東洋經濟社
現地發行

◁近刊豫告▷

三月發刊

大東亞戰の苛烈なる決戰化と共に、大東亞共榮圈の經濟建設は更に一段と其の速度を伸張すべき緊要性に逼まられつゝある。この情勢に對處して、文章報國・調査報國の實を竭すべく、東洋經濟新報社は調査研究五十餘年の歷史を誇る編輯陣の重要部分を割き、一部を香港に派遣駐在せしめた。盍し、この大東亞廣域に於ける唯一の占領地軍政治下に本據を据え、その大東亞に占むる中核的地位を基礎として、南支・南方の現地調査に挺身せんとする意圖に外ならない。其の第一回報告として今般『軍政下の香港』を世に贈つたが、次いで捧げんとするものが『月刊・香港東洋經濟新報』である。

主要內容

一、社論
一、調査・研究
一、南支・南方經濟の展望
1 香港だより
2 廣東だより
3 澳門だより
4 廣州灣だより
5 海南島だより
6 汕頭だより
7 厦門だより
8 台灣だより
一、華人經濟論壇
一、內地通信
一、經濟座談會
一、隨筆・讀物
一、重要日誌
一、經濟統計
一、其他

★B5判・普通號三二頁 豫定定價七十錢

發行所 香港東昭和通玉屋ビル
香港東洋經濟社
電話三一五五六番・三一七七八番

廣告取次店 香港東昭和通玉屋ビル三階
太陽美術社
電話二八二〇〇番・二二二七八番

香港水產物卸賣市場組合

山王台市場

香港島地區山王台加多近街

電話
- 常務理事 三二、六二三番
- 庶務係 三二、八二七番
- 會計係 三二、六〇二番
- 業務係 三二、六三九番
- 應接室 三二、九五六番

九龍分場

九龍地區香取區窩打老道石龍街

電話
- 會計係 五六、七四三番
- 業務係 五六、七三二番
- 應接室 五八、四一三番
- 九龍城集荷場 五六、八九三番

筲箕灣分場

香港島地區筲箕灣區東大街海傍道

加藤物産株式會社

香港出張所

香港東昭和通六號

橫濱正金銀行五階

電話
二五八六〇
二五七一八
三三三五八
宿舍 二八八七八
保險部 二四六六四

太平洋海上火災保險株式會社代理店

本店 神戸市神戸區

北長狹通三ノ一〇

中華出光興產株式會社

本社—上海黃浦灘路一二號

東京事務所—東京都京橋區木挽町出光館

香港出張所

香港中區雪廠街三番地

電話
二四三八五番
二四三六四番
二四七五六番

一般交易 生産 加工 配給、
代理 投資業其ノ他

野崎産業株式會社 香港支店

香港雪廠街太子行三階

本社 横濱市中區相生町二ノ四七

支店、出張所 ‖ 東京、大阪、神戸、靜岡、函館、小樽、台北、高雄、京城、大連、新京、上海、北京、天津、漢口、廣東、海南島、昭南、西貢、盤谷、ジヤカルタ、スラバヤ其ノ他東印度數ケ所（倫敦、紐育、桑港、加奈陀）

壹階—喫茶部、理髪部、賣店部
四、五、六、七、八階—旅館部
（各室浴室付、電話設備アリ）
九階—和洋食堂及酒場
（大小宴會場）

松原ホテル

香港中區東昭和通拾六番地
客室交換電話代表二八一四一番
御案内所電話二八 一二八番

一般輸移出入貿易
現地物資製造販賣業

櫻商行

櫻井鐵次郎

東昭和通二〇號、六七號
香港私書函五〇四
電話 二三〇五三 二三〇五四
二三〇五九 二三〇五六

傍系會社
南洋紡績株式會社（臺北）
國防被服株式會社（臺北）
利用更生株式會社（臺北）
株式會社奥村商店（臺北）
天然セメント株式會社（臺北）
竹腰裁縫有限會社（高雄）

一般輸出入業・各種保險代理業

株式會社 竹腰商店

香港出張所
香港中明治通十號宏興行
代表電話 三三六六二番
電略 ホンコン タケコシ

本社 臺北市本町三丁目十一番地

支店及出張所
神戸、高雄、廣東、海口、楡林
上海、厦門、汕頭、澳門、廣州灣
西貢、盤谷、コタバル、昭南島
スマトラ

營業種目

新藥、新製劑、醫療藥品、賣藥、賣藥部外品、衞生材料、工業藥品、化粧品移出入貿易竝ニ配給、各種藥品製造販賣（南亞牌家庭藥製造）

藥種貿易商

南亞藥品公司

香港・九龍地區湊區香取通一七二—四號
電話五八五三五番（九龍）・電話二五二三九番（香港辦事處）
電略ホンコン・ヤクナンア
（代表取締役　掛見繁松）

廣東本店

株式會社 **南亞大藥房本店**

電話 一四七六三番・一五三一三番
廣東市一德路四六八號
電略 カントン・ヤクナンア

汕頭支店 南亞有限公司

汕頭市居平路三〇號
電話一七六八番・一六〇六番
電略スワトウ・ヤクナンア

廣東分店 平安堂藥行

廣東市惠愛中路六一號
電話一五九五〇番

業務

交易一般　加工製造業　代理業
神戸海上火災保險株式會社代理店
大阪海上火災保險株式會社代理店

株式會社　加藤商會香港支店

（舊華名東勝洋行）

香港中明治通拾壹號

電話　三四四一一・二八六八〇・二〇九七六

本店　名古屋市中區新榮町二丁目

支店及出張所

東京　大阪　神戸　臺北　高雄　大連
新京　奉天　天津　上海　南京　廣東
西營　海口　海防　西貢　盤谷

營業種目―航運業

經營航路

香港廣東線、香港澳門線
澳門廣東線、廣州灣線
珠江、東江、西江の內河線

廣東內河運營組合

營業所

香港……中住吉通十四號
廣東……長堤大馬路三八二號
澳門……美的路主敎街四號
廣州灣……西營括流街
珠江、東江、西江の各主要都市

國際運輸株式會社香港營業所
營業種目
海陸運輸業、輸出入貿易業、委託買賣業、保險代理店業、勞力請負、倉庫業、及ビ右ニ附隨スル一切ノ業務
輸送網
全滿洲、關東州、北鮮、沿海州、支那、中南、支蒙古、ニューギニヤ、ボルネオ、海南島、盤谷、西貢、河內、海防、香港、內地、（東京、神戶、大阪、敦賀、門司）
本社 大連市大山通六六號
奉天市千代田通一二號
香港中住吉通四十一號
電話・三〇六〇六・二四九八五

書名：《香港陷落（一九四一中文）》《軍政下の香港(一九四四日文)》合刊
系列：心一堂　香港・澳門雙城成長系列
原著：齊藤幸治 等著
主編・責任編輯：陳劍聰

出版：心一堂有限公司
通訊地址：香港九龍旺角彌敦道六一〇號荷李活商業中心十八樓〇五一〇六室
深港讀者服務中心：中國深圳市羅湖區立新路六號羅湖商業大厦負一層〇〇八室
電話號碼：(852)9027-7110
網址：publish.sunyata.cc
淘宝店地址：https://sunyata.taobao.com
微店地址：　https://weidian.com/s/1212826297
臉書：　　　https://www.facebook.com/sunyatabook
讀者論壇：　http://bbs.sunyata.cc

香港發行：香港聯合書刊物流有限公司
地址：香港新界荃灣德士古道220～248號荃灣工業中心16樓
電話號碼：(852) 2150-2100
傳真號碼：(852) 2407-3062
電郵：info@suplogistics.com.hk
網址：http://www.suplogistics.com.hk

台灣發行：秀威資訊科技股份有限公司
地址：台灣台北市內湖區瑞光路七十六巷六十五號一樓
電話號碼：+886-2-2796-3638
傳真號碼：+886-2-2796-1377
網絡書店：www.bodbooks.com.tw
心一堂台灣秀威書店讀者服務中心：
地址：台灣台北市中山區松江路二〇九號1樓
電話號碼：+886-2-2518-0207
傳真號碼：+886-2-2518-0778
網址：http://www.govbooks.com.tw

中國大陸發行　零售：深圳心一堂文化傳播有限公司
深圳地址：深圳市羅湖區立新路六號羅湖商業大厦負一層008室
電話號碼：(86)0755-82224934

心一堂微店二維碼　心一堂淘寶店二維碼

版次：二零二零年十二月初版，平裝

定價：
港幣　二百九十八元正
新台幣　一仟二百八十元正

國際書號 ISBN 978-988-8583-61-4